U0690076

高校足球训练系统化建设与可持续发展

岳抑波　著

中国原子能出版社

图书在版编目（CIP）数据

高校足球训练系统化建设与可持续发展 / 岳抑波著
. --北京：中国原子能出版社，2024.6
ISBN 978-7-5221-3393-5

Ⅰ. ①高… Ⅱ. ①岳… Ⅲ. ①足球运动–运动训练–
教学研究–高等学校 Ⅳ. ①G843.2

中国国家版本馆 CIP 数据核字（2024）第 093285 号

高校足球训练系统化建设与可持续发展

出版发行	中国原子能出版社（北京市海淀区阜成路 43 号　100048）	
责任编辑	张　磊	
责任印制	赵　明	
印　　刷	河北宝昌佳彩印刷有限公司	
经　　销	全国新华书店	
开　　本	787 mm×1092 mm　1/16	
印　　张	18.5	
字　　数	290 千字	
版　　次	2024 年 6 月第 1 版　2024 年 6 月第 1 次印刷	
书　　号	ISBN 978-7-5221-3393-5　　定　价　**78.00 元**	

E-mail：597125562@qq.com　　　　　联系电话：010-88821568

前　言

在当今竞技体育的激烈竞争中，高校足球训练系统的系统化建设和可持续发展已成为迫切的需求。足球作为一项融合体能、技术和战术的综合性运动，不仅对个体身体素质提出了高要求，同时也在团队合作、领导力和战略思维等方面培养学生全面发展的能力。高校足球训练的系统化建设旨在为学生提供全方位的培训体验，将足球运动融入校园文化，同时促进学校足球事业的可持续发展。

足球，作为一项古老而又现代的运动，早已不再局限于球场上的竞技表现，更被认为是塑造学生品格、培养领导力、促进身心健康的有效手段。高校足球训练系统的系统化建设旨在通过规范化的培训计划、专业化的教练团队以及先进的训练设备，为学生提供科学、系统的足球训练。这不仅有助于培养专业足球运动员，更能为学生提供身心健康的锻炼方式，促使他们在未来的职业生涯中具备更强大的团队协作和领导才能。

随着足球运动的全球化发展，越来越多的高校认识到足球不仅是一项体育运动，更是一种推动学校发展的力量。通过建立健全的足球训练系统，学校能够吸引更多优秀的足球人才，提高校园体育

氛围，同时也为学校赢得更多的荣誉和声誉。在全球范围内，一些知名高校足球俱乐部已经成为学校的代表性标志，为学校树立了积极向上的形象。

　　本书内容涵盖了高校足球训练系统化建设的方方面面，我们期待通过这些内容的分享，能够为广大高校决策者、足球教练、学生运动员以及关注高校足球事业的各方人士提供有益的启示和实用的指导。

著　者

2024 年 1 月

目 录

第一章 高校足球训练体系概述 ……………………………………… 1

  第一节 高校足球训练的发展历史 …………………………… 1

  第二节 当前高校足球训练的现状与特点 ……………………… 8

  第三节 高校足球训练与学校体育课程的关系 ………………… 12

  第四节 社会与高校足球训练的互动 ………………………… 22

第二章 高校足球训练体系理论框架 ……………………………… 33

  第一节 运动训练理论与高校足球训练 ……………………… 33

  第二节 心理学在高校足球训练中的应用 …………………… 44

  第三节 营养学与高校足球训练 ……………………………… 55

  第四节 数据分析与高校足球训练 …………………………… 65

  第五节 体育教育与高校足球训练理论体系 ………………… 76

第三章 高校足球训练体系建设 …………………………………… 87

  第一节 足球训练设施与器材的配置 ………………………… 87

  第二节 教练团队建设与培养 ………………………………… 98

  第三节 球员选拔与培养体系 ………………………………… 107

  第四节 训练课程设计与实施 ………………………………… 117

  第五节 国际化交流与合作 …………………………………… 128

第四章　足球训练与学生综合素质教育 ················· 139

　　第一节　高校足球训练与综合素质教育理念的契合 ·········· 139

　　第二节　高校足球训练与综合素质评价体系·············· 148

　　第三节　学业与足球训练的平衡 ·················· 159

　　第四节　高校足球训练与学生领导力培养············· 167

　　第五节　体育精神与学生团队协作 ················ 176

　　第六节　高校足球训练与社会责任感培养·············· 185

第五章　足球训练与球员职业发展 ················· 195

　　第一节　足球训练与球员职业规划的关系··········· 195

　　第二节　高校足球训练与球员心理健康 ············· 201

　　第三节　职业化培训与球员职业技能提升············· 211

　　第四节　足球训练与球员营养与健康管理············ 220

　　第五节　球员的形象管理与宣传 ················ 229

第六章　社会支持与高校足球训练 ·············· 238

　　第一节　高校足球训练与社会体育组织的协同 ··········· 238

　　第二节　赞助商与高校足球训练的合作 ············· 246

　　第三节　社会活动与高校足球训练的互动 ············ 251

　　第四节　大众参与与高校足球训练 ·············· 258

　　第五节　媒体宣传与高校足球训练的关系 ············ 267

　　第六节　社会支持对高校足球训练的影响 ··········· 278

参考文献 ····················· 288

第一章 高校足球训练体系概述

第一节 高校足球训练的发展历史

一、高校足球训练的起源与演变

足球是一项古老而激动人心的体育运动，它源远流长，承载着悠久的历史和文化。而高校足球训练，作为足球在高等教育领域中的具体体现，也有着丰富的起源和演变历程。本部分将深入探讨高校足球训练的起源，追溯其发展历史，分析训练方法的演变，以及在这一过程中所面临的挑战与机遇。

（一）高校足球训练的起源

1. 足球运动的传入

足球运动最早在 19 世纪末 20 世纪初通过外国传教士和侨民传入中国。当时，一些早期的高等教育机构，如传教学堂和官办学堂，开始在校园内开设足球运动课程。这标志着足球运动在高校的早期起源。

2. 高校足球的发展

20 世纪初，随着中国现代高等教育的兴起，足球运动逐渐在高校蔚然成风。一些著名的高校，如北平高等师范学校（今北京师范大学）和南京金陵大学（今南京大学），都设立了足球队，并开始进行有组织的训练和比赛。这一时期，足球运动在高校内部逐渐建立了一套初步的训练

模式。

3. 高校足球协会的成立

20 世纪 30 年代，中国的高校足球迎来了一个重要的发展阶段，一些高校足球协会相继成立。这些协会不仅推动了足球运动的普及，也为高校足球的训练提供了更为系统和有组织的支持。足球训练开始逐步规范化，并引入了更多科学的训练理念。

（二）高校足球训练的演变

1. 训练理念的逐步确立

20 世纪 50 年代，我国开始引入苏联体育理论，这对高校足球训练产生了积极的影响。苏联的体育科学理论为足球训练提供了科学的指导，注重运动员身体素质和技战术训练的结合。这一时期，高校足球训练逐渐确立了科学、系统的训练理念。

2. 训练方法的不断创新

20 世纪 80 年代后，我国高校足球训练开始引入更为先进的国际足球训练理念和方法。在体能训练方面，高校足球队逐渐引入科学的体能测试和训练计划，以提高球员的身体素质。在技战术训练方面，高校足球队开始注重球员个体技能的培养，强调团队协作和战术执行。

3. 高水平赛事的影响

高水平赛事的举办也对高校足球训练产生了积极的影响。例如，全国大学生足球联赛等赛事的开展，为高校足球提供了更高水平的竞技平台。这促使高校足球训练更加注重培养高水平的足球运动员，强化了训练的针对性和实战性。

4. 资源的投入和专业团队的建设

近年来，我国高校足球训练得到了更多的资源投入。一些富有体育传统的高校建设了现代化的足球场馆，增加了训练设备的更新投入。同时，一些高校足球队也逐渐建设了专业的教练团队，引进了具有国际水平的专业教练，提高了足球训练的专业性和水平。这种投入不仅包括场地和设备，还涉及人才培养、科研和国际交流等方面，为高校足球训练提供了更为全面的支持。

5. 多元化的训练内容

为了更好地适应足球比赛的要求，高校足球训练逐渐引入了多元化的训练内容。除了传统的体能和技战术训练外，足球队还注重心理素质、营养学和伤病防护等方面的培养。这样的多元化训练有助于提高球员在比赛中的整体竞技水平。

（三）挑战与机遇

1. 挑战：体制不完善

当前，我国高校足球训练仍面临体制不完善的挑战。相比一些职业化的足球俱乐部，高校足球的体制相对宽松，缺乏明确的培训机制和管理体系。

2. 挑战：人才培养压力

由于高校足球训练的特殊性，许多球员在学业和足球之间面临较大的压力。如何在保障学业的同时更好地进行足球训练，是一个亟待解决的问题。

3. 机遇：国际交流与合作

随着我国足球事业的崛起，高校足球训练有了更多国际交流与合作的机遇。一些高校足球队积极参与国际性的比赛和交流活动，提高了球队的国际竞技水平，也为球员提供了更广阔的发展空间。

4. 机遇：体制改革的推动

随着我国体育体制改革的深入推进，高校足球训练有望得到更科学、专业的支持。更多资源和政策将投入到高校足球事业中，促使其迈向更高水平的发展。

5. 机遇：多元化的人才培养需求

随着社会对多元化人才需求的不断增加，高校足球训练在培养学生的同时，也能够提供更多元化的就业机会。不仅涵盖球员和教练员，还包括体育管理、体育科研等多个领域。

高校足球训练的起源与演变是中国足球发展历程中的重要组成部

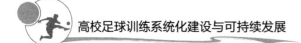

分。从最初的传入到现今的多层次、多元化发展，高校足球训练在培养足球人才、推动足球文化传承和促进国际交流等方面都发挥了积极作用。尽管面临一些挑战，但随着体育体制改革的不断深入，高校足球训练将迎来更多机遇，为培养更多优秀足球人才、推动足球事业的健康发展做出更大贡献。

二、高校足球训练的里程碑事件与发展阶段

足球作为一项古老而激动人心的体育运动，自 19 世纪末传入中国以来，经历了漫长的发展历程。在高等教育领域，高校足球训练也有着丰富的发展经历，经历了一系列的里程碑事件和发展阶段。本部分将深入研究高校足球训练的历史，回顾重要的里程碑事件，探讨其发展的各个阶段，并分析这些事件和阶段对高校足球训练的影响。

（一）初期传入与早期发展（19 世纪末—20 世纪初）

1. 传入中国的初期

足球运动最早在 19 世纪末到 20 世纪初由外国传教士和侨民引入中国。这一时期，一些早期的高等教育机构，如传教学堂和官办学堂，开始在校园内开设足球运动课程，这标志着足球运动在中国高校的早期起源。

2. 高校足球队的建立

20 世纪初，随着中国现代高等教育的兴起，足球运动在高校逐渐兴盛。一些著名高校，如北平高等师范学校（今北京师范大学）和南京金陵大学（今南京大学），开始建立自己的足球队，并在校园内进行有组织的足球训练和比赛。

3. 初步的组织形式

在这一时期，高校足球训练主要以业余为主，缺乏系统的训练计划和专业的教练团队。足球队的组织形式相对简单，多为学生自发组织的兴趣小组。然而，这一时期为高校足球训练的发展奠定了基础。

（二）足球协会的兴起与科学训练初步形成（20 世纪 30 年代—50 年代）

1. 高校足球协会的成立

20 世纪 30 年代，中国的高校足球迎来了一个重要的发展阶段，一些高校足球协会相继成立。这些协会的建立标志着高校足球训练迈入了一个更为组织化和有计划的阶段，足球运动在高校内部形成了一套初步的组织体系。

2. 训练理念的初步确立

20 世纪 50 年代，中国开始引入苏联的体育理论，对高校足球训练产生了积极的影响。苏联的体育科学理论为足球训练提供了科学指导，注重运动员身体素质和技战术训练的结合。这一时期，高校足球训练逐渐确立了科学、系统的训练理念。

3. 科学训练的初步形成

在此阶段，高校足球训练开始引入科学的体能测试和训练计划，逐渐形成了科学训练的雏形。训练内容不仅包括传统的体能训练，还逐步加入了技术训练和战术训练，使足球运动的训练更加系统和有针对性。

4. 高校足球赛事的兴起

这一时期，一些高校间的足球赛事也逐渐兴起，例如全国大学生足球锦标赛。这些赛事为高校足球训练提供了更高水平的竞技平台，促进了足球运动在高校中的普及和发展，同时推动了高校足球训练水平的提升。

（三）改革开放时期的高校足球训练（20 世纪 80 年代—21 世纪初）

1. 国际交流与改革开放

20 世纪 80 年代，我国实行改革开放政策，国际交流逐渐加强。在此期间，一些高校足球队开始积极参与国际性的比赛和交流活动，吸取国外足球训练的经验，促进了我国高校足球训练水平的提高。

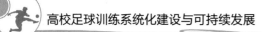

2. 训练方法的不断创新

这一时期，我国高校足球训练引入了更为先进的国际足球训练理念和方法。在体能训练方面，高校足球队逐渐引入科学的体能测试和训练计划，以提高球员的身体素质。在技战术训练方面，高校足球队开始注重对球员个体技能的培养，强调团队协作和战术执行。

3. 高水平赛事的举办

一些高水平的足球赛事开始在高校中兴起，如全国大学生足球联赛等。这促使高校更加注重培养高水平的足球运动员，强化了训练的针对性和实战性。

4. 资源的投入和专业团队的建设

改革开放以来，我国高校足球训练得到了更多的资源投入。一些富有体育传统的高校建设了现代化的足球场馆，更新了训练设备的投入。同时，许多高校足球队逐渐建设专业的教练团队，聘请具有国际水平的教练，提高了足球训练的专业性和水平。

5. 多元化的训练内容

为了更好地适应足球比赛的要求，高校足球训练引入了多元化的训练内容。除了传统的体能和技战术训练之外，球队还注重心理素质、营养学以及伤病防护等方面的培养。这样的多元化训练有助于提高球员在比赛中的全面竞技水平。

（四）当代高校足球训练的发展现状与未来展望

1. 发展现状

当前，我国高校足球训练取得了显著的进展。许多高校足球队在国内外比赛中取得了优异成绩，足球训练的科学性和专业性不断提升。越来越多的大学生对足球运动产生兴趣，报名参与足球队的学生人数逐年增加。

2. 挑战与机遇

（1）挑战：体制不完善

当前，高校足球训练在体制上仍然存在一些不足。与职业足球俱乐部相比，高校足球的体制相对宽松，缺乏一套明确的培训机制和管理体系，这使得足球训练难以形成系统化、标准化的模式，限制了其进一步发展。

（2）挑战：人才培养压力

高校学生需要兼顾学业和足球训练，足球队员在时间和精力上面临压力。如何在保障学业的同时更好地进行足球训练，是一个迫切需要解决的问题。这也需要高校足球训练体制的进一步优化和完善。

（3）机遇：国际化交流与合作

随着全球化的发展，高校足球训练有更多机会参与国际化的交流与合作。与国外高校或足球学院的合作，可以为我国高校足球训练引入先进经验和理念，促进其融入国际足球发展的宏大格局。

（4）机遇：体制改革的推动

随着我国体育体制改革的不断推进，高校足球训练有望得到更为科学、专业的支持。更多的资源和政策将被投入到高校足球事业中，推动其迈向更高水平的发展。体制改革也将有助于构建更加完善的培训机制和管理体系。

（5）机遇：多元化的人才培养需求

随着社会对多元化人才需求的增加，高校足球训练不仅在培养球员和教练员，还涵盖体育管理、体育科研等多个领域，为学生提供了更广泛的发展空间和就业机会。

（五）总结

高校足球训练的历程既是中国足球发展史的缩影，也是我国体育事业不断发展的产物。从传入中国、高校足球队的建立，到足球协会的兴起和科学训练的初步形成，再到改革开放时期的国际交流与合作，以及当代的发展现状与未来展望，每一个阶段都记录着中国高校足球训练的不断努力与进步。

未来，高校足球训练面临挑战，也充满了机遇。通过进一步完善培训机制、加强国际交流、优化体制等方面的努力，高校足球训练有望在培养更多优秀足球人才、推动足球事业健康发展的道路上迈出更为坚实的步伐。足球运动的繁荣与发展离不开高校足球训练的贡献，相信在未来，高校足球训练将在中国足球事业中发挥越来越重要的作用。

第二节　当前高校足球训练的现状与特点

一、国内高校足球现状概览

足球作为一项受欢迎的体育运动，在国内高校也有着广泛的发展。足球运动不仅培养学生们的团队协作精神和身体素质，同时也为他们提供了一个展示个人技能和才华的平台。本部分将就国内高校足球的现状进行概览，包括其发展历程、目前的体制、面临的挑战以及未来的发展方向。

（一）发展历程

国内高校足球的发展可以追溯到 20 世纪初。当时，足球作为一项新兴的体育运动引入中国，逐渐在高校校园中传播。20 世纪 80 年代后期，中国足球运动逐渐崭露头角，高校足球也开始进入全国性的比赛。这一时期，一些重点高校成立了专门的足球队，加强了对足球运动的培训和推广。

（二）目前的体制

国内高校足球目前主要分为两个层次的比赛体系：校际比赛和全国性比赛。

校际比赛：各高校的足球队经常参与校际比赛，这是他们展示实力和提高水平的一个平台。校际比赛的水平和规模因地区而异，有的地区形成了激烈的足球竞争氛围，而有的地区则相对较弱。

全国性比赛：一些高水平的高校足球队还参与全国性的比赛，如全国大学生足球锦标赛。这些比赛不仅为高校球队提供了一个更高水平的竞技平台，也为优秀球员提供了被发现和提拔的机会。

（三）面临的挑战

尽管国内高校足球有一定的发展，但仍然面临着一些挑战。

基础设施不足：许多高校的足球场地和训练设施相对简陋，这对于球员的培训和发展产生了一定的影响。

人才培养体系尚不完善：与欧洲一些足球强国相比，国内高校在人才培养方面仍有差距。培训体系的不完善导致了一些优秀的青年球员难以脱颖而出。

缺乏专业教练：一些高校足球队缺乏专业水平的教练团队，这限制了球队整体水平的提高。

（四）未来发展方向

为了推动国内高校足球的发展，可以从以下几个方面着手：

加强基础设施建设：投资建设更先进的足球场地和训练设施，为球员提供更好的训练条件。

建立完善的人才培养体系：设立青训机构，建立起从基层到高层的完整培训体系，促使更多优秀的青年球员崭露头角。

引进专业教练：吸引国内外优秀的足球教练，提升高校足球队的训练水平。

加强与职业俱乐部的合作：与职业足球俱乐部建立紧密的合作关系，促进高校球员与职业足球的无缝衔接。

国内高校足球在发展中取得了一些成绩，但也面临一些挑战。通过加强基础设施建设、建立人才培养体系、引进专业教练以及与职业俱乐部的合作，国内高校足球有望迎来更加辉煌的未来。足球作为一项具有广泛影响力的体育运动，相信在全社会的关注和支持下，国内高校足球将迎来更好的发展。

二、国内高校足球突出问题与挑战

足球作为一项受欢迎的体育运动,其在国内高校的发展虽然取得了一些进展,但也面临着一系列的问题和挑战。本部分将深入探讨国内高校足球所面临的突出问题,涉及基础设施、人才培养、教练团队、竞技水平以及整体发展战略等方面。

(一)基础设施不足

国内高校足球基础设施的滞后是一个突出的问题。许多高校足球场地和训练设施相对简陋,这直接影响了球员的训练效果和整体竞技水平。一流的基础设施是培养高水平球员的重要保障,而国内许多高校在这方面仍有很大的改进空间。

解决方案:

加大对足球场地和训练设施的投入,提高其标准和质量。

建立足球基地,为球员提供专业的训练环境。

与地方政府、企业等进行合作,共同推动足球基础设施建设。

(二)人才培养体系不完善

国内高校足球人才培养体系的不完善是另一个亟待解决的问题。相比一些足球强国,国内在青训方面的投入相对较少,导致优秀的青年球员难以脱颖而出。同时,缺乏科学、系统的培养计划,使得球员在技术、体能、心理等方面的综合素质有待提高。

解决方案:

设立足球青训学校,构建完整的人才培养体系。

加强对基层足球的支持,推动校园足球和社区足球的发展。

吸引优秀的教练团队,为球员提供专业的培训指导。

(三)缺乏专业水平的教练团队

教练团队的专业水平对于球队的发展至关重要。然而,国内高校足球队普遍面临缺乏专业水平的教练团队的问题。这不仅制约了球队整体水平的提高，也影响了球员个体技能和战术意识的培养。

解决方案：

建立健全的教练培训体系，提高教练的专业水平。

引进国内外优秀的足球教练，提升队伍的整体水平。

与职业俱乐部合作，开展培训和交流，促进教练的进步。

（四）竞技水平相对较低

国内高校足球整体竞技水平相对较低，这主要体现在国内高校足球队在全国性比赛中的表现。与一些职业足球俱乐部的青训体系相比，高校足球队在技战术层面存在差距，这也使得在全国大学生足球锦标赛等比赛中表现欠佳。

解决方案：

提升比赛的组织水平，增加高水平的对抗机会。

鼓励高校足球队与职业俱乐部进行友谊赛，提高队伍的整体竞技水平。

加大对比赛的宣传力度，提高比赛的关注度，吸引更多人关注和支持高校足球。

（五）整体发展战略不明确

缺乏明确的整体发展战略也是国内高校足球面临的问题之一。一些高校足球队缺乏长远规划，导致在人才培养、教练团队建设、比赛参与等方面缺乏系统性的策略。

解决方案：

制订明确的高校足球发展规划，包括人才培养、基础设施建设、教练团队建设等方面。

加强与足球协会、职业俱乐部等的合作，形成合力，推动高校足球的整体发展。

建立健全的评估机制，对高校足球队的发展情况进行定期评估，及时调整发展策略。

国内高校足球面临的问题与挑战需要多方共同努力来解决。通过加强基础设施建设、改进人才培养体系、提高教练团队水平、促进竞技水平的提升以及制订明确的整体发展战略，国内高校足球有望实现更好的发展。足球不仅是一项体育活动，更是一种文化、精神的传承和表达方式。国内高校足球的繁荣发展不仅有助于培养更多优秀球员，更能够在校园中激发学生们对团队协作、拼搏奋斗的热情，促使足球文化在校园中深入人心。

第三节　高校足球训练与学校体育课程的关系

一、高校足球训练课程设置与衔接

高校足球作为培养体育人才、促进学生全面发展的一项重要活动，在课程设置和衔接方面具有关键性的作用。通过科学合理的课程设置，可以为学生提供系统、全面的足球训练，培养其足球技术、战术、身体素质等方面的综合能力。本部分将深入探讨高校足球训练课程的设置与衔接，包括理论课程、实践课程、比赛训练等方面。

（一）理论课程的设置

足球战术理论：介绍足球比赛中的基本战术理念，包括进攻战术、防守战术、中场控制等内容。通过理论学习，学生可以更好地理解足球比赛的战术运作，提高比赛中的应变能力。

运动生理学：解析足球运动中的生理反应，包括心血管系统、呼吸系统、肌肉运动等方面。学生通过了解身体的生理变化，可以更好地制订训练计划，提高训练效果。

心理训练：引导学生了解足球比赛中的心理因素，包括比赛压力、心理调适、团队协作等。通过心理训练，提升学生在比赛中的心理素质，增强应对各种情境的能力。

足球教育与管理：探讨足球教练与管理的基本原理，包括团队建设、领导力、人际沟通等方面。这有助于培养学生的团队协作和领导潜力，为未来的教练和管理工作奠定基础。

（二）实践课程的设置

基础技术训练：包括带球、传球、射门、头球等基础技术的系统训练。通过反复练习，使学生掌握足球的基本技能，为日后的比赛提供坚实的技术基础。

战术实践：将理论战术知识应用于实际比赛中，通过模拟比赛场景，让学生在实战中理解和运用战术。这有助于提高学生在比赛中的战术素养和团队协作能力。

身体素质训练：包括耐力训练、爆发力训练、灵活性训练等。通过科学的身体素质训练，提高学生的身体素质水平，增强在比赛中的持久战斗能力。

比赛训练：定期组织内部或外部比赛，让学生在真实比赛中检验和提高所学技能。比赛训练有助于培养学生的比赛经验和应变能力，提高他们在竞技场上的表现水平。

（三）课程之间的衔接

理论与实践的衔接：理论课程和实践课程应该有机衔接，理论知识的学习应该贴近实际训练和比赛需求。例如，在学习足球战术理论后，学生可以通过实践课程进行模拟比赛，将理论知识应用到实际操作中。

基础与进阶的衔接：基础技术训练和战术实践应该有一个逐步深入的过程。学生在掌握基础技能的基础上，逐渐引入更复杂的战术练习，以提高他们的整体水平。

身体素质与比赛训练的衔接：身体素质训练是为了更好地完成比赛任务。训练课程应该合理安排，使身体素质的提升能够直接服务于比赛训练，让学生在比赛中能够充分发挥身体素质的优势。

实践与理论的反馈衔接：在比赛训练后，应该进行理论总结和反馈。通过视频分析、教练点评等方式，将实践中的问题和解决方案与理论知识相结合，加深学生对课程内容的理解。

（四）挑战与应对策略

时间管理的挑战：学生在高校生活中有很多课业和其他活动，时间有限。因此，足球训练课程需要合理安排，确保在有限的时间内充分发挥训练效果。

应对策略：制订合理的训练计划，保证每个环节都能充分利用有限时间进行高效训练。同时，与学校课程相衔接，尽量避免对学业造成冲突，形成良好的平衡。

教练团队水平的挑战：有些高校可能面临教练团队水平不够专业的问题，这会直接影响到训练质量和学生成绩。

应对策略：通过培训和交流，提升教练团队的整体水平。鼓励教练主动学习，参与足球培训和研讨活动，增强其教育能力和足球知识水平。

学生兴趣的挑战：由于学生兴趣的多样性，一些可能对足球缺乏浓厚兴趣，这会对训练效果产生一定影响。

应对策略：设置多样化的足球训练课程，包括足球游戏、趣味性训练等，激发学生的兴趣。同时，建立一个积极向上的足球氛围，鼓励学生通过足球活动建立友谊和团队精神。

资源匮乏的挑战：有些学校可能受到财政支持的限制，资源有限，足球训练设施和器材不足。

应对策略：积极争取校内外资源支持，争取财政资助。可以与地方社区、足球俱乐部等建立合作关系，共享足球场地和训练设施，以确保训练条件的改善。

（五）未来发展方向

为了更好地推进高校足球训练课程的设置与衔接，需要在以下方向进行努力：

建立标准化的课程体系：制订高校足球训练的标准化体系，明确各个学年的课程设置和内容，确保学生在整个高校生涯中能够获得系统、有层次的足球训练。

引入先进的训练理念和技术：引进国内外先进的足球训练理念和技术，借鉴世界级足球学院的培养模式，提高高校足球训练的水平。

开展师资培训与交流：针对教练团队的水平提升，开展师资培训和国际交流活动，引进高水平的足球教练，提高教练队伍整体素质。

加强与职业俱乐部的合作：与职业足球俱乐部建立紧密的合作关系，开展联合训练、交流赛事等活动，提高学生与职业足球的接轨度。

充实足球训练设施和器材：加大对足球场地、训练设施和器材的投入，提高训练的实效性，为学生提供更好的训练条件。

倡导全员参与：倡导足球运动的全员参与，不仅仅是专业体育专业的学生，也包括其他专业的学生。通过多元化的足球活动，扩大足球运动的影响面，形成更加广泛的足球文化。

高校足球训练课程的设置与衔接对于学生成才、促进身心健康、培养团队协作精神具有重要意义。在理论课程和实践课程的结合下，学生能够系统学习足球理论知识，并将其应用于实际训练和比赛中。同时，通过合理的课程衔接，学生能够在整个高校生涯中逐步提升足球技能和综合素质。面对挑战，需要学校、教练团队、学生和社会的共同努力，共同推动高校足球训练课程的不断完善与发展，为培养更多优秀足球人才做出积极贡献。

二、高校足球训练教育目标共同性

高校足球作为一项培养体育人才、促进学生全面发展的重要活动，其训练教育目标对于学生的身心健康和综合素质的提升具有至关重要的作用。本部分将探讨高校足球训练教育目标的共同性，包括技术能力、身体素质、团队协作、综合素养等方面。

（一）培养学生的足球技术能力

高校足球训练的首要目标之一是培养学生的足球技术能力。这包括基本的带球、传球、射门、盘带等基本功，以及更为复杂的战术技能。通过系统的训练，学生应当能够在比赛中灵活自如地运用这些技术，展现出较高水平的足球技术。

基本技术能力：学生应该在高校足球训练中掌握足球的基本技术动作，包括控球、传球、射门等。这为他们在比赛中的表现提供了基础。

战术技能：学生需要理解和掌握足球比赛中的战术原理，包括进攻战术、防守战术、中场组织等。通过训练，学生应能在比赛中迅速反应并正确运用相应的战术。

（二）提升学生的身体素质

高校足球训练也着重于提升学生的身体素质，这包括耐力、爆发力、敏捷性等方面。身体素质的提升不仅有助于学生在比赛中更好地发挥，还对他们的整体健康产生积极影响。

耐力训练：足球比赛通常需要较长时间的奔跑，因此学生需要通过训练提高他们的耐力水平，确保在比赛中保持较高的体能水平。

爆发力和速度训练：学生需要在比赛中快速做出决策和动作，因此培养爆发力和速度至关重要。这将使他们更具威胁性，能够更好地应对比赛中的各种情况。

灵活性训练：足球运动要求球员在狭小的空间内灵活运动，因此学生需要通过灵活性训练提高他们的敏捷性和柔韧性，以更好地适应比赛需要。

（三）促进学生的团队协作精神

足球是一项集体性很强的运动，团队协作是成功的关键。高校足球训练旨在培养学生具备出色的团队合作能力，使他们能够在比赛中更好地与队友协同作战。

团队协作意识：学生需要通过训练培养团队协作的意识，理解在球场上每个人的作用，并学会在比赛中相互支持。

沟通与配合：足球比赛中，良好的沟通和配合关系至关重要。高校足球训练应该加强学生之间的沟通能力，使他们能够通过语言和默契的配合更好地完成各种战术动作。

共同目标意识：学生需要理解足球是一支整体，每个人的努力都是为了实现共同的胜利目标。通过训练，培养学生形成共同目标意识，增强团队凝聚力。

（四）培养学生的综合素养

高校足球训练不仅关注学生在足球领域的发展，更注重培养他们的综合素养。这包括品德修养、领导力、团队协作、责任心等方面。

品德修养：高校足球训练旨在通过足球活动培养学生的品德修养。在足球比赛中，学生将面对各种竞技场上的压力和挑战，通过这些经历，他们可以培养出坚韧不拔、永不放弃的品质。同时，足球训练也强调公平竞争和团队协作的道德观念，使学生在竞技过程中养成良好的品德。

领导力培养：在足球队中，每个球员都有机会成为团队的领导者。通过参与训练和比赛，学生将学到如何在关键时刻展现领导力、鼓舞团队，并协助队友克服困难。这有助于培养学生的领导潜力和团队管理能力。

团队协作：高校足球训练的共同目标之一是培养学生的团队协作能力。在球场上，学生需要学会在团队中配合，通过默契的配合完成各种战术动作。这种团队协作的能力也会在他们日后的职业和社会生活中发挥重要作用。

责任心培养：在足球队中，每个球员都对整个团队的成绩负有一定的责任。学生需要明白自己在团队中的角色，对训练和比赛充满责任心。通过这种培养，学生可以在足球场上和生活中展现出对自己和他人的责任感。

（五）发展学生终身体育锻炼习惯

高校足球训练不仅是为了满足短期的比赛需求，更要培养学生终身体育锻炼的习惯。足球是一项全身性、综合性的运动，通过足球锻炼，学生可以养成良好的体育锻炼习惯，维护身心健康。

培养运动兴趣：通过足球训练，激发学生对运动的兴趣。足球作为一项富有激情和团队协作的运动，可以吸引更多学生参与体育活动，形成积极的生活方式。

提高身体素质：足球训练涉及全身多个方面的素质，包括耐力、爆发力、协调性等。通过长期的足球训练，学生的身体素质将得到全面提升，使他们更适应日常生活和工作的需要。

终身体育锻炼习惯：高校足球训练的目标之一是培养学生终身体育锻炼的习惯。通过足球锻炼，学生可以在未来的生活中保持积极的体育锻炼态度，享受运动带来的身心健康。

（六）社会责任感培养

高校足球训练教育还应当注重培养学生的社会责任感。足球作为一项受欢迎的体育运动，在社会中有着广泛的影响力，学生参与足球训练应该能够通过自身的努力为社会做出积极贡献。

积极参与社区活动：学生通过足球训练可以主动参与社区足球活动，促进体育文化的传播，同时增强社区的凝聚力。

传递正能量：通过比赛和训练，学生可以成为社会上的榜样，传递积极向上的能量。他们的团队协作、拼搏精神将激励更多人投身体育运动。

倡导公平竞争：足球训练应当注重培养学生的公平竞争观念，使其在比赛中能够展现出公正、公平、文明的竞技风采。

高校足球训练教育目标的共同性在于通过足球运动全面培养学生的体育素养、技能水平、团队协作能力以及社会责任感。这些共同目标不仅关注学生在足球领域的发展，更注重其在整体人才培养方面的贡献。

三、高校足球教练与教师协同合作

高校足球教练与教师的协同合作对于学生的全面成长和综合素养的提升至关重要。足球作为一项体育活动，除了培养学生的运动技能之外，还可以通过与教学相结合，促进学生的学科知识学习、综合素质的培养。本部分将深入探讨高校足球教练与教师之间的协同合作，包括合作的意义、具体方式以及面临的挑战和应对策略。

（一）合作的意义

全面发展学生：足球教练与教师的协同合作有助于实现学生的全面发展。通过足球训练，学生可以培养身体素质、团队协作和领导力等综合素质，而通过教学，学生能够获取学科知识和提高学术水平。两者的结合可以使学生在体育和学术方面都得到充分发展。

促进学科知识的应用：足球教练与教师的协同合作可以促进学科知识在实际生活中的应用。例如，在足球战术训练中融入数学原理，通过战术分析来培养学生的逻辑思维和数学运算能力。

培养综合素质：教练和教师的合作有助于培养学生的综合素质，包括沟通能力、团队协作、创新思维等。足球训练中的团队活动可以提高学生的社交能力，而与教学相结合可以拓展学生的综合素养。

提高教练和教师的专业水平：通过合作，足球教练和教师可以互相学习，提高各自的专业水平。教练可以更好地了解学生的学业情况，而教师则能够更好地了解学生在体育方面的需求，从而更好地指导学生。

（二）合作的具体方式

跨学科整合课程：设计跨学科整合的足球课程，将足球训练与学科知识融合在一起。例如，可以开设"足球与数学""足球与物理"等课程，通过足球场上的实际案例来讲解学科知识，激发学生的学科兴趣。

共同参与学生辅导：教练和教师可以共同参与学生的辅导工作，既包括学科知识的辅导，也包括足球技能的辅导。通过共同的关心和指导，可以更全面地了解学生的需求和问题。

组织联合活动：定期组织足球比赛、学科知识竞赛等联合活动，让学生在不同领域都能有所斩获。这样的联合活动既能够调动学生的积极性，也能够增进教练和教师之间的交流与合作。

共同参与学生评价：教练和教师可以共同参与对学生的评价工作。通过对学生综合素质的评估，可以更全面地了解学生的发展情况，为他们提供更有针对性的指导和支持。

（三）面临的挑战与应对策略

时间安排的挑战：教练和教师的工作都非常繁忙，时间有限。在协同合作中，需要合理安排时间，确保足球训练和学科教学都能够得到充分的重视。

应对策略：制订合理的日程安排，充分协调教学和训练的时间，确保学生能够在两者之间取得平衡，并且不会因为时间冲突而影响到学业或足球发展。

专业领域的差异：足球教练和教师的专业领域存在一定差异，需要在合作中找到共同点，并进行有效沟通。

应对策略：建立定期的沟通机制，促进教练和教师之间的信息共享。可以组织交流会议、研讨会等形式，加强彼此之间的了解，找到专业上的交集点。

学生需求的多样性：学生在学科知识和足球技能上的需求各异，如何在协同合作中照顾到每个学生的个性化需求是一个挑战。

应对策略：采用差异化教学策略，根据学生的不同需求制订个性化的学科和足球训练计划。通过定期的学生评估和反馈，教练和教师可以更好地了解学生的发展需求，调整教学计划，以满足他们的个性化学习和训练需求。

学科知识与体育技能融合的难度：整合学科知识和体育技能需要教练和教师具备跨学科的教育理念和方法，这可能面临一定的难度。

应对策略：提供专业的跨学科培训，使教练和教师了解如何将学科知识和体育技能融合在一起。鼓励双方相互观摩和学习，共同发展跨学科整合的创新方法。

学生压力的增加：学生需要同时应对学科学习和足球训练的压力，这可能对其心理和身体健康造成一定影响。

应对策略：强调学生全面发展的重要性，鼓励他们在学业和体育之间寻找平衡。为学生提供心理健康支持和辅导服务，帮助他们更好地应对压力。

（四）共同发展的未来方向

为了更好地实现高校足球教练与教师的协同合作，未来可以在以下方向进行努力：

建立协同合作机制：学校可建立专门的协同合作机制，设立协同合作的工作小组，包括教练、教师、学生和家长代表，共同参与决策和规划。这有助于促进信息的共享和团队协作。

推行跨学科整合课程：学校可以推动跨学科整合课程的发展，将足球训练与学科知识融为一体。鼓励教练和教师联合开设此类课程，以促进学生在实际应用中更好地理解学科知识。

加强教练与教师培训：提供更多的培训机会，加强足球教练和教师的专业知识和沟通能力培养。培训内容可以涵盖跨学科教育、学科知识融合方法、教学策略等方面，以提高协同合作的水平。

建立学生支持体系：学校可建立完善的学生支持体系，包括心理健康服务、学业辅导等。这有助于减轻学生的压力，保障他们在学科和足球训练中都能够得到适当的支持和指导。

促进家、校合作：强调家庭在学生全面发展中的重要性，与家长建立紧密的合作关系。通过家校合作，可以更好地了解学生的需求，形成家庭、学校和社会协同努力的局面。

高校足球教练与教师的协同合作是学生全面发展的关键因素。通过整合学科知识和体育技能，可以更好地促进学生的学业和足球发展。面对挑战，建立合作机制、推行跨学科整合课程、加强培训、建立学生支持体系以及促进家校合作都是未来发展的方向。通过共同努力，教练和教师可以为学生提供更丰富、更有深度的教育体验，培养更全面发展的人才。

第四节　社会与高校足球训练的互动

一、社会需求与足球训练

足球作为一项全球性、受欢迎的体育运动，不仅是一种娱乐方式，更是社会发展中不可或缺的一部分。足球训练不仅对个体的身体素质和技能水平有所促进，同时也与社会的多方面需求密切相关。本部分将深入探讨社会对足球训练的需求，包括对人才的需求、对团队合作与领导力的需求以及足球在社会中的文化价值。

（一）社会对足球人才的需求

体育产业的发展：随着社会经济的不断发展，体育产业逐渐崭露头角。足球作为一项备受瞩目的体育运动，吸引了大量的观众和投资。社会对足球人才的需求主要体现在职业足球运动员、教练、裁判等方面，这些人才为足球产业的健康发展提供了支持。

国际足球竞争：足球是一项具有国际性竞争的运动，国家队、俱乐部队需要具备高水平的球员和教练。社会对足球人才的需求在于培养具备国际竞争力的足球运动员，提升国家在国际足球舞台上的地位。

足球教练与管理人才：随着足球产业的专业化和商业化，对足球教练和管理人才的需求不断增加。除了足球技术水平高超，还需要具备团队管理、营销策划等多方面的综合素养，以适应足球产业的复杂运作。

足球医学与康复专业人才：随着人们对运动安全和健康的关注增加，社会对足球医学和康复专业人才的需求也在增加。这些人才能够提供运动损伤的预防、治疗和康复服务，确保足球运动员的身体健康。

（二）团队合作与领导力的社会需求

团队合作的社会需求：足球是一项团队性极强的运动，社会对团队合作精神的需求日益凸显。通过足球训练，个体学会在团队中协同作战，培养团队合作、协调沟通的能力，这对于社会中团队工作、协同创新等方面的需求有积极促进作用。

领导力的社会需求：足球队伍需要领导者来引导战术、激发团队斗志。足球训练不仅培养了球员个体的领导力，同时也促使团队形成清晰的组织结构，对于社会中对领导力的需求有积极的响应。

社会融入与公共服务：足球运动不仅仅是一种体育竞技，还是社会融入和公共服务的平台。通过足球训练，社会可以培养出一批具有团队合作和领导力的人才，这些人才有望在社会各个领域中作出积极贡献，推动社会的良性发展。

（三）足球在社会中的文化价值

文化交流与国际交往：足球作为全球最受欢迎的体育运动之一，具有强大的文化交流和国际交往的力量。国际足球赛事成为各国文化的重要展示窗口，促进了各国之间的友好往来，拉近了各国人民之间的文化距离。

民族认同与社会凝聚力：足球运动常常成为民族认同和社会凝聚力的象征。在国家队比赛中，球迷的激情和支持不仅是对运动员的鼓励，更是对国家和文化的自豪感的表达。足球通过国家队赛事可以在国内形成共同的情感共鸣，促进社会的团结。

社会责任与慈善活动：足球运动界积极参与社会责任和慈善活动。足球俱乐部、球员等通过慈善比赛、社区服务等形式，为社会做出积极贡献。足球的文化价值在于通过运动传递正能量，引导社会关注公益事业。

教育与人才培养：足球运动在学校和社区中的推广，不仅有助于培养学生的体育素养，还能通过足球的教育价值促进人才的全面培养。

体育精神的培养：足球作为一项竞技性极强的运动，注重团队合作、拼搏进取、克服困难的精神，有助于培养学生的体育精神。这一精神不仅在足球场上表现，更会渗透到学生的学业和职业生涯中，促使他们具备坚韧不拔、顽强拼搏的品质。

学科知识的拓展：通过足球训练，学生不仅能够提高体育水平，还有助于拓展学科知识。例如，足球涉及数学、物理、生物等多个学科，通过分析战术、测算力量等，学生能够在足球运动中学到并应用学科知识。

团队合作与领导力：在足球队中，学生需要与队友协作，共同完成比赛中的各种战术动作。这有助于培养学生的团队合作精神，同时，有些学生还有机会担任队长等领导职务，锻炼领导力。

（四）社会需求与足球训练的挑战与应对策略

社会竞争压力：社会对足球人才的需求日益增加，竞争也变得更加激烈。这对于足球训练机构和教练提出了更高的要求。

应对策略：加强足球基础教育，从小培养足球兴趣，建立更完善的青训体系。同时，推动足球训练与学科教育的融合，提升足球人才的全面素质。

社会对足球文化的认知度不足：在一些地区，足球仍然被认为只是一种娱乐方式，对其文化价值和教育意义的认知度相对较低。

应对策略：加强足球文化的宣传和普及工作，组织足球赛事、文化交流等活动，提高社会对足球文化的认知度。同时，鼓励媒体、学校等各方面加强对足球文化的宣传，让更多人了解足球的多重价值。

足球训练资源不均衡：一些地区的足球训练资源相对匮乏，影响了青少年足球的普及和提升。

应对策略：加大对基层足球训练机构的支持，建设足球场地、提供足球器材，培养更多的足球教练。同时，通过政府、企业等多方合作，推动足球训练资源的均衡配置，使更多的青少年有机会参与足球训练。

足球与学科教育融合的困难：足球训练与学科教育的融合需要教练

和教师具备跨学科的教育理念和方法，这在实际操作中可能面临一定的困难。

应对策略：提供足球教练和教师跨学科培训，促使他们了解如何将学科知识与足球训练融合在一起。鼓励他们在实践中不断尝试，总结经验，形成可行的融合模式。

（五）未来社会需求与足球训练的发展方向

加强足球基础教育：未来应加强对足球基础教育的投入，从小培养学生的足球兴趣，建立起更为完善的足球青训体系。

推动足球文化的传承：加强足球文化的传承和宣传，通过各类赛事、文化交流等活动，提高社会对足球文化的认知度和重视程度。

拓展足球训练资源：加大对基层足球训练机构的支持力度，提高足球场地和器材的建设水平，确保足球训练资源的均衡发展。

强化足球与学科教育的融合：未来足球训练应更加注重与学科教育的融合，通过跨学科教学、足球科普等方式，促使学生在足球运动中同时获得体育技能和学科知识，实现全面素质的提升。

建立多层次的足球人才培养体系：设立更为完善的足球人才培养体系，包括职业足球运动员、足球教练、足球医学与康复专业人才等多个层次。通过分类培养，满足社会对不同层次足球人才的需求。

加强足球在学科教育中的应用：在学科课程中引入足球元素，鼓励学生将所学的知识运用到足球训练中。这不仅能够提高学科学习的趣味性，同时也促进足球运动与学科知识的有机结合。

倡导足球公益事业：进一步推动足球的社会责任和公益事业。通过足球比赛、慈善活动等方式，让足球运动参与社会公益，为社会做出更多贡献。

推动足球文化与体育产业的融合：鼓励足球文化与体育产业的有机融合，培养更多懂足球、热爱足球的专业人才。这有助于推动足球在社会中的综合价值，促进体育产业的可持续发展。

足球训练不仅是一项体育运动，更是社会多方面需求的回应者和推动者。通过满足社会对足球人才、团队合作与领导力、足球文化的需求，足球训练为个体成长、社会发展和文化传承提供了有力支持。在未来，加强足球基础教育、推动足球文化传承、拓展足球训练资源、强化足球与学科教育融合等方面的努力将有助于更好地满足社会需求，促进足球训练事业的可持续发展。足球训练不仅培养了一代代的优秀运动员，更在社会中播种着文化的种子，为社会的和谐与进步贡献着自己的力量。

二、高校足球校企合作与社会资源整合

高校足球作为体育与教育的结合点，其发展不仅关系到校园文化建设，更牵涉到与社会资源的合作与整合。本部分将深入探讨高校足球与企业的合作关系，以及如何整合社会资源，促进高校足球的可持续发展。

（一）高校足球与企业的合作关系

共赢合作理念：高校足球与企业的合作关系应基于共赢理念，实现学校、学生、企业之间的多方共益。通过合作，学校能够得到资源支持，学生获得更好的足球训练条件，而企业也能在校园中建立品牌形象，实现社会责任的履行。

赞助与支持：企业可以通过赞助高校足球队、提供装备设施等方式，为高校足球提供资金和物质支持。这不仅有助于提升球队水平，也为企业树立了良好的企业社会责任形象。

人才培养合作：企业与高校足球可以合作开展人才培养项目，例如共建足球人才培训中心、提供实习机会等。这有助于学生更好地结合实际工作需求进行学科知识与足球技能的结合。

赛事组织与推广：企业可以与高校合作组织足球赛事，提升赛事的水平和影响力。通过赛事推广，企业能够将自身品牌与足球运动紧密关联，实现品牌曝光。

（二）社会资源整合与高校足球的可持续发展

政府支持：政府在高校足球发展中扮演着重要角色。通过加大对高

校足球的政策支持、提供场地设施、组织赛事等方式，政府能够为高校足球的可持续发展提供坚实支持。

体育产业合作：与体育产业合作是社会资源整合的重要方面。体育产业可以提供专业的足球训练设备、技术支持等资源，同时通过与高校足球建立合作关系，实现产业链上下游的共赢。

社区资源整合：将高校足球与社区资源有机结合，可以通过社区场地的开放、邀请社区球队参与联赛等方式，促进足球在社区中的普及与发展。

媒体与公众关系：借助媒体的力量，将高校足球的信息传播到更广泛的社会层面。通过与媒体的合作，提高足球在公众中的知名度，吸引更多的资源投入。

（三）高校足球校企合作的具体实践

企业赞助与支持：高校足球可以与企业签署赞助协议，获得企业的资金支持，用于球队装备购置、场地维护等方面。企业在其中获得品牌曝光和社会责任的履行。

足球人才培训项目：与企业合作，建立足球人才培训项目，由企业提供专业足球教练和培训设施，高校提供学科知识的支持。学生在其中既能获得专业足球训练，又能获取相关学科知识。

联合举办足球赛事：与企业共同举办足球赛事，提升比赛水平，吸引更多关注。企业可以作为赛事赞助商，通过赛事推广提高品牌知名度。

体育产业合作：与体育产业合作，引入先进的足球训练设备和技术支持。这有助于提高高校足球队的训练水平，培养更多专业的足球人才。

社区足球推广计划：高校足球可以通过与社区合作，开展足球推广计划。在社区中建立足球训练基地，邀请专业教练进行培训，吸引更多社区居民参与足球活动。

（四）面临的挑战与应对策略

合作伙伴选择的挑战：在选择合作伙伴时，可能会面临合作方理念、目标、资源投入等方面的差异，需要妥善解决。

应对策略：在合作前进行充分的沟通与协商，明确双方的期望和目标。建立合作协议，规定合作的具体内容、责任分工、资源投入等，确保合作是基于共同理念和互利共赢的基础上展开。

资源分配与管理的挑战：合作过程中，可能面临资源分配不均、管理不善等问题，影响合作的效果。

应对策略：建立有效的资源管理机制，明确资源分配的原则和流程。通过定期的合作评估和反馈，及时发现问题并进行调整。保持良好的沟通与协作，确保资源得到合理利用。

长期合作的可持续性：高校足球校企合作需要具备长期性，但在实践中可能会受到变数的影响，如企业战略调整、学校管理变更等。

应对策略：在合作协议中明确长期合作的意愿，并设定相应的退出机制。建立双方的信任关系，定期进行合作评估，及时发现问题并寻求解决方案，确保合作的可持续性。

社会支持度不足的挑战：在一些地区，足球可能并非社会关注的焦点，高校足球校企合作可能面临社会支持度不足的问题。

应对策略：加强足球文化的宣传与推广，提高社会对足球的认知度。通过与媒体合作、举办公益活动等方式，营造良好的足球氛围，增强社会支持度。

（五）未来发展方向与策略建议

建立多层次的合作网络：未来高校足球校企合作可以建立更为复杂多层次的合作网络，包括与大型企业、体育产业、社区组织等多方的合作。通过多层次的合作，实现资源的更为广泛共享。

注重创新与科技应用：引入先进的科技手段，如虚拟现实技术、数据分析等，提升足球训练的科技含量。与科技企业合作，推动足球训练方法的创新，提高训练效果。

开展国际合作与交流：推动高校足球与国际企业和高校的合作与交流，吸引国际先进的足球管理经验和培训资源。通过国际合作，提升高校足球在国际舞台上的影响力。

强化足球人才培养与就业：与企业合作开展足球人才培训项目，使学生在足球运动中获得专业技能的同时，更好地适应职业足球领域的就业需求。

社会责任与公益事业：加强与企业的社会责任合作，共同推动足球的社会责任与公益事业。通过组织公益活动、开展社区服务等方式，让足球成为社会服务的一部分。

高校足球校企合作与社会资源整合是推动高校足球可持续发展的重要途径。通过合作，高校足球不仅能够获得企业的支持与赞助，还能与社会资源实现有机整合，推动足球在校园中的发展。在未来，应注重建立共赢合作理念，加强合作伙伴选择、资源分配与管理，提升合作的可持续性。同时，通过创新与科技应用、国际合作、社会责任等方面的努力，不断拓展高校足球的发展空间，使其在培养足球人才、推动足球文化传承和服务社会的过程中发挥更大的作用。高校足球校企合作不仅是高校足球事业发展的保障，更是推动足球文化在社会中深入融合的重要推手。

三、高校足球社会反馈与改进机制

高校足球作为体育运动和校园文化的重要组成部分，其发展和运作不仅仅关乎校内学生和教职员工，还需要与社会形成有效互动。本部分将探讨高校足球与社会之间的反馈机制，以及如何建立有效的改进机制，以促进高校足球事业的可持续发展。

（一）高校足球与社会的互动关系

社会的关注与支持：高校足球在校园中的发展不仅受到校内师生的关注，也需要社会的广泛关注和支持。社会的关注能够提升高校足球的知名度，同时也为足球项目吸引更多的资源和合作机会。

社区参与与融合：高校可以通过与周边社区的合作，将足球活动融入社区生活，促进校园与社区文化的融合。社区的积极参与将为高校足球提供更多的资源和场地支持。

媒体传播与舆论引导：在今天的信息时代，社交媒体发挥着极为重要的作用。通过媒体传播高校足球的表现和活动，可以触达更广泛的受众，形成舆论引导，从而对高校足球的形象和发展产生积极的影响。

企业合作与赞助支持：与社会中的企业建立合作关系，争取赞助支持，不仅可以为高校足球提供财政上的支持，同时也可以通过企业的资源帮助提升球队的管理水平和运营能力。

（二）建立高校足球的社会反馈机制

社会调查与反馈收集：高校足球可以通过社会调查、问卷调查等方式，主动收集社会的反馈意见。了解社会对于高校足球的期望、关注点、建议等，为未来的发展提供有益信息。

社交媒体平台的管理与互动：利用社交媒体平台，建立高校足球的官方账号，通过发布相关信息、互动留言等方式，与社会建立更加紧密的联系。通过社交媒体了解社会的反馈，及时回应社会关切。

组织社会参与活动：高校足球可以主动组织一些社会参与活动，如足球赛事、公益活动等，吸引社会的关注和参与。这不仅能够提升高校足球在社会中的形象，同时也能够激发社会的热情与支持。

建立社会咨询委员会：成立由社会精英、足球专家、媒体代表等组成的社会咨询委员会，为高校足球提供专业性的意见和建议。通过定期会议，促进高校足球与社会的深度交流。

（三）高校足球的改进机制

信息透明化：高校足球需要建立信息透明化的机制，及时向社会公开足球队的训练计划、比赛成绩、球队管理等方面的信息。这有助于建立公开、透明的形象，提升社会的信任度。

借鉴国际经验：高校足球可以借鉴国际上先进的足球发展经验，了解国际足球的管理模式、培训体系等。通过引进先进理念，不断提升高校足球的水平。

引入专业管理团队：建立专业的足球管理团队，包括教练组、运动医学专家、市场推广专业人士等。通过引入专业团队，提高高校足球的管理水平和专业素养。

建立学科融合机制：高校足球可以与体育学、管理学等相关专业建立学科融合机制，将足球运动与学科知识相结合。例如，可以开设足球管理、足球医学等相关专业，培养学生既懂足球运动，又具备相关学科知识的复合型人才。

持续改进的培训体系：建立持续改进的足球培训体系，不断调整和完善培训课程、训练方法，以适应足球运动的发展和社会需求的变化。这可以通过与专业足球协会、俱乐部等建立合作关系，引入最新的培训理念和技术。

关注社会热点与需求：在制订足球发展计划时，密切关注社会热点和需求。例如，根据社会对足球健康的关注，可以推出健康足球项目；根据社会对女子足球的关注，可以加大女子足球的发展力度。

建立成果评估机制：建立科学的成果评估机制，定期评估高校足球在学科、竞技、社会服务等方面的成果。通过评估结果，发现问题，及时调整发展策略，确保高校足球的发展方向符合社会需求。

（四）未来发展方向与策略建议

深化校企社会三方合作：未来，高校足球应与企业和社会进行更深度的合作。不仅局限于赞助关系，更要通过深化合作实现资源的共享与互补。例如，与企业合作建设足球训练基地，为企业提供员工体育培训。

强化社会服务功能：高校足球不仅是学校体育运动的一部分，更是为社会服务的平台。未来应注重发挥足球在社会中的正面影响，通过组织公益活动、健康促进项目等方式，为社会提供更多价值。

推动足球与学科融合：进一步推动足球与学科的融合，加强足球与体育学、管理学等学科的交叉研究。通过培养更多具备专业知识的足球人才，推动足球在学术领域的发展。

加强国际合作与交流：未来高校足球可以加强国际合作与交流，与国际高校、足球协会等建立更紧密的联系。通过国际化的视野，获取更先进的足球理念和管理经验。

建立评估与改进的长效机制：建立科学的评估与改进机制，通过定期的绩效评估，了解高校足球在各方面的表现。通过评估结果，制订改进计划，推动高校足球的可持续发展。

高校足球与社会的互动关系至关重要，通过建立社会反馈与改进机制，可以更好地适应社会的需求和期望，实现高校足球事业的可持续发展。在面对社会的关注、支持和挑战时，高校足球需要通过积极的沟通、合作和创新，不断提升自身的管理水平和社会影响力。通过社会反馈机制，建立高校足球与社会之间更加紧密的联系，实现双方的共赢。

高校足球的未来发展需要着眼于更广泛的社会层面，深化校企社会三方合作，加强社会服务功能，推动足球与学科融合，加强国际合作与交流，并建立长效的评估与改进机制。这些举措将有助于高校足球更好地适应社会发展的需求，为培养更多优秀足球人才、推动足球文化的传承和服务社会发挥更大的作用。

总的来说，高校足球社会反馈与改进机制的建立，不仅有助于提升高校足球的品牌形象，更能够促进足球运动在社会中的全面发展。通过不断调整和改进，高校足球可以更好地满足社会的期望，为学生提供更优质的足球培训和服务，为社会培养更多具备足球专业知识和全面素养的人才，为推动足球文化的传承和创新作出更大的贡献。

第二章 高校足球训练体系理论框架

第一节 运动训练理论与高校足球训练

一、运动生理学在足球训练中的应用

足球是一项综合性运动，要求运动员具备出色的体能素质、卓越的技术水平和高度的战术智慧。为了提高球员在比赛中的表现，足球训练中运动生理学的应用显得尤为重要。本部分将深入探讨运动生理学在足球训练中的应用，包括训练计划的制订、体能测试与评估、恢复与康复等方面，以期为足球训练提供科学的指导。

（一）运动生理学基础

有氧代谢与无氧代谢：足球比赛中，球员需要在不同强度的活动中快速切换有氧代谢和无氧代谢。有氧代谢主要通过氧气来产生能量，适用于较低强度的长时间运动。而无氧代谢则在高强度短时间内产生能量，适用于短距离冲刺和高强度的爆发力活动。

乳酸阈和运动耐力：乳酸阈是指运动员进行高强度运动时，乳酸在肌肉中积累的临界点。运动耐力与乳酸阈密切相关，提高乳酸阈可以延缓乳酸的积累，提高运动员在高强度运动中的持久力。

心血管适应：足球比赛对心血管系统提出了高要求。通过训练可以提高心脏泵血能力，增加每搏输出量，降低心率，使运动员在比赛中能更好地适应不同强度的运动。

（二）运动生理学在训练计划中的应用

能量系统训练：根据足球比赛的特点，训练计划应该兼顾有氧和无氧系统。有氧训练可以通过长时间低强度的跑步、游泳等形式进行，提高球员的耐力。而无氧训练可以包括短跑、爆发力训练等，提高球员的爆发力和快速冲刺能力。

乳酸耐受性训练：通过有针对性的训练，延缓乳酸的积累，提高乳酸阈，从而增强球员在比赛中的持久力。这可以包括间歇训练、阈下训练等形式。

心血管适应训练：强化心血管系统的训练，可以采用有氧运动，如跑步、自行车等，以提高心血管系统的适应性。此外，高强度间歇训练也是提高心血管适应性的有效手段。

（三）运动生理学在体能测试与评估中的应用

耐力测试：包括长时间跑步、游泳等，以评估球员的有氧耐力水平。通过测定最大摄氧量（VO_2max）等指标，可以对耐力进行客观评估。

爆发力测试：如短跑、垂直跳等，用于评估球员的爆发力水平。这有助于确定球员在比赛中的快速冲刺和爆发力动作的水平。

速度与敏捷性测试：通过 20 米冲刺、变向跑等测试，评估球员的速度和敏捷性。这对于足球比赛中的变幻莫测的比赛场景具有重要意义。

力量测试：通过引体向上、深蹲等测试，评估球员的力量水平。力量在足球比赛中不仅体现在踢球和抢断上，还对身体的稳定性和受伤的预防有着重要的影响。

（四）运动生理学在恢复与康复中的应用

恢复训练：运动生理学提供了科学的方法来促进运动员在比赛后更快地恢复。有氧低强度训练、按摩、水疗等方法可以促进肌肉康复，减轻疲劳。

营养补充：运动生理学研究了运动员在比赛和训练中的能量消耗和营养需求。通过科学合理的营养补充，可以更好地满足运动员的能量需求，促进身体的恢复。

睡眠的重要性：运动生理学研究表明，充足的睡眠对运动员的康复至关重要。足球训练中，通过科学的睡眠安排，有助于提高运动员的注意力、反应速度和免疫系统的功能，促进身体在训练和比赛中更好地适应。

生理治疗与康复训练：运动生理学提供了在运动员受伤后进行生理治疗和康复训练的科学指导。通过理解受伤部位的生理变化，制订合理的康复计划，既可加速受伤组织的修复，又可避免再次受伤。

疲劳监测：运动生理学通过监测生理指标，如心率、乳酸浓度、睡眠质量等，对球员的疲劳水平进行评估。这有助于教练和医疗团队及时调整训练计划，避免过度训练引发慢性疲劳和伤病。

（五）面临的挑战与应对策略

个体差异的挑战：不同球员在生理水平上存在较大差异，需要个性化的训练计划。

应对策略：采用体能测试和评估，了解每位球员的生理特点，制订个性化的训练方案。同时，定期调整计划以适应球员的生理变化。

过度训练的风险：过度训练可能导致疲劳、伤病等问题，影响球员的健康和表现。

应对策略：通过疲劳监测，及时发现球员的疲劳水平，合理安排训练和休息，避免过度训练。建立开放的沟通渠道，鼓励球员主动反馈身体状况。

营养与恢复的管理：不同球员在饮食、营养需求以及恢复方面存在个体差异。

应对策略：与专业营养师合作，为球员制订个性化的饮食计划。同时，在训练计划中合理安排恢复训练，确保球员有足够的时间和条件进行身体的恢复。

受伤康复的挑战：受伤是足球运动中难以避免的问题，康复过程需要科学指导。

应对策略：配备专业的康复团队，包括运动医学专家、康复医生和物理治疗师。采用个体化的康复计划，结合运动生理学原理，确保受伤球员能够在最短时间内安全地回归赛场。

（六）未来发展方向与策略建议

运用先进科技手段：随着科技的不断发展，运动生理学可以更广泛地应用先进的科技手段，如运动追踪器、生物传感器等。这些技术可以实时监测球员的生理状态，提供更精准的数据支持。

发展个性化训练模型：基于大数据和人工智能技术，建立更为精细化的个性化训练模型。通过分析每位球员的生理数据、训练反馈等信息，为其制订更贴合个体特点的训练计划。

整合跨学科合作：运动生理学与医学、心理学、营养学等学科的跨学科合作将更加密切。这有助于综合考虑球员的身体、心理和营养状况，提供更全面的健康支持。

强化教练团队的运动生理学培训：为足球教练提供更多关于运动生理学的培训，使其能够更好地理解和应用运动生理学的知识。这有助于提高教练团队对球员身体状况的敏感性，更好地指导训练。

在足球训练中，运动生理学的应用不仅是提高球员体能水平的手段，更是科学化训练、合理化恢复的基础。通过深入研究运动员的生理特点，制订个性化的训练计划，实时监测生理状态，足球团队可以更好地适应激烈的比赛和高强度的训练，降低受伤的风险，提高整体的竞技水平。在未来，运动生理学将继续发挥更大的作用，通过技术创新和跨学科合作，为足球运动的发展带来更多的可能性。

二、高校足球训练方法与计划

高校足球训练是培养足球人才、提高球队竞技水平的关键环节。科学合理的训练方法与计划不仅有助于提高球员的身体素质和技战术水平，还能够培养团队协作精神和比赛应变能力。本部分将深入探讨高校足球训练的方法与计划，包括技战术训练、体能训练、心理训练等方面，以期为高校足球训练提供科学的指导。

（一）技战术训练

基础技术训练：高校足球训练的第一步是打牢基础技术。包括传球、接球、控球、盘带、射门等基本技术，通过反复练习和模拟比赛情境，使球员能够在比赛中快速准确地应用这些技术。

战术理解与训练：在技术基础扎实的前提下，深入学习和理解包括进攻、防守、定位球在内的足球战术。通过模拟比赛和战术板训练等方式，提升球员对不同战术的理解和应用能力。

小组配合与整体协作：足球是一项团队运动，强调球员之间的默契和协作。通过小组配合训练、小场地比赛等方式，培养球员在场上的默契程度，提高整体协作水平。

应对比赛情境的训练：模拟比赛情境的训练有助于培养球员在真实比赛中的应变能力。通过进行模拟比赛，让球员面对各种可能出现的情况，提高他们的意识和决策能力。

（二）体能训练

有氧耐力训练：高水平的有氧耐力是足球运动员必备的素质之一。通过长跑、游泳、有氧运动等方式进行训练，提高球员的心肺功能和耐力水平。

爆发力与速度训练：足球比赛中经常需要短时间内迅速爆发和快速奔跑。通过短跑、爆发力训练、爬坡训练等方式，提高球员的爆发力和速度。

力量训练：足球运动员需要有较强的肌肉力量，以更好地抢断、争抢空中球等。重量训练、核心稳定性训练等方式，有助于提高球员的力量水平。

柔韧性训练：良好的柔韧性有助于减少运动员在比赛中的受伤风险，

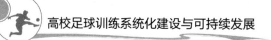

同时提高球员的敏捷性。通过拉伸训练、瑜伽等方式，增强球员的柔韧性。

（三）心理训练

压力管理：比赛中常伴随着巨大的心理压力，球员需要学会合理管理自己的情绪。通过心理训练，培养球员在关键时刻能够保持冷静和集中注意力。

自信心培养：自信心是球员发挥水平的关键。通过成功经验的强化、正面心理建设等方式，帮助球员树立自信心，更好地迎接比赛。

团队凝聚力培养：足球是团队比赛，团队凝聚力对于球队的成功至关重要。通过团队建设、合作性训练等方式，增强球队的凝聚力和团结意识。

专注力培养：在比赛中保持高度的专注力是成功的关键。通过专注力训练、冥想等方式，提高球员在比赛中的专注水平。

（四）训练计划制订与调整

季节性计划：根据足球比赛的季节性特点，制订不同阶段的训练计划。季节性计划应包括准备期、竞赛期和恢复期。准备期主要注重技战术和体能的基础建设，竞赛期强调比赛状态的保持和精细化训练，恢复期则致力于减轻球员疲劳、促进身体康复。

周训练计划：制订周训练计划是训练管理的基础。在计划中合理分配技战术、体能、心理等方面的训练内容，确保球员能够全面提高而不致过度疲劳。合理轮休和恢复训练也是周计划中需要考虑的因素。

个体化计划：不同球员在身体素质、技战术水平和心理状态上存在差异，因此训练计划应该具有一定的个体化。通过体能测试、技术评估和心理测量，为每名球员制订个性化的训练计划，更好地发挥其优势，改善其不足。

比赛前的调整：在比赛临近时，训练计划需要进行相应的调整。增加模拟比赛的次数，强化战术训练，提高球员在比赛中的适应能力。同时，在比赛前适当减少高强度的训练，以确保球员在比赛中能够保持最佳状态。

（五）面临的挑战与应对策略

学业与训练的平衡：高校足球运动员往往需要同时兼顾学业和训练，这可能给他们带来巨大的压力。

应对策略：制订合理的学业与训练平衡计划，确保学生运动员有足够的时间来完成学业任务。与学校建立紧密的合作，提供必要的支持和便利。

伤病风险的挑战：足球是一项高风险的运动，球员可能面临受伤的风险。

应对策略：强调预防伤病的重要性，包括合理的热身、冷却运动，加强柔韧性和核心稳定性训练。及时发现和处理潜在的伤病问题，通过科学的康复计划加速受伤球员的康复。

球队凝聚力的挑战：高校足球队可能面临球员来自不同专业、年级的问题，影响球队的凝聚力。

应对策略：通过团队建设活动、集体训练、心理训练等方式，促进队员之间的交流和合作，增强球队凝聚力。鼓励球员树立共同目标，共同为球队的荣誉而努力。

教练团队的挑战：教练团队可能面临教练水平不均、沟通不畅等问题。

应对策略：加强教练团队的培训，提高整体水平。建立有效的沟通机制，确保教练之间能够协作无间。通过团队建设活动，促进教练之间的互信和合作。

（六）未来发展方向与策略建议

科技在训练中的应用：利用先进的科技手段，如运动追踪器、虚拟现实技术等，提高训练的科学性和趣味性。科技的应用可以更精准地监测球员的状态，为训练计划的制订提供更多数据支持。

跨学科合作：强化足球训练中的跨学科合作，整合体育科学、运动医学、心理学等多学科的专业知识，为训练计划提供更全面的支持。通过团队合作，更好地关注球员的身体、心理和综合素质的发展。

（1）深化学科融合：将足球训练与相关学科更深度地融合，例如体育教育、运动生理学、心理学等，建立足球与学科的交叉研究和培训体系。通过综合性的学科融合，培养出更全面、多层次的足球专业人才。

（2）强化国际化合作与交流：拓展国际合作渠道，与国际一流足球学院、俱乐部建立紧密联系，借鉴和吸收国际先进的训练理念和方法。通过国际化的交流，提高高校足球训练的水平和国际竞争力。

（3）精细化个性化训练：利用先进的数据分析技术，通过对球员的运动数据、心理数据进行精确分析，为每位球员制订更为个性化的训练计划。通过精细化的个性化训练，最大程度地发挥每名球员的潜力。

高校足球训练是培养足球人才、推动足球事业发展的重要环节。科学合理的训练方法与计划是提高球队整体实力、培养出色球员的关键因素。在未来的发展中，高校足球训练需要不断创新，结合科技、跨学科合作和国际化视野，提高训练水平，培养更多具备综合素质的足球专业人才，为中国足球的崛起做出更大的贡献。通过系统而全面的训练方法，高校足球有望在培养出色球员的同时，为足球文化的传承与创新、提升中国足球整体水平发挥积极作用。

三、高校足球意外的预防与康复

在高校足球运动中，意外伤害是难以避免的一部分。球员在比赛和训练中可能面临扭伤、拉伤、骨折等各种伤害风险。因此，建立有效的意外伤害预防和康复体系对于确保球员的身体健康和提高球队整体竞技水平至关重要。本部分将深入探讨高校足球意外伤害的预防与康复，包括预防措施、康复程序以及团队合作等方面。

（一）预防措施

综合性的热身与拉伸：充分的热身对于减少运动伤害具有关键性意

义。高校足球队应该设计综合性的热身计划，包括慢跑、关节活动、动态拉伸等，以提高肌肉和关节的灵活性，减少运动中的拉伤风险。

合理的体能训练：强健的身体能够更好地抵抗伤害。通过合理的体能训练，包括力量训练、爆发力训练和核心稳定性训练，可以提高球员的身体素质，减少扭伤和韧带损伤的风险。

正确的运动技术：正确的运动技术是预防伤害的基础。教练应该关注球员的技术动作，纠正不良习惯，确保他们在比赛和训练中使用正确的姿势和技术，降低受伤风险。

适应性装备的使用：球员使用适当的足球鞋、护具等装备是预防意外伤害的关键。确保球员佩戴适当的护具，特别是对于患有特定部位问题的球员，如膝盖、踝部等。

科学的训练计划：避免过度训练是预防伤害的一部分。制订科学的训练计划，包括适当的休息和康复时间，确保球员在训练中保持最佳状态，降低过度疲劳导致的伤害风险。

（二）康复程序

及时的急救与评估：在发生意外伤害时，迅速进行急救和初步评估是至关重要的。教练和医疗团队应该配备必要的急救设备，并接受相应的急救培训，以在紧急情况下迅速做出反应。

专业医疗团队的介入：对于严重的伤害，特别是骨折、脱位等情况，需要及时引入专业医疗团队进行详细的评估和处理。这有助于确保伤势的准确诊断和科学治疗。

个体化的康复计划：针对不同类型的伤害，制订个体化的康复计划是关键。康复计划应考虑到球员的身体状况、年龄、职业期望等因素，通过物理治疗、康复运动等手段，促进受伤组织的修复。

心理康复的关注：伤害不仅对身体构成威胁，还可能对球员的心理状态产生负面影响。提供心理支持和康复服务，帮助球员应对伤病、焦虑等情绪，恢复信心。

逐步的回归训练：康复过程应该是逐步的，确保球员在回归训练和比赛前经过充分的恢复和适应期。医疗团队和教练要密切合作，确保球员在安全的情况下逐渐增加运动强度。

（三）团队合作的重要性

教练与医疗团队的紧密合作：教练和医疗团队之间的紧密合作是成功预防和康复的关键。及时分享球员的身体状况信息，制订综合性的训练和康复计划，确保球员的训练和康复过程有机衔接。

球员与医疗团队的沟通渠道：建立开放的沟通渠道，鼓励球员主动报告身体不适和疼痛感觉。医疗团队应该及时了解球员的身体状况，以更好地预防潜在的伤害风险。

全员参与的预防文化：创造一种预防伤害的文化，使得全体球员、教练和医疗团队都参与其中。通过培训和宣传，提高大家对伤害预防的认知，形成共识。

定期的健康检查：进行定期的健康检查，包括体能测试、生理指标监测等，有助于及时发现潜在的健康问题。通过这些检查结果，医疗团队可以制订更为精准的预防和康复计划。

建立完善的记录系统：建立完善的伤病记录系统，详细记录球员的伤病情况、康复过程和回归训练的步骤。这有助于医疗团队更好地跟踪球员的健康状况，提供个性化的服务。

（四）面临的挑战与应对策略

学校体育资源的不足：一些高校可能面临体育设施、医疗设备等方面的不足。

应对策略：寻求外部合作，与当地医疗机构、专业体育医生合作，共享资源。争取学校的支持，提高体育设施和医疗设备的投入。

球员对伤病的隐瞒：一些球员可能由于担心影响自己的出场机会而隐瞒伤病。

应对策略：建立开放的沟通氛围，鼓励球员及时报告伤病情况。强调伤病对长期发展的负面影响，使球员更加理性地对待伤病问题。

个体差异的挑战：不同球员在身体状况和康复速度上存在差异。

应对策略：制订个性化的康复计划，根据每位球员的特点和康复进度调整方案。采用综合的评估工具，更全面地了解球员的身体状况。

预算有限的问题：一些高校足球队可能面临预算有限，无法购置先进的医疗设备。

应对策略：制订优先级，优先保障基本的急救设备和康复工具。通过校外合作、赞助等方式争取额外的资金支持。

（五）未来发展方向与策略建议

引入先进科技手段：利用先进的科技手段，如运动追踪器、生物传感器等，对球员的身体状态进行实时监测。这有助于及时发现潜在的健康问题，提高伤病的预防水平。

强化专业医疗团队建设：高校足球队应该争取引进专业的体育医学团队，包括运动医生、康复医生、物理治疗师等。建立完善的医疗团队，提升对球员的全方位健康服务。

推动足球医学的研究：加强足球医学的研究，探索更科学、更有效的预防和康复方法。通过与医学院、体育学院等专业机构合作，促进足球医学的不断创新。

建立健康档案系统：建立球员的健康档案系统，将伤病记录、康复计划等信息进行系统管理。这有助于更好地跟踪球员的健康状况，为长期的健康管理提供数据支持。

高校足球意外的预防与康复工作是保障球员身体健康、提高球队整体竞技水平的关键环节。通过科学的预防措施、细致的康复程序以及团队合作的有效实施，高校足球队能够最大程度地减少意外伤害的发生，快速而科学地康复受伤球员。随着医学科技的不断进步和对足球医学研究的深入，相信未来高校足球队的伤害预防和康复工作将会取得更大的进展。通过引入科技手段、加强专业医疗团队建设以及推动足球医学研究，高校足球队将更好地适应运动伤害的挑战，提高球员的整体健康水平。

第二节　心理学在高校足球训练中的应用

一、高校足球球员心理素质培养

足球是一项集体协作、高度竞技和变数极多的体育项目，球员在场上不仅需要具备卓越的技战术水平和身体素质，同时也需要强大的心理素质来面对比赛中的压力、挫折以及竞争环境的变化。高校足球作为培养专业足球人才的重要阶段，其球员心理素质的培养显得尤为重要。本部分将从心理素质的概念入手，探讨高校足球球员心理素质的重要性、培养的策略与方法，以及面临的挑战和未来的发展方向。

（一）心理素质的概念与重要性

心理素质的概念：心理素质是指个体在面对各种环境和任务时，所表现出的相对稳定的心理特征和心理能力。它包括自信心、意志力、抗压能力、团队合作精神等多个方面。

心理素质在足球中的重要性：高水平的足球比赛不仅仅是技术和体能的较量，更是心理素质的竞争。在关键时刻保持冷静、在逆境中坚持，都需要强大的心理素质。优秀的心理素质有助于提高球员的竞技状态、提升对抗压力的能力，进而影响整个球队的表现。

（二）高校足球球员心理素质的培养

建立自信心：自信是心理素质中的重要一环。教练应该通过正面激励、肯定球员的优点和进步，培养球员的自信心。同时，通过制订合理的目标和计划，让球员在训练和比赛中逐渐体验到成功的喜悦，从而增强他们的自信。

培养意志力：足球是一项需要坚持不懈、克服困难的运动。在面对疲劳、失败、挫折时，球员需要有强大的意志力来支持自己。教练可以通过制订艰苦的训练计划、引导球员面对挫折，培养他们的意志力。

抗压能力的培养：高水平的足球比赛充满竞争和压力。教练可以通过模拟比赛情境、进行心理训练，帮助球员逐渐适应竞技压力，提高他们在关键时刻的应对能力。

团队合作精神的培养：足球是集体项目，球员之间需要密切协作。培养团队合作精神涉及相互信任、默契配合等方面。教练可以通过团队活动、集体训练等方式，加强球员之间的默契，培养他们的团队合作精神。

情绪管理的训练：情绪是影响球员表现的重要因素。教练可以通过情绪管理的训练，教导球员在比赛中保持冷静、在受挫时不受情绪干扰，提高他们的情绪调控能力。

学习适应能力：高校足球球员可能会面临新的环境、新的竞技水平和不同的比赛节奏。培养球员的学习适应能力，使其能够快速适应新的情境，是心理素质培养中的重要一环。

（三）面临的挑战与应对策略

学业与足球的平衡：高校足球球员需要同时面对学业和足球的双重压力。这可能导致学业和足球训练之间的冲突，影响心理素质的培养。

应对策略：教练和学校应该共同关注学生球员的学业状况，建立合理的学业和足球训练的平衡计划。同时，通过心理辅导，帮助学生球员更好地应对双重压力。

竞争压力：高校足球是人才辈出的竞争激烈领域，球员可能面临位置竞争、出场机会的压力。

应对策略：建立公平竞争机制，让每位球员有机会展示自己的能力。同时，通过心理训练，培养球员正确对待竞争的心态，从竞争中获取进步和成长。

伤病与康复：受伤可能导致球员身心受到影响，康复过程中可能面临挫折和焦虑。

应对策略：在康复过程中，教练和医疗团队应该给予足够的关心和支持，帮助受伤球员建立积极的康复心态。心理辅导和康复计划的有机结合，有助于球员更好地应对伤病挑战。

外界评价与压力：外界的评价和期望可能对球员的心理造成影响，尤其是在关键时刻或比赛失利后。

应对策略：建立一种积极向上的团队文化，强调团队的共同目标和价值。同时，通过心理训练，教练可以帮助球员更好地处理外界压力，专注于自身表现和团队目标。

个性差异与团队凝聚力：球队中存在不同性格和个性特点的球员，这可能影响团队的凝聚力。

应对策略：通过团队建设活动、集体训练等方式，促进球员之间的相互了解和信任。培养一支具有多样性但又能够紧密合作的球队，从而增强整体的团队凝聚力。

（四）未来发展方向与策略建议

引入专业心理辅导团队：高校足球队可以引入专业的心理辅导团队，包括心理医生、体育心理学家等，为球员提供个性化的心理咨询和训练。这有助于更针对性地解决球员的心理问题。

创新心理训练方法：不断创新心理训练方法，结合先进的心理学理论和技术手段，为球员提供更具针对性和实效性的心理训练。例如，运用虚拟现实技术进行模拟比赛场景训练，提高球员的应对压力的能力。

强化团队文化：建立积极向上的团队文化，注重团队的核心价值观和共同目标。通过集体活动、团队建设，增强球员的集体认同感，形成更为紧密的团队凝聚力。

学科交叉合作：与心理学、体育科学等相关学科进行深度合作，共同探讨足球运动中的心理问题，并将学科研究成果运用到实际训练中。这有助于提高心理素质培养的科学性和实效性。

建立心理健康档案：为每位球员建立心理健康档案，记录其心理训练过程、成长历程以及在不同比赛中的表现。通过档案的管理，可以更全面地了解球员的心理状况，为个性化的心理辅导提供依据。

高校足球球员心理素质的培养是促使球员全面发展的关键环节。通过建立自信心、培养意志力、抗压能力、团队合作精神等方面的培养策略，可以提高球员在比赛中的心理素质。面对挑战，高校足球队可以采取创新方法，引入专业团队，加强团队文化建设，促进学科交叉合作，从而更好地应对现实挑战，培养更为出色的足球人才。通过不断改进心理素质培养的方法和手段，高校足球队有望在培养出身体健康、心理素质优良的足球人才方面取得更为显著的成果。

二、高校足球队伍团结与心理辅导

高校足球队伍的团结和心理素质的培养是决定球队成败的重要因素。团结有力的球队更容易应对压力、克服困难，并在关键时刻表现出色。而通过心理辅导，球员可以更好地处理挫折、保持冷静，提高整体的心理素质。本部分将探讨高校足球队伍团结的重要性、团结的培养策略，以及心理辅导在提高团结和个体心理素质方面的作用。

（一）高校足球队伍团结的重要性

共同目标的实现：一个团结的球队通常能够明确共同的目标，通过团结一致的努力，更容易取得胜利。

应对挑战的能力：在困境和压力面前，团结的球队更能够相互支持、共同应对挑战，不易受到外界因素的干扰。

建立信任关系：团结的球队建立了强大的信任关系，球员之间互相信任、尊重，这对于团队的长期稳定发展至关重要。

提高整体凝聚力：团结能够增加球队的整体凝聚力，使球员更愿意为集体利益付出，形成团队一体的力量。

（二）高校足球队伍团结的培养策略

建立明确的共同目标：教练应该与球队一起制订明确的共同目标，既包括长期的整体目标，也包括短期的赛季目标。共同的目标有助于凝聚团队的力量，激发球员的斗志。

团队建设活动：定期组织团队建设活动，包括集体训练、户外拓展等，通过这些活动增进队员之间的感情，促进团队成员更好地了解彼此。

培养领导力：领导力是团结的重要组成部分。教练可以培养队内的领导者，使他们能够发挥榜样作用，带领团队向共同目标迈进。

公正公平的管理：公正和公平的管理是团结的基础。教练在处理球队内部事务时，应该保持公正，不偏袒个别球员，维护整体的团队利益。

建立沟通机制：有效的沟通是团结的桥梁。教练应该建立良好的沟通机制，鼓励球员之间直接交流，解决问题，及时传达信息。

（三）心理辅导在提高团结和个体心理素质中的作用

个体心理素质的培养：通过心理辅导，球员可以更好地认识自己，了解个体差异，学会更好地管理自己的情绪。心理辅导有助于培养球员的自信心、抗压能力，提高个体心理素质。

危机处理和挫折应对：心理辅导可以帮助球员更好地处理危机和挫折。在比赛中可能会面临失误、丢球等情况，通过心理辅导，球员可以学会面对挫折时保持冷静，及时调整自己的心态，避免负面情绪对整个团队的影响。

建立信任和团队凝聚力：心理辅导有助于建立球队成员之间的信任关系。通过倾听、理解，球员能够更好地相互支持，形成紧密的团队凝聚力。心理辅导也可以帮助球员更好地处理困难关系，建立积极的人际关系。

压力管理和焦虑缓解：在高压比赛环境下，球员可能面临严峻的竞争和观众的期望。心理辅导可以提供压力管理的策略，帮助球员调整焦虑情绪，保持冷静和专注。

情绪调节与自我控制：足球比赛中情绪的变化常常影响着球员的表现。通过心理辅导，球员可以学会更有效地调节情绪，提高自我控制力，确保在关键时刻保持冷静。

团队氛围的塑造：心理辅导有助于塑造积极向上的团队氛围。通过训练，球队可以形成共同的信仰和文化，增强球员之间的凝聚力，促进整体表现。

（四）面临的挑战与应对策略

心理辅导资源不足：一些高校足球队可能面临心理辅导资源不足的问题，无法提供专业的心理辅导团队。

应对策略：寻求外部合作，与专业的心理辅导机构或专业人才建立合作关系。通过校外资源，提供更专业、有针对性的心理辅导服务。

球员对心理辅导的接受度：一些球员可能对心理辅导存在抵触情绪，认为这是一种弱点的表现。

应对策略：加强心理健康教育，提高球员对心理辅导的认知，让他们了解心理辅导对于提升竞技水平的重要性。鼓励教练和领导者积极参与心理辅导，起到榜样的作用。

团队文化的构建：建立团队文化需要时间，可能会面临球员之间差异较大、融合困难等问题。

应对策略：通过团队建设活动、集体训练等方式，促进球员之间的感情融洽，形成团队共同体。培养一种共同的信仰和文化，有助于建立团队文化。

跨学科合作的推进：跨学科合作可能面临学科差异、沟通障碍等问题。

应对策略：加强不同学科之间的沟通与理解，通过共同研究和合作项目，促进不同学科的融合。建立学科合作的平台，推动心理学、体育学等学科间的有机结合。

（五）未来发展方向与策略建议

建立全面的心理健康体系：高校足球队应建立全面的心理健康体系，包括专业的心理辅导团队、心理健康教育课程等。通过系统化的管理，提升球员的心理素质。

强化领导者的心理辅导能力：领导者包括教练、队长等关键人物，在团队建设中发挥着重要作用。强化他们的心理辅导能力，使其能够更好地引领球队，是未来的发展方向之一。

引入先进技术手段：利用先进的技术手段，如心理测试、虚拟现实技术等，提升心理辅导的科学性和实效性。通过数据分析，更好地了解球员的心理状况，为个性化的心理辅导提供依据。

建立持续的团队建设机制：团队建设不是一次性的活动，而是一个持续的过程。高校足球队应建立起持续的团队建设机制，通过定期的团队活动、训练项目，不断强化球队的凝聚力和团结力。

推动心理健康与竞技水平的有机结合：将心理健康与足球竞技水平的培养有机结合起来。通过心理辅导，激发球员的潜力，提高其在比赛中的心理素质，从而达到更高水平的竞技表现。

加强校际交流与合作：通过校际足球比赛、交流活动等形式，促进不同高校足球队之间的合作与交流。共同面对挑战、分享心理健康和团队建设的经验，有助于整个高校足球领域的进步。

建立球员心理健康档案：为每位球员建立心理健康档案，记录其心理辅导的过程、反馈以及在比赛中的表现。通过档案的管理，不仅可以更全面地了解球员的心理状况，还能够更有针对性地进行个性化的心理辅导。

强化团队文化建设：团队文化是团结的基石，高校足球队应该通过集体训练、团队建设活动等形式，不断强化和塑造积极向上的团队文化。建立共同的信仰、价值观，形成有力的凝聚力。

高校足球队伍的团结和球员的心理素质培养是保障球队长期发展的关键因素。通过建立共同目标、开展团队建设活动以及引入专业的心理辅导，高校足球队可以提高整体团队的凝聚力，培养球员的心理素质。面对挑战，包括心理辅导资源不足、球员对心理辅导的接受度等问题，应采取多层次、全方位的策略应对，包括建立全面的心理健康体系、推动团队建设机制、强化校际交流与合作等。未来，高校足球队可以在心理健康与足球竞技水平的有机结合、团队文化的持续建设等方面不断创新，为培养更多优秀足球人才、提升整个高校足球水平做出更大的贡献。通过这些努力，高校足球队不仅可以在竞技赛场上取得更好的成绩，更能够培养出具备强大心理素质的综合性足球人才。

三、高校足球竞技压力管理

高校足球作为培养足球人才的重要阶段，球员常常面临来自赛场、学业等多方面的竞技压力。良好的竞技压力管理是保障球员身心健康、提升球队整体竞技水平的重要环节。本部分将探讨高校足球竞技压力的来源、影响以及有效的压力管理策略，旨在帮助球员和教练更好地应对竞技压力，取得更好的比赛成绩。

（一）高校足球竞技压力的来源

比赛压力：比赛是足球运动最直接的竞技环境，球员在比赛中承受来自对手、观众、成绩等方面的巨大压力。关键比赛、激烈对决更容易引发竞技压力。

学业压力：高校足球球员既要应对赛场上的挑战，还需要完成学业。学业压力常常与比赛、训练时间的冲突，使得球员面临双重压力。

职业前景压力：高校足球球员往往对未来的职业前景充满期待，这种期望可能成为一种压力，尤其是在面对选拔、升级等关键时刻。

队内竞争压力：高水平足球队伍中存在激烈的位置竞争，球员需要不断表现出色，以保持自己的位置。这种内部竞争也是一种竞技压力来源。

媒体和社会压力：媒体关注和社会期望也是一种竞技压力。球员可能面临来自舆论、评论的影响，这对于心理素质较差的球员可能会产生较大影响。

（二）高校足球竞技压力的影响

身体健康问题：长期承受高强度的竞技压力可能导致球员身体出现疲劳、过度训练、运动损伤等问题，影响身体的健康状态。

心理疲劳和焦虑：面对来自多方面的竞技压力，球员可能产生心理疲劳和焦虑情绪。这对于比赛的专注度、自信心等方面都会产生负面影响。

表现下降：过大的竞技压力可能导致球员在比赛中表现下降，无法发挥正常水平。紧张和焦虑会影响技术动作的流畅性和准确性。

社交问题：竞技压力过大可能影响球员的社交关系，导致与队友和教练的关系紧张，进而影响整个团队的凝聚力。

抑郁和情绪问题：长期承受竞技压力，尤其是在面临连续失败或失利时，球员可能面临抑郁、情绪问题，对整体心理健康产生负面影响。

（三）高校足球竞技压力管理策略

制订合理的训练计划：教练应根据球员的实际状况和比赛日程，制订合理的训练计划，确保训练强度和周期的合理安排。科学的训练计划有助于减轻身体的负担，提高身体素质。

心理训练和冥想：引入心理训练和冥想等技巧，帮助球员调整心理状态。通过正向暗示、放松训练等手段，减轻焦虑感，提高球员的心理稳定性。

建立明确的目标和计划：为球员制订明确的比赛目标和个人发展计划，帮助他们更好地理解自己的发展方向，减轻职业前景的不确定性所带来的压力。

提供职业发展辅导：为球员提供职业发展的辅导和支持，帮助他们规划职业生涯，了解足球行业的就业前景，减轻对未来的不确定感。

团队建设和心理支持：加强团队建设活动，培养球员之间的默契和信任。同时，提供心理支持，建立开放的沟通渠道，使球员在面对压力时能够与教练和队友分享，共同找到解决问题的方法。

制订个人化的压力管理计划：针对每位球员的个性差异，制订个性化的压力管理计划。了解球员的强项和弱项，根据其个体特点制订相应的心理训练方案，提高其应对压力的能力。

加强社交支持系统：鼓励球员建立健康的社交支持系统，包括与家人、朋友、同学的联系。有一个良好的社交网络可以在球员面对压力时提供更多支持和理解。

营造积极的比赛氛围：教练在比赛前要营造积极的氛围，强调团队的目标和信心，降低球员的比赛压力。通过鼓励、赞美和积极的言辞，营造出一种鼓舞人心的比赛氛围。

定期体检和康复：定期的身体检查和康复计划是保障球员身体健康的关键。通过科学的康复计划，及时发现和解决身体问题，减轻因身体不适带来的心理压力。

培养应对压力的技能：教练可以帮助球员培养应对压力的技能，包括良好的时间管理、问题解决能力、情绪调节等。这些技能将有助于球员更好地应对多方面的竞技压力。

（四）面临的挑战与应对策略

时间管理问题：学业和足球训练的时间冲突可能成为球员面临的挑战。

应对策略：制订合理的日程安排，确保足够的学习时间和训练时间。教练和学校可以共同合作，为球员提供更灵活的学习安排，以便更好地平衡学业和足球。

媒体和社会关注带来的压力：球员可能因为媒体关注和社会期望而感到压力。

应对策略：建立媒体沟通策略，减少负面关注的影响。同时，强调团队目标，让球员更多地专注于比赛本身，而非外部评价。

职业前景不确定性：对未来职业前景的不确定性可能影响球员的心理状态。

应对策略：提供职业发展规划和辅导，帮助球员更清晰地了解自己的职业方向。同时，强调足球运动中的成长和乐趣，减轻对职业前景的过度焦虑。

队内竞争的困扰：激烈的队内竞争可能导致球员对自己的表现过分焦虑。

应对策略：强调团队合作的重要性，建立积极的竞争氛围。鼓励球员分享经验，相互学习，共同进步，减轻因竞争而带来的心理负担。

（五）未来发展方向与策略建议

综合性心理健康计划：高校足球队可以制订综合性的心理健康计划，包括心理训练、压力管理、情绪调节等方面。这样的计划应当全面覆盖球队的各个层面，确保每个球员都能够受益。

建设专业的心理辅导团队：高校足球队可以引入专业的心理辅导团队，包括心理医生、体育心理学家等。这样的团队可以提供更专业、个性化的心理支持和辅导服务。

利用科技手段提高效率：利用科技手段，如心率监测、运动生理参数监测等，实时了解球员的身体状况和心理状态。通过数据分析，提供更精准的个性化建议。

加强校际交流与合作：通过校际足球比赛、交流活动，增加不同高校足球队之间的合作与交流。共同面对挑战、分享心理健康和竞技压力管理的经验，促进整个高校足球领域的共同进步。

建立健康竞技文化：倡导建立一种健康、积极向上的竞技文化。教练和领导者应该注重对球队价值观和团队文化的培养，使球员更注重比赛中的成长和乐趣，而非单纯追求胜负。

推动心理健康教育：在高校足球队内推动心理健康教育，使球员更好地了解和认识自己的心理状态。通过培养心理健康的意识和知识，球员可以更主动地应对竞技压力。

关注个体差异：高校足球队应当更加关注球员的个体差异，了解每个球员的特点、需求和潜在问题。通过个性化的关怀和支持，帮助球员更好地应对各种压力。

引入互助机制：建立球员之间的互助机制，鼓励球员在困难时互相支持、交流。这种互助机制可以是小组讨论、分享经验，也可以是由经验丰富的队员担任导师角色，引导新队员更好地适应竞技压力。

高校足球竞技压力管理是维护球员身心健康、促进球队长期发展的关键环节。通过科学的训练计划、心理训练和个性化的支持，可以有效减轻球员面临的多方面竞技压力。同时，建设专业的心理辅导团队、推动心理健康教育、加强校际交流与合作等策略有助于整个高校足球领域更好地应对未来的挑战。高校足球队不仅应该注重球员的技术和战术训练，也需要关注其心理素质的培养，使球员更好地适应竞技压力，取得更为出色的比赛成绩。通过这些努力，高校足球队将更好地发挥其培养足球人才的使命，为足球运动的发展做出更大的贡献。

第三节　营养学与高校足球训练

一、高校足球营养需求与补充

高校足球运动员的表现和身体素质直接受到营养的影响。足球是一项高强度、需要耐力和爆发力的运动，因此，科学合理的营养对于提高运动员的体能水平、促进康复和预防运动损伤至关重要。本部分将探讨高校足球运动员的营养需求，包括主要的营养成分、饮食策略，以及适当的营养补充，旨在为高校足球队提供科学的营养指导，提升球员的整体表现。

（一）高校足球运动员的能量需求

基础代谢能量：指在休息状态下，为维持生命活动所需的能量。计算基础代谢率（BMR）是确定基础代谢能量的关键，而体重、身高、年龄和性别等因素都会影响 BMR。

活动能量：活动能量是指进行体育活动时所消耗的能量。足球运动是一项全身性的高强度活动，需要大量的活动能量来支持爆发力、耐力和灵活性的发挥。

生长发育能量：高校足球运动员通常处于生长发育阶段，需要额外的能量来支持身体的生长、发育和成熟。

综合考虑这些因素，高校足球运动员的总能量需求是一个动态的过程，取决于个体的特点、训练强度和比赛周期。

（二）主要的营养成分需求

碳水化合物：碳水化合物是足球运动员主要的能量来源。它们能够迅速提供能量，是维持高强度运动所必需的。推荐足球运动员通过摄入主食、蔬菜、水果等食物来满足碳水化合物需求。

蛋白质：蛋白质对于维持肌肉质量、修复组织损伤以及提高免疫功能至关重要。足球运动员的蛋白质需求较一般人群略高，建议通过摄入瘦肉、鸡蛋、乳制品、豆类等食物来满足需求。

脂肪：脂肪是一种重要的能量来源，尤其在低强度运动和长时间训练时发挥重要作用。运动员应选择橄榄油、鱼类、坚果和种子等健康的脂肪来源。

维生素和矿物质：维生素和矿物质对于身体的正常代谢和运动功能至关重要。特别是钙、铁、锌、维生素 D 等对于骨骼健康、血红蛋白合成和免疫功能具有重要作用。通过摄入丰富多彩的水果、蔬菜和全谷物来获取这些营养素。

（三）饮食策略

合理的餐前和餐后安排：在比赛或训练前 2～4 小时，摄入含有足够碳水化合物和适量蛋白质的餐食，以补充能量。比赛或训练后的 30 分钟内，摄入含有蛋白质和碳水化合物的餐食，促进康复和肌肉修复。

保持水平衡：足球运动员在高强度运动中容易出现大量流汗，因此保持良好的水平衡至关重要。在训练和比赛前后及时补充足够的水分，以防脱水对身体功能的影响。

避免过度摄入脂肪和糖分：高脂肪和高糖分的食物可能导致能量过剩、体重增加和身体机能下降。建议选择健康的脂肪来源和适量的复杂碳水化合物。

个体差异化的饮食计划：不同运动员的体重、身体成分、运动强度等存在差异，因此饮食计划应考虑个体差异，制订个性化的营养方案。

（四）营养补充的策略

碳水化合物补充：对于长时间的比赛或高强度的训练，碳水化合物补充剂（如能量饮料、能量胶）可以提供迅速的能量支持，延缓疲劳。

蛋白质补充：蛋白质补充对于促进肌肉生长、修复损伤、提高免疫力具有重要作用。运动员可以通过蛋白质补剂、蛋白质棒或者天然食物如乳制品、坚果、鸡蛋等来满足额外的蛋白质需求。

电解质补充：在高强度运动中，尤其是在高温环境下，运动员可能会失去大量的电解质，包括钠、钾、氯等。电解质补充剂或运动饮料可以帮助维持电解质平衡，减少疲劳和抽筋的发生。

维生素和矿物质补充：长期高强度的训练可能增加对某些维生素和矿物质的需求，如铁、维生素 D 等。如果无法通过饮食满足需求，可以考虑适当的维生素和矿物质补充。

膳食纤维的考虑：膳食纤维对于维持肠道健康和控制体重具有重要作用。尽管足球运动员需要大量能量，但过多的膳食纤维可能导致胃肠不适。因此，需要平衡膳食中的膳食纤维摄入。

（五）面临的挑战与应对策略

饮食多样性的挑战：在高校环境中，球员可能面临饮食单一食物选择受限等问题。

应对策略：提倡食物多样化，鼓励球员合理搭配主食、蛋白质来源和蔬菜水果，确保各类营养素的摄入。

节食与减重的挑战：为了达到某些比赛或体重要求，球员可能采用极端的减重措施，导致能量不足。

应对策略：教育球员关于健康减重的重要性，引导他们采用科学合理的减重方法，并监测他们的体重变化。

个体差异的挑战：不同球员在生长发育、身体成分、运动强度等方面存在差异，因此通用的营养方案可能不适用于所有人。

应对策略：制订个体差异化的饮食计划，可以通过与专业营养师合

作，根据球员的具体情况进行个性化的指导。

补充剂滥用的挑战：一些运动员可能过度依赖营养补充剂，而不注重正常饮食。

应对策略：强调食物优先原则，通过正规途径咨询专业的医生或营养师，避免不必要的补充剂使用。

（六）未来发展方向与策略建议

倡导终身学习：高校足球队应倡导终身学习的理念，包括运动员、教练和相关管理人员。不断更新对营养科学的认知，根据最新的研究成果调整饮食计划。

建立健康饮食文化：通过团队文化建设，培养健康饮食的意识。可以组织饮食分享会、邀请专业营养师举办讲座，提高球员对健康饮食的认知。

推动校内合作：与学校的餐饮部门、健康教育部门合作，推动提供更加科学合理的运动员餐饮计划，使球员更容易获得均衡的饮食。

加强科技应用：利用科技手段，如体能测试、营养软件等，更精准地监测运动员的身体状况，提供个性化的营养建议。

建立良好的体育医学团队：高校足球队可以建立专业的体育医学团队，包括营养师、运动医生、康复师等，为球员提供全方位的健康服务。

高校足球运动员的营养需求与补充是保障其身体素质和竞技表现的关键因素。通过科学合理的饮食计划和适度的营养补充，可以提高运动员的能量水平、促进康复和降低运动损伤的风险。饮食策略应当根据个体差异制订，充分考虑运动员的训练强度、身体状况和生长发育阶段。同时，面对各种挑战，如饮食单一减重压力、补充剂滥用等，高校足球队可以通过终身学习、建立健康饮食文化、推动校内合作等手段，积极引导运动员形成良好的营养习惯。

未来，随着科学技术的不断发展，高校足球队可以更加精准地监测运动员的身体状态，制订更个性化的饮食计划。建议高校足球队不仅注重运动员的体能和技战术训练，也要加强对营养知识的培训，使运动员在比赛中能够充分发挥潜力，保持身体的健康状态。通过综合性的体育医学团队和全员参与的文化建设，高校足球队将为运动员提供更加全面、科学的支持，为球队的长远发展打下坚实基础。通过共同努力，高校足球运动员将更好地应对挑战，取得更为优异的竞技成绩。

二、高校足球比赛前后的饮食指导

高校足球比赛前后的饮食对运动员的表现和康复至关重要。科学合理的饮食计划可以提供足够的能量、维持水分平衡、促进肌肉修复，从而确保运动员在比赛中达到最佳状态。本部分将探讨高校足球比赛前后的饮食指导，包括比赛前的饮食准备和比赛后的恢复营养，以提供实用的指导原则。

（一）比赛前的饮食指导

提前饮食计划：在比赛前的 24～48 小时内，运动员应注重碳水化合物的摄入，以补充肌糖原和肝糖原。建议选择低 GI（糖指数）的碳水化合物，如全谷类食物、蔬菜、水果，以保持能量的稳定释放。

增加碳水化合物摄入：在比赛前 3～4 小时，摄入一顿含有适量碳水化合物、低脂肪、适量蛋白质的主食餐，例如燕麦片、全麦面包、瘦肉或鸡肉。这有助于提高血糖水平，为比赛提供持久的能量。

适量蛋白质摄入：蛋白质对于维持肌肉质量和修复组织损伤至关重要。但在比赛前，过多的蛋白质可能导致胃部不适。建议选择易消化的蛋白质来源，如鸡肉、鱼类、豆类等。

保持水分平衡：比赛前保持良好的水分平衡对于防止脱水和维持体温至关重要。运动员应在比赛前 2 小时饮用约 500 毫升水，比赛前 15 分钟再饮用 250 毫升。

避免高脂肪和高纤维食物：高脂肪和高纤维的食物可能导致胃肠不适，因此在比赛前应避免摄入过多的这类食物。

个体差异的考虑：不同运动员对饮食的耐受性存在个体差异。因此，比赛前的饮食计划应考虑到每位运动员的特定口味和胃口。

运动员的习惯：对于一些运动员来说，比赛前的饮食计划最好符合其平时的饮食习惯，以降低胃肠不适的可能性。

（二）比赛后的饮食指导

迅速补充能量：比赛结束后的 30 分钟内是补充能量和促进肌肉恢复的黄金时期。运动员应摄取含有碳水化合物和蛋白质的恢复餐食，例如巧克力牛奶、果汁和能量棒。

碳水化合物摄入：比赛后的 2 小时内，运动员应进食富含碳水化合物的餐食，以迅速补充肌糖原和肝糖原。这有助于减轻疲劳和促进恢复。

优质蛋白质摄入：比赛后的恢复餐食应包含足够的蛋白质，以促进肌肉修复和生长。鸡胸肉、鱼类、豆类等是良好的蛋白质来源。

补充水分：比赛后大量流汗可能导致脱水，因此运动员应及时饮用足够的水分。可以通过体重的变化来判断是否已经足够补水。

电解质的补充：在高强度运动中，运动员可能流失大量的电解质。运动后，可以选择含有适量电解质的运动饮料来帮助恢复。

膳食纤维的考虑：比赛后的恢复餐食应包含适量的膳食纤维，以促进胃肠道的健康。

避免过量摄入脂肪：恢复餐食中应避免过量摄入脂肪，特别是不健康的脂肪。过多的脂肪可能延缓营养物质的吸收。

个体差异的考虑：不同运动员在比赛后对饮食的需求有所不同，应根据每位运动员的身体状况和训练强度进行个性化的指导。

（三）面临的挑战与应对策略

时间紧迫的挑战：比赛前后的时间通常较为紧凑，运动员可能没有足够的时间来准备和进食。

应对策略：提前制订好比赛前后的饮食计划，确保食物的准备和摄入能够在有限的时间内完成。可以提前准备一些方便携带的恢复食物，如能量棒、果汁等。

饮食环境的限制：比赛通常在外地进行，饮食环境可能受到限制，难以获取理想的食物。

应对策略：提前了解比赛地的饮食环境，尽量选择能够提供合适饮食的场所。同时，运动员可以携带一些便携式的饮食，以备不时之需。

个体差异的挑战：不同运动员在对饮食的需求和喜好上存在差异。

应对策略：通过与运动员充分沟通，了解他们的个体差异和偏好，制订更加个性化的饮食指导。定期调整饮食计划，以满足运动员在不同训练和比赛周期的需求。

食物选择的挑战：有些地方可能难以提供运动员需要的理想食物，导致饮食计划的困难。

应对策略：在比赛前，尽量提前了解比赛地的饮食选择，做好食物的携带准备。鼓励运动员在比赛前准备好自己喜欢和适合的食物，以确保充足的能量摄入。

（四）未来发展方向与策略建议

科技辅助的发展：利用科技手段，如智能手机应用、体感技术等，为运动员提供更便捷的饮食指导。通过定制化的饮食计划、实时监测和反馈，更好地满足运动员的个性化需求。

饮食教育的加强：强调饮食对运动表现的影响，并加强运动员的饮食教育。通过讲座、培训和资讯传递，提高运动员对于科学饮食的认知水平。

建立团队饮食文化：在整个足球队中建立良好的饮食文化，强调饮食的重要性。可以组织饮食分享会、烹饪比赛等活动，提高球员对于饮食的兴趣。

合作与资源整合：与学校餐饮部门、专业营养师、体能训练师等建立紧密的合作关系，共同为运动员提供全方位的支持。整合校内外资源，确保运动员能够获取到最优质的饮食服务。

制订全年周期的饮食计划：根据足球赛季的不同阶段，制订相应的饮食计划。考虑到训练、比赛和休息周期，合理调整能量、碳水化合物、蛋白质的摄入量。

高校足球比赛前后的饮食指导对于运动员的表现和康复具有重要影响。科学合理的饮食计划能够提供足够的能量、促进肌肉修复、维持水分平衡，从而确保运动员在比赛中保持最佳状态。面对各种挑战，如时间紧迫、饮食环境的限制等，通过提前计划、科技辅助、饮食教育的加强等策略，可以更好地应对，并为运动员提供更全面、个性化的饮食服务。未来，随着科技的不断发展和对饮食知识的深入研究，高校足球队可以进一步提升饮食指导的水平，为球队的长远发展和运动员的综合素质提供更为全面的支持。

三、营养在高校足球球员康复中的作用

足球是一项高强度、多方向、高风险的运动，球员在比赛和训练中难免面临受伤和疲劳的风险。因此，康复成为维护球员身体健康和竞技状态的重要环节。而在康复过程中，合理的营养摄入扮演着关键的角色。本部分将深入探讨营养在高校足球球员康复中的作用，包括在受伤期间的营养支持、促进组织修复的营养要素以及康复期的饮食指导。

（一）受伤期间的营养支持

能量摄入的调整：受伤期间，由于运动活动减少，球员的能量需求相对降低。然而，为了支持伤口修复、维持肌肉质量和提高免疫力，仍需保持适当的能量摄入。

应对策略：根据受伤程度和伤口修复的需要，适度减少总能量摄入，但仍保持足够的蛋白质和其他关键营养素的摄入，以维持身体的正常功能。

蛋白质的重要性：蛋白质是组织修复和细胞再生的基础，对于受伤期间的康复至关重要。足球球员在受伤后，特别是肌肉或韧带受伤时，需要更多的蛋白质来支持组织修复。

应对策略：增加蛋白质摄入，选择富含优质蛋白质的食物，如瘦肉、鱼类、鸡蛋、豆类和乳制品。此外，可以考虑蛋白质补剂，以确保足够的蛋白质供给。

维生素和矿物质的补充：一些维生素和矿物质在受伤期间的康复过程中起到关键作用，如维生素 C 和锌对伤口愈合具有促进作用。

应对策略：确保足够摄入富含维生素 C 的食物，如柑橘类水果、草莓、西红柿等，以及富含锌的食物，如坚果、瘦肉和全谷类食物。

抗炎食物的选择：一些具有抗炎作用的食物有助于减轻受伤引起的炎症反应，如鱼类中的 ω-3 脂肪酸、姜和蓝莓等。

应对策略：增加富含 ω-3 脂肪酸的食物，如鲑鱼、亚麻籽和核桃，同时加入姜、蓝莓等具有抗炎效果的食物。

水分平衡的维持：受伤期间，尤其是有大面积炎症的情况下，可能会出现水分丢失增加的情况，因此维持良好的水分平衡尤为重要。

应对策略：提醒运动员保持足够的水分摄入，监测尿液颜色和体重变化，确保充足的水分补充。

（二）促进组织修复的营养要素

蛋白质的关键作用：蛋白质是组织修复的基础，对于受伤组织的再生至关重要。蛋白质不仅参与合成新的组织，还可以调节免疫反应，促进愈合。

应对策略：确保每餐都包含足够的蛋白质，分散摄取，以维持血浆中氨基酸的稳定水平。可以通过摄取动物蛋白和植物蛋白的组合来获得全面的氨基酸。

抗氧化营养素的补充：受伤引起的炎症和氧化应激可能对组织恢复产生负面影响，而抗氧化营养素可以帮助应对这一问题。

应对策略：增加摄取富含抗氧化营养素的食物，如深色蔬菜、水果、坚果和种子。此外，可以考虑补充维生素 C 和 E。

碳水化合物的重要性：碳水化合物是身体主要的能量来源，对于运动员的康复和训练恢复至关重要。碳水化合物的摄入有助于维持肝糖原水平，提供运动所需的能量，同时促进蛋白质的合成。

应对策略：在康复期间，确保足够的碳水化合物摄入，尤其是在进行轻度到中度强度的康复训练时。选择优质碳水化合物来源，如全谷类

食物、蔬菜和水果，以确保稳定的能量供应。

钙和维生素 D 的协同作用：钙和维生素 D 对于骨骼健康至关重要，而在康复期间，尤其是骨折等骨伤的情况下，维持良好的骨骼健康对于康复成功非常关键。

应对策略：确保足够的钙和维生素 D 摄入，可以通过食物来获取，如奶制品、鱼类、鸡蛋，同时在医生的建议下考虑是否需要补充维生素 D。

（三）康复期的饮食指导

能量需求的调整：随着康复训练的进行，球员的能量需求可能逐渐增加。根据训练强度和康复进展，调整总能量摄入，以确保足够的能量支持康复过程。

应对策略：根据康复训练的强度和频率，适时增加能量摄入。密切监测体重变化和身体组成，调整饮食计划，确保能量摄入与消耗平衡。

蛋白质的持续补充：康复期间，特别是进行康复训练的日子，蛋白质的需求仍然较高。持续补充蛋白质有助于促进肌肉修复和再生。

应对策略：分散摄取富含蛋白质的食物，包括肉类、鱼类、乳制品、豆类等。如有需要，可以通过蛋白质补剂进行补充。

水分和电解质的平衡：随着康复训练的进行，运动员仍需维持良好的水分和电解质平衡，以促进康复和减轻疲劳。

应对策略：提醒运动员随时保持水分摄入，根据汗液的量和康复训练的时间进行适量的水分补充。注意维持电解质平衡，可以通过食物摄取或运动饮料来满足需要。

抗炎食物的选择：康复期间，仍需关注炎症反应，选择富含抗炎成分的食物，有助于减轻炎症和促进康复。

应对策略：强调摄取富含 ω-3 脂肪酸的食物，如鲑鱼、亚麻籽油，以及姜、蓝莓等抗炎食物。

草药和补充剂的谨慎使用：有些草药和补充剂据称具有促进康复的作用，但使用前应慎重，并在专业医生或营养师的指导下进行。

应对策略：在考虑使用草药和补充剂时，咨询专业医生或营养师的建议，确保安全和合理的使用。

在高校足球球员的康复过程中，合理的营养摄入是确保康复顺利进行的关键因素。通过在受伤期间提供适当的能量支持、促进组织修复的营养要素以及在康复期间的饮食指导，可以加速康复过程，减轻疼痛和炎症，最终保证球员尽早恢复到竞技状态。在制订饮食计划时，应根据个体差异和康复进展进行调整，同时密切监测球员的体重、身体组成和运动表现。通过综合的康复支持，高校足球球员能够更快地恢复健康，减少因受伤而造成的竞技损失。

第四节　数据分析与高校足球训练

一、高校足球数据收集与分析工具

在现代足球训练和比赛中，数据分析逐渐成为提高球队绩效和球员表现的重要工具。高校足球作为培养未来足球人才的重要阶段，也应该充分利用先进的数据收集与分析工具，以提高球队的竞争力和球员的个体水平。本部分将探讨高校足球数据收集与分析工具的应用，包括常见的技术、软件以及数据分析在训练和比赛中的实际应用。

（一）数据收集工具

传感器技术：利用传感器技术可以实时监测球员的运动状态、生理指标和技术动作。其中，GPS（全球定位系统）传感器常用于跟踪球员的跑动轨迹、速度、耐力等。

智能穿戴设备：智能穿戴设备如智能手表、智能胸带等能够实时记录球员的心率、体温、运动强度等生理指标，为教练提供全面的运动生理学数据。

球场摄像头系统：安装在球场上的摄像头系统可以捕捉比赛和训练

中的每一个瞬间。通过视频分析软件，可以对球员的技术动作、位置和战术执行进行详细的回放和评估。

电子计分板：电子计分板不仅用于比赛计分，还可以记录比赛中的关键事件，如进球、助攻、犯规等。这些数据对于分析球队表现和制订战术策略非常有价值。

生物力学分析系统：利用生物力学分析系统，可以对球员的运动技术进行深入研究，包括步态、踢球动作、身体姿势等，为教练提供有针对性的技术指导。

（二）数据分析工具

统计分析软件：使用统计分析软件可以对收集到的数据进行整理和分析。常见的软件包括 Excel、Python 中的 pandas 库、R 语言等，可以进行数据清洗、可视化和基础统计分析。

专业足球分析软件：针对足球比赛和训练的特点，一些专业的软件如 Catapult Vision、Sport scode、Prozone 等提供了更专业的数据分析功能，包括球员跑动轨迹、空间覆盖、传球路径等方面的分析。

机器学习和人工智能工具：利用机器学习和人工智能技术，可以对大量的数据进行深度学习和预测分析。这对于预测球员表现、制订个性化训练计划以及优化战术策略都具有潜在的应用。

视频分析工具：视频分析软件如 Catapult AMS、Nac sport 等可以帮助教练更深入地了解比赛情况。通过标注关键动作、制订战术图等方式，教练可以更好地进行战术分析和技术训练。

大数据平台：一些专业的大数据平台，如 Opta、In Stat 等，汇总了大量的足球比赛数据。这些平台提供了全面的统计信息，包括球员个体表现、球队整体数据、比赛趋势等，为教练制订战术和训练计划提供参考。

（三）数据在训练中的应用

运动生理学分析：利用传感器技术和智能穿戴设备，教练可以实时监测球员的心率、运动轨迹、运动强度等生理指标。这有助于制订个性化的训练计划，确保球员在训练中达到最佳状态。

技术动作改进：利用生物力学分析系统和视频分析工具，教练可以深入研究球员的技术动作。通过对比理论模型和球员实际动作，找出改进的空间，为技术训练提供有针对性的指导。

战术分析：利用球场摄像头系统、电子计分板等工具，教练可以对比赛进行全面的战术分析。了解对手的战术布置、球员的表现以及比赛中的关键时刻，有助于制订更有效的比赛策略和调整战术。

负荷管理：通过 GPS 传感器和智能穿戴设备，教练可以监测球员的运动负荷，包括训练强度、跑动距离、高强度奔跑次数等。这有助于防止过度训练，减少伤病风险，确保球员在长期比赛季节中能够保持竞技状态。

实时反馈与调整：数据分析工具可以提供实时的反馈信息，使教练能够迅速做出决策和调整。比如，在比赛中，教练可以根据实时的数据调整阵容、战术，提高应对对手的效率。

（四）数据在比赛中的应用

对手分析：利用专业足球分析软件和大数据平台，教练可以对即将面对的对手进行深入分析。了解对手的强项、弱点，以及他们的战术偏好，有助于制订更有针对性的比赛策略。

比赛趋势分析：通过统计分析软件和大数据平台，教练可以对比赛中的趋势进行分析。例如，哪些区域是比赛的热点区域、哪些球员在关键时刻表现出色等。这有助于调整战术和做出即时决策。

个体表现评估：视频分析工具和生物力学分析系统可以提供对球员个体表现的深入评估。了解每个球员的优势和改进空间，有助于制订个性化的训练计划和战术部署。

实时战术调整：在比赛中，教练可以通过视频分析软件实时观察比赛情况，并根据数据调整战术。这包括对阵型、替补球员的选择等方面的调整，以更好地适应比赛的发展。

球员管理：数据分析工具还可以帮助教练进行球员管理，包括球员的休息安排、伤病风险评估等。通过分析球员的生理数据和运动负荷，教练可以制订合理的轮换计划，确保球员在密集赛程中保持最佳状态。

（五）挑战与展望

数据隐私与伦理：数据收集和分析面临着隐私和伦理的挑战。教练和球队需要确保球员的个人信息得到妥善保护，合法合规地使用数据。

技术投入与培训：使用先进的数据工具需要投入相应的技术设备和培训。高校足球队可能需要进行技术设备的购置和教练团队的培训，以充分发挥数据工具的效益。

数据解读与应用：收集到的大量数据需要进行科学的解读和应用。教练需要具备数据分析的能力，或者与专业数据分析人员合作，确保从数据中提炼出对球队和球员有实际指导意义的信息。

系统集成与互操作性：多种数据工具的使用需要确保它们能够有效地集成和互操作。一个综合性的系统可以更好地整合各种数据源，提供全面的信息支持。

数据收集与分析工具在高校足球中的应用，为球队和球员提供了更全面、科学的支持。从训练到比赛，这些工具可以帮助教练更好地了解球员的表现，制订个性化的训练计划和战术策略。然而，使用这些工具也面临一些挑战，包括数据隐私与伦理、技术投入与培训、数据解读与应用等方面。通过科学合理的数据应用，高校足球队可以更好地培养未来的足球人才，提高球队的竞技水平。

二、数据在高校足球训练决策中的应用

在现代足球中，数据已经成为优化球队表现和制订训练计划的不可或缺的工具。对于高校足球队而言，充分利用数据进行训练决策，不仅可以提高球队整体水平，还可以更好地发掘球员潜力、降低受伤风险。本部分将深入探讨数据在高校足球训练决策中的应用，包括数据的收集方式、数据在训练计划中的运用，以及潜在的挑战和未来发展

方向。

（一）数据的收集方式

传感器技术：利用 GPS 传感器、心率监测器等智能设备，可以实时监测球员在训练中的运动轨迹、速度、心率等生理指标。这些数据可以提供关于球员身体状况和训练强度的详细信息。

视频分析：视频分析工具可以用于记录和分析训练和比赛中的关键动作。通过视频回放，教练可以更深入地了解球员的技术表现，发现潜在问题并制订有针对性的训练方案。

智能穿戴设备：智能手表、智能胸带等设备可以实时监测球员的生理数据，如心率、体温、睡眠质量等。这有助于评估球员的身体状况和康复水平。

球场摄像头系统：安装在球场上的摄像头可以捕捉整个球场的画面，为训练和比赛提供全局视角。通过视频分析软件，可以对球队整体表现和战术执行进行评估。

生物力学分析系统：生物力学分析可以通过传感器和摄像头系统对球员的运动技术进行深入研究。这有助于发现和纠正不良技术动作，提高球员的技术水平。

（二）数据在训练计划中的运用

个性化训练计划：利用个体球员的生理数据，教练可以制订个性化的训练计划。不同球员有不同的身体状况和运动负荷承受能力，因此个性化的训练可以更有效地提高每个球员的表现水平。

负荷控制和管理：通过监测球员的运动强度、心率等数据，教练可以有效控制训练负荷。这有助于防止过度训练，减少伤病风险，确保球员在关键时刻保持最佳状态。

技术动作改进：利用视频分析和生物力学分析，教练可以深入研究球员的技术动作。通过对比优秀的技术模型和球员实际表现，可以发现问题并提供有针对性的技术指导，从而改进球员的技术动作。

战术调整和优化：视频分析工具和球场摄像头系统可以提供对比赛和训练中的战术执行的详细了解。教练可以根据数据分析结果调整战术，优化球队的阵型和战术布置。

伤病预防和康复：生理数据的监测有助于早期发现球员的身体不适和潜在伤病风险。通过数据分析，教练可以制订更科学的康复计划，确保受伤球员能够尽早恢复到训练和比赛状态。

（三）潜在挑战与解决方案

1. 数据隐私与伦理问题

潜在挑战：收集和使用个体球员的数据涉及隐私和伦理问题。这些数据可能包括球员的健康信息、训练表现等敏感信息。

解决方案：

（1）制订明确的数据使用政策，确保数据收集、存储、使用和共享过程中的透明性和合法性。

（2）确保数据安全，采取加密措施和访问控制，以防止数据泄露。

（3）获得球员的明确同意，通过签署知情同意书，确保球员了解数据将如何被使用。

2. 技术设备投入与培训

潜在挑战：采用先进的数据收集设备需要一定的资金投入和教练团队的培训，这可能对一些高校而言是一个负担。

解决方案：

（1）逐步引入技术设备，根据高校的实际需求和预算进行选择，避免一次性大规模投入。

（2）提供专门的培训计划，提高教练团队对新技术和设备的使用能力，包括操作和维护的培训。

（3）借助高校间的合作和经验分享，提高设备使用效益和成本效益。

3. 数据分析能力不足

潜在挑战：教练团队可能缺乏充分的数据分析能力，影响数据的有效利用和训练方案的科学制订。

解决方案：

（1）为教练团队提供统计分析软件使用的培训，提高其数据分析能力。

（2）引入专业数据分析人员，或者与具备专业数据分析能力的团队进行合作，提供技术支持。

（3）开发或选择适合教练使用的简便数据分析工具，提高教练的数据解读效率。

4. 系统集成与互操作性

潜在挑战：多种数据收集工具的使用需要确保它们能够有效地集成和互操作，避免数据孤岛和信息碎片化。

解决方案：

（1）选择具有良好互操作性的设备和软件，确保它们能在统一平台上进行数据整合和应用。

（2）建立统一的数据平台或数据管理系统，实现不同设备和软件的数据集成和共享。

（3）制订标准化的数据收集和存储格式，提高不同系统之间的数据兼容性，方便数据的传输和应用。

（四）未来发展方向

人工智能和机器学习在高校足球训练决策中的应用：人工智能和机器学习的发展将为数据应用提供更多可能性。通过对大量数据的深度学习，系统可以识别模式、提供预测性分析，进一步帮助教练制订更精准、个性化的训练计划和战术策略。

实时数据分析：随着技术的进步，未来趋势将更加注重实时数据分析。通过实时监测和分析，教练可以在训练和比赛中做出即时决策，提高战术灵活性和适应性。

虚拟和增强现实技术：结合虚拟和增强现实技术，可以为球员提供更真实的训练体验。通过虚拟场景，球员可以模拟比赛中的各种情境，进一步提高应对复杂战术和压力的能力。

全面的健康监测：未来的数据应用将更加全面，不仅监测运动生理数据，还将关注球员的全面健康状况。包括睡眠质量、营养摄入、心理健康等因素的综合监测，有助于提高球员整体健康水平。

社交互动和团队协作：数据应用将不仅仅局限于教练和球员之间，还将促进社交互动和团队协作。共享数据可以加强团队内部的沟通和合作，推动球队整体发展。

数据在高校足球训练决策中的应用已经成为提高球队整体水平和培养球员个体潜力的重要手段。通过先进的数据收集工具和分析技术，教练可以更全面、科学地了解球员的表现，制订更个性化、有效的训练计划和战术策略。然而，数据的应用仍面临一些挑战，如隐私问题、技术设备投入与培训、数据分析能力不足等。解决这些问题需要综合运用法律、技术和人才培养等手段。

随着技术的不断发展和足球数据科学的深入研究，未来数据在高校足球中的应用将呈现更多创新性和多样性。教练和球队需要紧跟科技发展的步伐，不断学习和适应新的数据工具和方法，以更好地引导球队走向成功。在数据驱动的时代，高校足球通过科学的数据应用，将更好地为球员提供个性化的培训和发展路径，为球队的长期竞争力打下坚实基础。

三、高校足球数据驱动的个性化训练

随着科技的不断进步，足球运动也迎来了数据时代。在高校足球领域，数据的收集、分析和应用已经成为提升球队整体水平和培养个体球员潜力的关键因素。本部分将深入探讨高校足球数据驱动的个性化训练，包括数据在个性化训练中的角色、收集与分析的方式，以及这一趋势对球队和球员发展的影响。

（一）数据在个性化训练中的角色

个体差异的认知：数据驱动的个性化训练首先允许教练更全面、准确地了解每个球员的个体差异。通过收集生理数据、技术数据和心理数据等多维度信息，教练可以深入了解球员的身体状况、技术水平、心理素质等方面的特点。

制订个性化计划：基于收集到的数据，教练可以制订更具针对性的个性化训练计划。不同球员在身体素质、技术能力、心理承受能力上存在差异，个性化训练计划可以更好地满足每位球员的需求，提高训练效果。

实时调整和反馈：数据的实时监测使得教练可以在训练过程中实时调整计划，并为球员提供即时的反馈。这种实时性有助于教练更灵活地应对训练中出现的情况，及时调整训练强度和内容。

伤病风险评估：通过对生理数据的监测，教练可以更好地评估球员的伤病风险。这有助于采取措施预防潜在伤病，调整训练强度，确保球员在长期比赛季节中能够保持竞技状态。

（二）数据的收集与分析方式

生理数据收集：利用传感器技术、智能穿戴设备等，可以实时监测球员的生理数据，包括心率、体温、运动轨迹等。这些数据为制订个性化训练计划提供了生理基础。

技术数据收集：通过视频分析、生物力学分析等手段，可以收集球员在训练和比赛中的技术数据。这包括传球准确度、射门力度、跑动轨迹等，为技术动作的改进提供依据。

心理数据收集：利用问卷调查、心理测试等方式，可以收集球员的心理数据，包括自信心、集中注意力的能力、应对压力的表现等。这有助于个性化训练计划中考虑到心理素质的培养。

训练反馈数据收集：利用训练中的实时数据监测和反馈系统，可以收集球员在训练中的表现数据。这些数据可以用于制订实时的调整和反馈，提高训练效果。

比赛数据收集：对比赛进行全面的数据统计，包括球员在比赛中的表现、对手的战术特点等。这有助于更深入地了解球员的应对能力和比赛中的关键时刻，从而调整个性化训练计划。

（三）数据驱动个性化训练的影响

提高训练效果：个性化训练计划能够更好地满足每位球员的需求，使得训练更有针对性和有效性。这有助于提高每个球员的整体水平，推动球队整体实力的提升。

降低伤病风险：通过对生理数据的监测，教练可以更及时地发现球员的身体不适和潜在伤病风险。个性化训练计划可以避免过度训练，减少受伤概率，确保球员在关键时刻能够保持最佳状态。

培养个性化技术风格：通过对技术数据的分析，教练可以更好地了解每位球员的技术特点和风格。个性化训练计划有助于培养球员的个性化技术风格，使其在比赛中具备更多的变化和优势。

促进心理素质的培养：通过心理数据的收集，教练可以更好地了解每位球员的心理素质。个性化训练计划可以针对性地培养球员的心理韧性、应对压力的能力，提高比赛中的心理素质。

加强球员自我管理：通过向球员提供个性化的数据反馈，球员可以更好地了解自己的训练和比赛表现。这有助于激发球员的自我管理意识，使其更积极地参与个人发展计划，提高自律性和责任心。

促进团队协作：尽管个性化训练注重单个球员的需求，但通过综合分析团队数据，可以促进整个团队的协作和配合。教练可以基于全队数据调整战术，确保个性化训练计划与整体战略一致，提高团队的整体协同效果。

提高球队竞争力：个性化训练的实施不仅有助于培养球员个体的优势，同时也有助于构建更加多样化、富有变化的球队。这样的球队更具竞争力，能够更好地应对不同风格的对手和各种比赛场景。

（四）潜在挑战与解决方案

隐私与伦理问题：收集个体球员的生理和心理数据可能涉及隐私问题。解决方案包括明确的数据使用政策、匿名化处理敏感数据，并向球员提供充分的知情权，让他们了解数据的用途和保护措施。

技术设备投入与培训：采用数据驱动的个性化训练需要投入先进的技术设备和培训教练团队。解决方案包括逐步引入技术设备，选择适用的工具，并提供培训以提高教练的数据应用能力。

数据分析能力不足：教练团队可能缺乏足够的数据分析能力。解决方案包括培训教练团队使用分析软件、引入专业的数据分析人员，或与专业分析团队合作。

系统集成与互操作性：多种数据收集工具的使用需要确保它们能够有效地集成和互操作。解决方案包括选择具有良好互操作性的设备和软件，或建立统一的数据平台进行集成。

（五）未来发展方向

智能化个性化训练：随着人工智能技术的发展，未来将看到更智能化的个性化训练系统。通过机器学习和深度学习算法，系统可以更准确地分析和理解球员的需求，提供更智能、更精细化的训练计划。

虚拟和增强现实的融入：利用虚拟和增强现实技术，未来的个性化训练可能更加沉浸和创新。球员可以通过虚拟现实体验各种比赛场景，进行更真实的技术训练。

综合多维度数据：未来的个性化训练将更加注重多维度数据的综合分析。不仅包括生理、技术、心理数据，还可能加入营养、睡眠等方面的数据，以全面了解球员的身体状况和综合素质。

社交互动和团队合作：未来的个性化训练系统将更加强调球员之间的社交互动和团队合作。通过共享个体训练计划和数据，球员可以相互学习，促进团队内部的良性竞争和合作。

教练与球员共同参与：未来的发展趋势可能包括更多地让教练和球员共同参与个性化训练的制订。球员的反馈和主观感受将更加被重视，使训练计划更贴近球员的个人体验和需求。

数据驱动的个性化训练在高校足球领域有着广泛的应用前景。通过深入了解球员的个体差异，制订个性化的训练计划，可以提高训练效果、降低伤病风险，并促进球员的全面发展。然而，实施这一理念仍需面对一系列的挑战，包括隐私问题、技术设备投入与培训、数据分析能力不足等。通过不断的努力和创新，高校足球可以更好地借助数据科学的力量，推动球队和球员在竞技舞台上取得更为显著的成绩。

第五节　体育教育与高校足球训练理论体系

一、教育理念与足球训练的融合

教育和足球训练都是塑造个体全面发展的重要组成部分。教育理念强调培养学生的综合素养和批判性思维，而足球训练注重培养运动员的身体素质和团队协作能力。将这两者有机地融合在一起，不仅可以促进学生在足球领域的发展，还能培养其全面发展所需的各种技能。本部分将深入探讨教育理念与足球训练的融合，包括其背景、重要性、实现方式以及可能面临的挑战和未来发展方向。

（一）教育理念与足球训练的背景

教育理念的演变：随着社会的发展，教育理念也在不断演变。传统教育注重知识传授，而现代教育更强调培养学生的创造力、解决问题的能力和团队协作能力。教育已经从纯粹的学科知识转向全人发展，强调个体的多元智能和全面素养。

足球训练的进展：足球训练早期注重技术和体能的培养，但随着足球竞技水平的提高，越来越多地关注团队战术、心理素质等方面。现代足球训练已经从简单的体能训练演变为更为科学、系统的培训模式，注重培养球员的个体技术特长和团队协作精神。

（二）教育理念与足球训练的重要性

全面素养的培养：教育理念注重培养学生的全面素养，包括认知、情感、社交等各方面的发展。将教育理念融入足球训练，有助于培养运动员更全面的素养，使其在足球场上以及生活中都能更好地应对各种挑战。

培养领导力和团队协作：教育理念强调培养学生的领导力和团队协作精神。这与足球训练中培养球员的团队意识和协作能力高度契合，通过足球训练，学生可以学到领导团队、与他人合作的重要技能。

促进身体健康和心理健康：融合教育理念的足球训练不仅注重身体素质的提升，更关注运动员的心理健康。通过足球训练，学生可以培养积极的心态、压力管理的能力，提高心理韧性。

个性化发展的关注：教育理念强调个体差异，注重个性化发展。在足球训练中，个体球员的特长和差异性得到更为充分地发挥，有利于每个球员充分发展自己的潜力。

（三）实现教育理念与足球训练的融合方式

制订全面培养计划：教育理念与足球训练的融合需要建立全面培养计划。这个计划应该包括学科知识、体育技能、领导力、团队协作等方面的培养目标，确保学生在足球训练中得到全面的发展。

建立综合性的培训团队：教育理念与足球训练的融合需要一个综合性的培训团队，包括体育教练、心理辅导员、营养师等多个领域的专业人才。这样的团队可以全方位地关注运动员的发展。

注重个性化辅导：教育理念注重个体差异，足球训练也应该为每个运动员提供个性化的辅导。从训练计划到心理辅导，都应该考虑到每位运动员的特点和需求。

建立全方位的评估体系：教育理念与足球训练的融合需要建立全方位的评估体系，包括学科成绩、运动表现、领导力等多个方面的评估。通过综合评估，可以更全面地了解学生的发展状况。

（四）可能面临的挑战

时间和资源的限制：教育理念与足球训练的融合可能会面临时间和资源的限制。学生需要在学业和足球训练之间取得平衡，确保两者都能够得到充分的关注和发展。这需要学校、教育机构以及足球俱乐部提供更多的支持和资源，确保学生能够在学业和足球训练中都能够充分发展。

教练和教育者的合作难度：教育理念和足球训练的融合需要教练和教育者之间的密切合作。然而，这两者可能存在不同的目标和价值观，需要建立有效的沟通机制和协作模式，以确保学生在足球和学业上都能够获得支持。

个体差异的考虑：教育理念强调个体差异，但足球训练往往面临集体性的团队协作。在实现个体差异的同时，如何确保球队整体协作能力的培养是一个挑战，需要找到平衡点。

社会认可度的提升：尽管足球训练在提高身体素质和团队协作能力方面有很多优势，但社会对足球作为一种教育方式的认可度仍有提升的空间。需要通过宣传、教育改革等方式提高社会对足球训练的认可度，使其成为更受欢迎的教育形式。

（五）未来发展方向

建立综合性的体育教育体系：未来的发展方向是建立综合性的体育教育体系，将足球训练融入其中。这包括将足球纳入学校体育课程、提供更多足球训练机会，并建立足球与其他学科的交叉学科课程。

培养综合素质的足球运动员：未来足球训练将更加注重培养综合素质的足球运动员。除了注重足球技能的培养外，还会强调学生的领导力、创造力、团队协作等综合素质的培养，使其成为更全面发展的运动员。

利用技术手段提高训练效果：随着科技的发展，未来足球训练将更加注重利用技术手段提高训练效果。例如，虚拟现实技术可以为学生提供更真实的比赛体验，数据分析可以帮助教练更好地了解学生的训练状况。

加强学校与足球俱乐部的合作：未来可以加强学校与足球俱乐部之间的合作，共同为学生提供更全面的发展机会。学校可以与足球俱乐部建立合作关系，为学生提供更专业的足球训练资源和机会。

教育理念与足球训练的融合是当前体育和教育领域值得深入探讨的

话题。通过将教育理念与足球训练相结合，可以实现学生在学业和足球领域的全面发展。然而，这需要学校、足球俱乐部、教练、教育者等多方的共同努力，建立合作机制，充分发挥教育和足球训练的优势，为学生提供更丰富、更有意义的成长体验。在未来，随着社会对综合素质培养的重视以及足球训练水平的不断提升，教育理念与足球训练的融合将更加深入，为学生的全面发展提供更多可能性。

二、高校足球体育文化与道德培养

体育文化和道德培养在高校足球领域的重要性不可忽视。足球作为一项体育活动，不仅是技术和战术的比拼，更是一种文化的传承和道德价值的培养。本部分将深入探讨高校足球体育文化与道德培养的关系，包括它们之间的互动影响、实现方式以及未来的发展方向。

（一）高校足球体育文化的重要性

文化的传承：高校足球体育文化是一种特定的足球精神和价值观的传承。这包括对团队合作、拼搏精神、公平竞争等文化元素的培养。通过传承体育文化，可以使球队形成独特的精神风貌，激发球员的热情和对足球的独特认识。

团队凝聚力的形成：良好的体育文化有助于形成强大的团队凝聚力。共同的价值观和信仰将球队成员紧密联系在一起，增强球队的凝聚力。这有助于在比赛中形成更好的合作和默契，提高整个球队的竞技水平。

塑造球员的品格：体育文化对于塑造球员的品格有深远的影响。通过强调团队合作、尊重对手、遵循规则等文化元素，可以培养出有责任感、有道德观念的球员。这样的培养有助于他们不仅在足球场上表现出色，在生活中也能成为积极的社会成员。

（二）高校足球道德培养的关键性

培养团队精神：高校足球不仅是个体技能的展示，更是团队协作的体现。通过强调团队精神，培养球员们乐于奉献、互相支持的品质。这有助于他们在集体活动中更好地发挥作用，建立起相互信任和支持的关系。

强调公平竞争：道德培养应强调公平竞争的重要性。球员应该明白遵守规则、尊重对手是体育竞技的基本原则。通过培养公平竞争的意识，可以预防不正当手段和行为，维护比赛的公正性。

树立榜样：教练和领导者在道德培养中起到了榜样的作用。他们的言行举止影响着球员的价值观和行为习惯。通过建立正面的榜样，可以引导学生形成正确的道德观念，使他们成为积极向上的团队成员。

关注个体发展：道德培养也应关注个体的全面发展。除了技战术层面，培养球员的责任心、领导力、团队协作等道德品质同样重要。这有助于他们在未来的生活和职业中更好地融入社会。

（三）高校足球体育文化与道德培养的互动影响

体育文化推动道德培养：良好的体育文化为道德培养提供了有力支持。通过传承和弘扬正能量的文化，球员更容易接受到积极的道德教育。团队中的体育文化可以成为培养正直、坚韧品质的有效途径。

道德培养促进体育文化的深化：道德培养对体育文化的深化起到推动作用。通过培养学生的道德品质，形成健康向上的文化氛围。这将进一步加强球队的凝聚力，提高球员在比赛和日常生活中的道德素养。

团队合作促进文化的传承：良好的团队合作是培养体育文化的关键。通过团队合作，球员更容易理解和接受体育文化的核心价值观，形成共同的信仰和行为准则。团队合作的力量有助于体育文化的传承和发展。

领导者的榜样作用：球队的领导者在推动体育文化与道德培养的互动中扮演着关键的角色。一个正直、积极向上的领导者能够引领团队树立正确的价值观，通过榜样的作用影响其他队员，推动体育文化的发展。

（四）实现高校足球体育文化与道德培养的方式

强调教育性比赛：高校足球比赛不仅仅是为了赢得比赛，更应该具有教育性。在比赛中强调规则的遵守、尊重对手以及赛后的友好交流，有助于培养球员的体育道德观念。

建立全面的培养计划：学校和俱乐部应该共同制订全面的培养计划，包括技战术训练、体育文化传承和道德培养。这需要体育教育者、教练和领导者的共同努力，确保计划的全面性和连贯性。

强调团队协作：在足球训练和比赛中，强调团队协作是培养体育文化和道德的有效途径。通过团队合作，球员更容易体验到团队的力量，培养共同奋斗、互相支持的品质。

注重道德教育课程：将道德教育融入足球训练中，建立专门的道德教育课程。这些课程可以包括体育伦理学、比赛中的道德决策、团队合作等内容，帮助球员形成正确的价值观。

（五）可能面临的挑战

外部竞争压力：在追求比赛成绩的过程中，可能会面临外部竞争压力，使得道德培养受到影响。为了取得好成绩，可能出现不当的手段和行为，需要制订有效的规则和监督机制来防范此类问题。

个体主义和团队协作的平衡：足球是一项集体运动，但在竞技体育环境中，个体主义的追求可能会与团队协作发生冲突。如何平衡个体表现和团队利益，是一个需要深思熟虑的问题。

社会观念的影响：社会观念对于体育文化和道德培养有一定的影响。社会上的成功主义观念、竞争至上等价值观可能对球员产生影响，需要通过培训和教育引导球员树立正确的价值观。

（六）未来发展方向

强化体育文化教育：未来的高校足球培训应该更加注重体育文化的教育。通过体育文化的深入学习，培养学生对足球的热爱和对团队协作的理解，使其在比赛中更好地体现出体育文化的核心价值。

建立体育伦理委员会：为了加强道德培养和规范比赛行为，可以建立体育伦理委员会。该委员会可以负责制订道德规范、处理违规行为，并通过教育活动促进球员的道德成长。

利用科技手段辅助培养：利用现代科技手段，如虚拟现实技术、在线教育平台等，设计更生动有趣、具有互动性的体育文化和道德培养课程。这有助于提高学生的学习积极性和培养效果。

加强社会责任教育：强调足球运动员的社会责任，鼓励他们参与社会公益活动，关心社会问题。通过这种方式，培养学生的社会责任感，使其在成为优秀球员的同时，也能为社会贡献力量。

高校足球体育文化与道德培养的关系是一个相互促进、共同发展的过程。通过体育文化的传承，培养学生的品德素养，高校足球可以更好地实现其教育使命。通过道德培养，高校足球可以打造更具凝聚力和积极向上的团队氛围，培养出品德高尚、全面发展的足球运动员。

在未来的发展中，高校足球需要不断优化培养机制，强化教育功能。建议学校、足球俱乐部和教练员共同努力，制订全面的培养计划，注重体育文化和道德培养的有机结合。通过建立健全的教育体系、强化比赛和训练中的道德教育，高校足球可以更好地发挥体育的教育作用，塑造更多品德高尚、具备团队协作精神的优秀球员。

高校足球作为体育和教育的结合体，其体育文化和道德培养的重要性不可低估。通过持续努力，可以期待高校足球在塑造学生个性、提升整体素质方面取得更为显著的成就。这不仅有助于培养出更具竞技实力的球队，同时也为社会培养更加全面发展的青年人才作出了积极贡献。

三、高校足球教练的教育角色

高校足球教练在学生体育培养中扮演着至关重要的角色。除了技战术的传授和训练，教练还应充当教育者的角色，通过足球运动培养学生的品德、领导力、团队协作等素质。本部分将深入探讨高校足球教练的教育角色，包括其职责、影响以及应对挑战的方法。

（一）高校足球教练的教育职责

技战术指导：教练的首要职责是对学生进行技战术的指导和训练。这包括基本足球技能的培养、战术体系的建立以及比赛中的应对策略。通过技战术指导，学生可以提高足球水平，为球队的竞争提供支持。

个体素质培养：教练在培养学生的个体素质方面发挥着重要作用。他们应该关注学生的身体素质、心理素质以及团队协作等方面的培养，使学生在足球训练中全面发展。

领导力培养：教练不仅是球队的技术领导者，还是学生领导力的培养者。通过激发学生的责任感、引导他们学会自我管理和团队领导，教练可以培养出具有领导潜质的学生。

团队建设：教练需要通过团队建设，促使球队形成良好的凝聚力。这包括培养学生的合作精神、互相支持的文化，使球队更加团结，共同追求卓越。

道德品质培养：教练在培养学生时应强调道德品质的培养。通过足球运动，学生可以学到尊重对手、守纪律、团队协作等品质，教练应该起到榜样的作用，引导学生形成正确的道德观念。

（二）高校足球教练的教育影响

塑造学生成就感：通过技战术和个体素质的培养，教练可以帮助学生取得足球上的成就感。成功的经历可以激发学生的自信心，推动他们在学业和生活中更积极地投入。

培养领导力：通过领导力的培养，教练可以将学生培养成未来的领导者。这种领导力不仅体现在球场上，还能在学生的职业生涯中发挥作用，促使他们在团队中更好地发挥作用。

促进团队协作：教练通过团队建设和培养团队意识，可以使球队形成更加紧密的合作关系。这种团队协作的精神将在学生未来的职业生涯中发挥积极作用。

塑造良好的道德观念：通过强调比赛中的公平竞争、尊重对手等道德观念，教练可以帮助学生形成良好的品德。这将对学生的个人发展和社会责任感产生深远的影响。

教育理念的传承：教练作为教育者，通过自身的教育理念影响着学生。他们的理念将在学生中传承，影响着他们的思想观念和行为习惯。

（三）高校足球教练应对的挑战

赛事压力与学业平衡：学生在高校期间面临着学业和足球训练的双重压力。教练需要找到平衡点，确保学生在学业和足球之间能够取得良好的平衡，避免过度焦虑和疲劳。

个性差异的考虑：学生具有不同的个性特点和学科背景。教练需要关注每个学生的个性差异，采用灵活的教育方法，因材施教，确保每个学生都能够得到充分的关注和发展。

团队管理与个体发展的平衡：教练既要关注整个球队的团队建设，又要注重个体学生的发展。如何平衡团队管理与个体发展，确保每个学生都得到适当的关注，是一个挑战。

社会舆论和公众期望：足球运动在社会上具有广泛的关注度，教练面临来自社会舆论和公众期望的巨大压力。有时候，教练可能会受到赛事成绩和球队表现方面的外部压力，这可能会影响他们的教育决策。应对这种挑战，教练需要保持专业的原则，坚持以学生为中心的教育理念，将学生的全面发展放在首位。

人际沟通和团队动力的维持：教练需要具备良好的人际沟通能力，与学生建立亲近而积极的关系。同时，保持团队的高度动力和凝聚力是一项复杂而重要的任务。如何调动学生的积极性，确保球队在压力下仍然保持稳定的状态是一个具有挑战性的方面。

（四）高校足球教练的教育方法

个性化教育计划：针对每位学生的个性特点和发展需求，制订个性化的教育计划。这包括技战术训练、个体素质培养、领导力发展等方面，以确保每个学生都能够得到有针对性的培养。

心理辅导和团队建设：通过心理辅导，帮助学生更好地应对比赛压力、学业压力等心理障碍。同时，通过团队建设活动，增强学生之间的合作意识和凝聚力。

设立导师制度：设立导师制度，由教练或资深队员担任新队员的导师。导师可以在足球技能培养的同时，传授一些生活经验和职业规划，帮助学生更好地适应高校生活。

道德教育与榜样示范：在比赛和训练中，强调公平竞争、尊重对手、遵守规则等道德观念。同时，教练自身要成为学生的榜样，通过自身行为展示正确的道德品质。

定期反馈和评估：定期进行学生表现的反馈和评估，不仅包括足球技能的进步，还应涉及学生的个性发展、领导力等方面。这有助于及时调整教育计划，确保学生在各个方面都得到充分的培养。

（五）结合社会需求的高校足球教育

强化职业素养培养：教练在培养学生的同时，要关注社会对足球运动员的职业素养的需求。培养学生具备团队协作、沟通能力、适应能力等职业素养，使他们更好地融入社会。

社会服务与公益活动：教练可以组织学生参与社会服务和公益活动。通过这些活动，学生不仅能够为社会做出贡献，还能培养责任感和团队协作精神。

创新与创业教育：鉴于现代社会对创新能力和创业精神的需求，教练可以在足球训练中融入创新与创业教育。通过团队项目、策划比赛等活动，培养学生的创新思维和团队协作能力。

多元文化教育：高校足球涵盖着来自不同文化和背景的学生。教练应注重多元文化的教育，促使学生更好地理解、尊重并与不同文化的队友和对手合作。

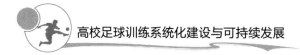

高校足球教练的教育角色是多维度的，既包括技战术和体能的培养，又包括品德、领导力、团队协作等方面的教育。在应对不同的挑战和社会需求时，教练需要灵活运用各种教育方法，关注个性差异，确保每位学生都能够在足球运动中获得全面的发展。通过高校足球的教育，学生将不仅是优秀的足球运动员，更是具备良好品德和社会责任感的全面发展型人才。

第三章　高校足球训练体系建设

第一节　足球训练设施与器材的配置

一、高校足球先进训练设备的引入

高校足球的培训质量和水平直接关系到球队的竞技成绩和球员的个人发展。随着科技的不断进步，引入先进的训练设备已经成为提高球队整体水平、培养优秀球员的关键因素之一。本部分将探讨在高校足球中引入先进训练设备的重要性，以及这些设备如何促进球员的技术提升、身体素质的全面发展，以及球队整体实力的提升。

（一）先进训练设备的种类及作用

智能化球类设备：智能足球、智能训练用球等设备通过内置的传感器和技术系统，能够实时记录和分析球员的运动轨迹、射门力度、传球准确度等数据。这有助于教练更全面地了解球员的表现，制订有针对性的训练计划。

虚拟现实（VR）和增强现实（AR）技术：VR 和 AR 技术可以为球员提供更真实的训练体验。通过虚拟场景，球员可以面对各种比赛情境，提高应对紧张局势的能力。AR 技术也可用于实时指导，使得训练更加精准和高效。

生物力学分析系统：这类系统通过对球员运动过程的生物力学分析，

帮助教练深入了解球员的运动机制、动作规律，从而调整和优化他们的技术动作，提高运动效能。

运动康复设备：运动损伤是足球运动员面临的常见问题，引入运动康复设备如磁力治疗仪、冷热敷设备等，有助于迅速恢复球员的身体状态，减少因伤病引起的训练中断。

智能健身设备：针对球员的体能训练，引入智能化的健身设备，如智能跑步机、智能力量训练设备等，可以实时监测和调整训练强度，确保训练效果最大化。

（二）先进训练设备的重要性

数据驱动的训练：先进的训练设备能够提供大量的实时数据，通过数据分析，教练可以更加科学地制订个性化的训练计划。这不仅有助于发现球员的潜在问题，还能够及时调整训练方法，提高训练效率。

技战术训练的创新：引入 VR 和 AR 技术，使得技战术训练更具有创新性。球员可以在虚拟环境中模拟实战场景，更好地理解战术的应用，提高在比赛中的实际表现。

身体素质全面提升：先进的健身设备和生物力学分析系统有助于球员的身体素质全面提升。通过科学的训练，可以更好地发展球员的力量、速度、耐力等方面的素质，增强其综合竞技能力。

伤病预防和康复：运动康复设备在预防和康复方面发挥着关键作用。通过及时的康复训练，球员能够更快地从伤病中恢复，减少因伤病引起的训练中断，保持持续的训练状态。

球队整体实力的提升：先进训练设备的引入不仅有助于个体球员的提升，也能够促进整个球队实力的提升。通过科学的数据分析和训练计划，球队能够更好地发挥团队协作和整体配合的优势。

（三）高校足球中先进训练设备的应用案例

智能足球训练系统：引入智能足球，通过内置的传感器记录球员的射门速度、准确度、控球技术等数据。这些数据可以通过手机或电脑实时查看，为教练提供科学的数据支持，帮助球员改进技术动作。

虚拟现实战术训练：利用虚拟现实技术，创建多样化的比赛场景，使球员能够在模拟的环境中进行战术训练。这有助于球员更好地理解战术理念，提高在实际比赛中的应变能力。

生物力学分析系统：使用生物力学分析系统对球员的运动过程进行深入分析。通过系统提供的数据，教练可以调整球员的动作细节，改善技术动作，提高运动效能。

智能健身设备训练系统：引入智能跑步机、智能力量训练设备等，通过实时监测和调整训练强度，帮助球员在身体素质方面全面提升。这些设备可以根据球员的个体差异，制订量身定制的训练计划，提高训练的个性化程度。

运动康复设备：在球队中建立完善的运动康复室，配备磁力治疗仪、冷热敷设备等先进的康复设备。这有助于球员在受伤后更快地康复，减少因伤病造成的训练中断，保障球员的稳定参与。

（四）引入先进训练设备面临的挑战与解决方法

经济投入：先进训练设备往往需要大量的经济投入，这对一些资源相对匮乏的高校来说可能是一个挑战。解决方法可以是与企业、赞助商合作，争取外部资金支持，或者制订长期的设备更新计划，分阶段引入先进设备。

技术适应：教练和球员需要一定时间适应新的技术设备，可能会存在学习曲线。为解决这一问题，可以在设备引入初期提供专业的培训，确保教练和球员能够充分理解和运用这些设备。

维护和管理：先进设备通常需要复杂的维护和管理。为解决这个问题，学校可以建立专业的设备管理团队，制订详细的设备维护计划，确保设备的正常运行和寿命。

个体差异：每位球员的体质、技术水平和需求都不相同，因此一套训练设备可能无法满足所有球员的需求。为解决这一问题，可以引入多样化的训练设备，并结合个体化的训练计划，确保每个球员都能够得到合适的训练。

（五）先进训练设备的引入对高校足球的未来影响

提升球队整体竞技水平：先进训练设备的引入有助于提升球员的技术水平和身体素质，从而提高整个球队的竞技水平。这对于在比赛中取得更好成绩具有重要意义。

吸引高水平球员入学：先进训练设备的使用展示了学校对足球运动的重视，有助于吸引更多高水平的足球运动员选择入读该校。这将进一步提升球队的实力和声誉。

培养专业化人才：先进训练设备有助于培养出更专业、更全面的足球人才。球员在使用这些设备的同时，接触到更多先进的足球理念和训练方法，有助于他们未来在职业足球领域的发展。

学科交叉与创新：先进训练设备的引入促使了体育科学、工程技术等学科的交叉，推动了相关领域的创新。这对于提高学校的学科研究水平和科技创新能力有着积极的推动作用。

提高足球教育水平：先进训练设备的使用需要专业的足球教练和相关专业人才，推动了足球教育的专业化水平提升。这对于培养更多优秀足球教练和专业人才有着积极的影响。

在高校足球领域引入先进训练设备，是提高球队整体水平、培养专业足球人才、推动足球教育发展的关键一环。虽然面临一些挑战，但通过科学的管理和合理的规划，可以克服这些困难。先进训练设备的引入不仅对球员的技术提升有显著影响，也为高校足球的长期发展提供了坚实基础。通过不断创新和适应，高校足球将在先进训练设备的助力下培养更多优秀球员，为足球事业的发展贡献力量。

二、高校足球训练场地规划与维护

高校足球训练场地规划与维护是确保足球运动员在良好环境下进行训练的关键因素。一个科学合理的场地规划和有效的维护体系不仅能提高训练效果，还有助于延长场地的使用寿命。本部分将深入探讨高校足球训练场地规划的要点以及维护工作的重要性，以确保球队能够在最佳条件下进行训练。

（一）高校足球训练场地规划

场地选址：选址是场地规划的第一步，需要考虑到交通便利、环境安静、通风良好等因素。在城市规划中，足球场地最好能够与其他体育设施、学生宿舍等区域有机结合，形成一个完善的体育生态系统。

场地尺寸和标准：高校足球场地的尺寸和标准应符合国际足球联合会（FIFA）的规定，确保场地长度、宽度、球门大小等符合比赛标准。这有助于培养学生对正式比赛场地的适应能力。

草皮选择：良好的草皮是足球场地的基础。选择适合当地气候和水土条件的草种，如千屈菜草或人工草皮。对于自然草场地，还需要考虑适当的草长、密度和施肥管理，以确保草地质量。

灯光照明：为确保足球训练的连续性，场地应配备良好的灯光照明系统。照明灯的设置要考虑到场地各个区域，以避免出现阴影和照明不均匀的情况。同时，照明系统还需要符合国家和地区的环保标准。

设施建设：在场地周边建设更衣室、淋浴间、储藏室等必要设施，以提供良好的训练和生活条件。这些设施的规划要考虑到学生的实际需求，提高他们的训练舒适度和效果。

多功能区域设计：为了充分利用场地空间，规划多功能区域，如边线区、技术训练区、力量训练区等。这样可以在有限的场地内实现多样化的训练内容，提高训练效率。

安全设施：确保场地周边设置紧急救援通道、消防设备等安全设施，以及应急医疗服务点。这有助于应对紧急情况，确保球员的安全。

（二）高校足球训练场地维护

草皮维护：定期修剪、施肥、除草和通风是草皮维护的基本工作。定期检查草皮的健康状况，对于有病虫害的情况及时采取措施，确保草地长势旺盛、均匀。

排水系统：良好的排水系统是确保场地能够在各种天气条件下使用的关键。检查并维护排水系统，防止因积水导致场地损坏，确保球员在雨天或多雨季节也能正常训练。

灯光设备维护：定期检查灯光设备的工作状况，确保灯光充足、稳定，防止因灯光问题影响训练。对于损坏的灯具及时更换，以延长照明系统的使用寿命。

辅助设施维护：对更衣室、淋浴间、设备储藏室等辅助设施进行定期检查和维护。保证这些设施的卫生、安全，提高球员的训练和生活质量。

安全检查：定期进行场地的安全检查，包括场地表面是否平整、固定设施是否牢固、安全出口是否畅通等。及时修复可能存在的安全隐患，确保球员在训练中不受伤害。

（三）场地规划与维护的重要性

提高训练效果：良好的场地规划能够提供舒适、安全的训练环境，有助于球员更好地投入到训练中。规范的场地布局和设施设置可以使训练更有条理、更高效。

延长场地使用寿命：科学的维护措施可以延长足球场地的使用寿命。通过草皮维护、排水系统维护等工作，可以减少场地的磨损和损坏，降低维修成本，保证场地能够持续为球队提供良好的训练条件。

提高球员士气：一个整洁、有序的训练场地会提高球员的士气。球员在良好的场地环境下更容易保持积极的心态，更有助于他们在训练中发挥出最佳水平。

树立学校形象：优质的足球训练场地不仅关系到球队的形象，也关系到学校的整体形象。一个良好维护的场地有助于展示学校对体育事业的重视，吸引更多优秀球员选择该校。

培养学生对体育的兴趣：良好的场地和设施能够激发学生对足球的兴趣。通过提供良好的训练环境，学生更有可能对足球产生浓厚兴趣，提高他们参与体育活动的积极性。

创造多样化的训练环境：场地规划要考虑到多功能区域的设计，这有助于创造多样化的训练环境。不同区域的设置可以满足不同训练需求，提高训练的灵活性和多样性。

促进团队凝聚力：一个整洁、有序的场地环境有助于促进球队的凝聚力。球员在良好的场地中训练，更容易形成团队默契，提高团队协作能力。

（四）场地规划与维护中的挑战与解决方法

经济投入：场地规划和维护需要一定的经济投入，包括草皮维护、设备更新等方面。解决方法可以是与学校体育部门、相关企业建立合作关系，争取赞助和支持。

人力不足：一些学校可能缺乏专业的场地维护人员，导致场地维护工作难以及时进行。解决方法可以是培训学校内部的维护团队，或者委托专业的场地维护公司进行定期维护。

气候影响：气候因素对场地的影响较大，如强风、雨雪等天气可能导致场地损坏。解决方法包括增加防护设施，选择适应当地气候条件的草种，以及定期检查和修复损坏的部分。

设施老化：长时间的使用可能导致场地设施的老化，包括灯光设备、更衣室设施等。解决方法是定期进行设施检查，及时更换老化的设备，保持设施的完好状态。

使用压力：学校足球场地可能会因为多样的活动需求而面临较大的使用压力，如体育课、俱乐部训练、比赛等。解决方法包括科学合理的场地预约制度，合理安排各项活动，确保场地的合理使用。

（五）场地规划与维护的未来发展趋势

可持续发展：随着社会对可持续发展的关注不断增加，场地规划和维护也将更加注重可持续性。采用环保的草坪管理方法、能源节约的照明系统等将成为未来的发展方向。

智能化技术应用：利用智能化技术，如传感器、监控系统等，对场地进行实时监测和管理，有助于提高维护效率，预防问题的发生。

多功能场地设计：未来的趋势是设计多功能的场地，可以适应不同体育项目的需要。这样一来，场地的利用率将进一步提高，满足学生多样化的体育需求。

创新草皮技术：针对草皮的创新技术将继续发展。例如，抗病虫害、抗逆境的草种选育，以及新型草皮的引入，将有助于提高场地的质量和可持续性。

虚拟现实（VR）技术应用：VR 技术可以用于场地规划的模拟和展示，为决策提供更直观的参考。同时，可以利用 VR 技术进行远程培训和指导，提高场地使用效率。

场地规划与维护是高校足球训练的基础，直接影响球队的训练效果和运动员的发展。科学合理的场地规划应考虑到多个因素，如场地选址、草皮选择、灯光照明等，以提供良好的训练环境。而有效的场地维护工作则能够延长场地使用寿命，提高球队的士气，树立学校形象，促进学生对体育的兴趣。

在面临挑战的同时，经济投入、人力不足、气候影响等问题都可以通过科学的管理和合理的规划得到解决。未来，随着可持续发展理念的深入推进和智能技术的不断应用，场地规划与维护将迎来更多创新和发展机遇。

高校足球场地规划与维护的未来趋势将更加注重可持续性、智能化和多功能性。通过不断引入新技术、新理念，结合学校实际情况，可以提高场地的质量和效益，为球队提供更好的训练条件，为学生创造更好的体育体验。

三、高校足球器材更新与管理

高校足球器材的更新与管理是确保球队训练和比赛顺利进行的关键环节。科学合理的器材更新计划和有效的管理体系不仅能提高球员的训练效果，还有助于延长器材的使用寿命。本部分将深入探讨高校足球器材更新与管理的要点，以确保球队在最佳状态下进行足球活动。

（一）高校足球器材更新

球员个人装备：包括足球鞋、护腿板、袜子、运动内衣等。足球鞋是球员最基本的装备之一，其选择需考虑球员脚型、球场类型等因素。护腿板用于保护球员的腿部，是必备的安全装备。合适的袜子和运动内衣有助于提高球员的舒适度和运动表现。

球队集体装备：包括训练服、比赛服、球队标志、球袋等。训练服和比赛服的设计要考虑到舒适性和透气性，以确保球员在训练和比赛中的最佳状态。球队标志是球队的象征，其设计需要符合学校文化和足球队的特色。

训练用具：如足球、训练用球门、训练用具等。足球是足球活动的核心，需定期更换以确保球的弹性和质量。训练用球门和训练用具的选择要根据球队的训练需求，确保训练的多样性和有效性。

医疗急救器材：包括急救箱、冰袋、绷带等。在足球训练和比赛中，意外伤害是难以避免的，因此及时的医疗急救器材是保障球员安全的重要装备。

技术分析工具：包括视频分析系统、运动追踪设备等。这些工具有助于教练和球员对训练和比赛进行更深入的分析，提高技战术水平。定期更新这些工具，保持技术分析的先进性。

（二）高校足球器材管理

建立清晰的器材管理制度：制订明确的器材购置标准和更新周期，确保器材的质量和性能符合要求。建立器材使用记录，定期检查器材的状况，及时进行维修和更换。

制订器材购置计划：根据球队的训练和比赛计划，制订年度器材购置计划。考虑到不同器材的使用寿命和更新周期，合理分配预算，确保球队始终使用处于最佳状态的器材。

建立器材库存管理系统：设立器材库房，对器材进行分类、编号和妥善存放。建立库存清单，及时了解库存状况，避免因器材短缺导致训练中断或比赛失利。

定期检查和维护：对器材进行定期检查，特别是对关键器材如足球鞋、护腿板等进行维护。及时更换磨损严重的器材，确保球员在训练和比赛中的安全和舒适。

建立报废和更新机制：根据器材的使用状况和更新周期，建立器材的报废和更新机制。淘汰老化和损坏严重的器材，引入新型、先进的器材，提升球队整体水平。

球员个人装备管理：强调球员个人装备的自主管理意识。球员应对自己的个人装备负责，保持其清洁和完好。教育球员对于装备的正确使用和保养，延长装备寿命。

医疗急救器材管理：确保医疗急救器材的及时更新和维护。急救箱中的药品和器材要保持有效期，定期检查并替换过期物品。建立急救记录，追踪伤病情况。

技术分析工具管理：对技术分析工具进行定期检查和维护，确保其正常运作。跟踪技术分析软件和设备的更新，及时升级，保持其在技术分析领域的领先地位。

（三）高校足球器材管理的挑战与解决方法

经济压力：购置和更新足球器材需要一定的经济支持，有时经济压力可能成为管理的障碍。解决方法包括与赞助商、校内体育部门等建立合作关系，争取更多的经济支持，制订明智的采购计划，合理分配经费。

技术更新速度快：随着科技的不断进步，足球器材的技术更新速度较快，新型器材不断涌现。解决方法是在购置器材时选择具有一定技术稳定性和可升级性的产品，以延长其使用寿命。

管理团队专业性不足：有些学校的足球管理团队可能缺乏相关器材管理的专业知识，这可能影响器材管理的质量。解决方法是加强团队的培训，引入专业人才，或借助专业机构提供的服务。

球员个人装备使用不当：由于球员年龄和经验的不同，有些球员可能对个人装备的使用和保养了解不足，导致装备的损耗加速。解决方法是通过定期培训和指导，提高球员的自我管理水平。

器材库房管理不善：一些学校的器材库房可能管理混乱，器材容易丢失或损坏。解决方法是建立规范的库房管理流程，设立专人负责库存管理，定期盘点，确保器材的安全和完好。

（四）高校足球器材管理的未来发展趋势

智能化器材管理：利用物联网技术，将传感器等智能设备应用于器材管理中。通过实时监测器材的使用情况、磨损程度等信息，提高管理的科学性和精准度。

定制化和个性化器材：随着科技的发展，器材制造技术将更加先进，可以实现更多的定制化和个性化设计，以满足不同球员的需求和喜好。

可持续发展理念：在器材的制造和管理中，注重环保和可持续性将成为未来的趋势。选择可回收材料、节能环保的生产工艺，减少对环境的影响。

虚拟现实（VR）技术的应用：利用 VR 技术，可以对器材进行虚拟试用和设计，为球员提供更真实的体验。同时，通过 VR 技术，可以进行远程培训和指导，提高器材使用的效率。

数据驱动的器材管理：利用大数据分析技术，对器材的使用数据进行深入分析，形成更科学的器材更新计划。通过数据驱动，提高管理的精准性和效率。

（五）结论与建议

高校足球器材更新与管理是保障足球活动顺利进行的关键环节。科学合理的更新计划和管理体系有助于提高球队的训练效果，延长器材的使用寿命，推动校园足球事业的发展。

第二节　教练团队建设与培养

一、高校足球教练招募与选拔

高中足球教练在塑造学生体育发展、培养团队协作精神以及培养领导力方面发挥着至关重要的作用。因此，如何招募和选拔一位合适的高中足球教练成为学校足球项目成功的关键之一。本部分将深入探讨高中足球教练的招募与选拔过程，以确保选拔到既懂球技又具有全面素养的优秀教练。

（一）招募流程

招募高中足球教练是一个需要精心策划的过程。以下是一些关键步骤：

明确招募需求：学校首先需要明确招募教练的目的和需求，包括团队的发展方向、学校足球项目的目标等。

广泛宣传：通过学校网站、社交媒体、体育界相关平台等途径广泛宣传招聘信息，吸引更多合适的候选人关注。

与足球社区建立联系：与当地足球俱乐部、社区联赛等建立联系，寻找有经验且热爱足球的候选人。

组织招募活动：可以通过足球训练营、研讨会等形式，吸引潜在教练员参与，从中挑选合适的人选。

（二）选拔标准

在收集到一定数量的申请后，学校需要建立科学的选拔标准，以筛选出最适合的教练。

足球技术和战术水平：评估教练的足球技术水平和对战术的理解，包括其在比赛中的决策能力和战术调配能力。

教育背景和资格：确保教练具备相关的教育背景和资格，包括体育教育专业或足球相关的资格证书。

领导力和沟通能力：足球教练需要具备优秀的领导力和沟通能力，能够有效地激发队员的潜力，建立团队凝聚力。

团队合作精神：考察教练是否能够融入学校文化，与其他体育项目协作，促进学校整体体育发展。

心理素质：足球比赛中常伴随着竞争激烈和压力，一位合格的足球教练需要具备稳定的心理素质，能够在压力下保持冷静。

（三）面试和试教

在初步筛选后，通过面试和试教环节深入了解教练的实际操作和应对问题的能力。

面试：面试环节可以通过提问足球理论、解决实际足球问题以及对学校足球项目的理解等方式，全面考察教练的综合素质。

试教：要求教练组织一次足球训练课或模拟一场比赛，以便观察其教学方法、与队员的互动以及应对突发情况的应变能力。

（四）背景调查和参考人意见征询

最后，进行背景调查以及向教练过去工作的同事、队员等人征询意见，获取更全面的信息。

背景调查：确认教练的过去工作经历、成就和潜在的问题，以便全面评估其适应性。

意见征询：向教练过去的同事、队员以及其他相关人员征询意见，了解其在团队中的角色和影响力。

通过以上严格的招募与选拔过程，学校可以更有信心地选择到一位既懂球技又具有领导力和教育背景的高中足球教练。这有助于提高学校足球项目的竞争力，培养出更多优秀的足球运动员，同时在学生中树立起积极向上的体育风气。高中足球教练的选拔不仅关乎学校足球的发展，更关系到学生体育素养的提升和团队协作精神的培养。

二、高校足球培训与职业发展机制

足球作为一项全球性的体育运动，不仅是一种娱乐活动，更是一门专业的职业。在高校足球培训与职业发展方面，如何有效结合学业和足球训练，为学生提供全面的成长机会，成为学界和足球行业共同关注的话题。本部分将探讨高校足球培训与职业发展机制，包括培训体系建设、学业与足球平衡发展、职业发展支持等方面的问题，并提出相应的策略和建议。

（一）高校足球培训体系建设

1. 专业化教练团队

为了提高足球培训的专业水平，高校应构建专业化的足球教练团队。教练团队应包括有丰富经验的足球教练、体能训练师、心理辅导员等，确保学生得到全方位的培训支持。

2. 足球基础设施建设

高校足球培训需要良好的基础设施支持，包括足球场地、训练设备、康复设施等。投资足球基础设施的建设，提高训练和比赛的质量，对学生的技战术水平提升至关重要。

3. 联赛制度与交流机制

高校足球培训需要有一套完善的联赛制度，为学生提供展示和锻炼的机会。同时，建立高校之间的足球交流机制，促进不同学校之间的足球文化交流，提高整体水平。

4. 联合俱乐部与职业队合作

与职业足球俱乐部建立合作关系，使高校足球培训更贴近职业水平。学生可以有机会参与职业俱乐部的培训和比赛，提高竞技水平，同时俱乐部可以从高校中挖掘潜在的足球人才。

（二）学业与足球平衡发展

1. 灵活的学业安排

为了保障学生在足球培训的同时不落下学业，高校需要提供灵活的学业安排。可以采用弹性课表、在线学习等方式，确保学生能够兼顾足球和学业。

2. 学术支持与辅导

建立专门的学术支持团队，为足球学生提供学业上的辅导和支持。这包括了解学生的学业需求，提供选课建议，帮助解决学业上的问题，确保学生在足球训练和比赛中能够保持学业进步。

3. 学业与足球的奖励机制

建立奖励机制，激励学生在学业和足球方面取得优异成绩。这可以是奖学金、荣誉称号，旨在鼓励学生保持平衡发展，同时促进足球事业的提升。

4. 足球专业课程的设置

为了更好地结合学业和足球培训，高校可以设置足球专业相关的课程，涵盖足球管理、体育心理学、运动训练等方面的知识，为学生提供更系统和深入的足球学科教育。

（三）职业发展支持

1. 就业指导与规划

为足球专业学生提供职业发展的指导和规划，包括了解职业足球联赛和俱乐部的招聘需求，帮助学生制订职业发展计划，提高他们在职业足球领域的竞争力。

2. 实习与实战机会

与足球俱乐部、体育管理机构建立合作关系，为学生提供实习和实战机会。通过参与实际工作，学生能够更好地了解职业足球的运作模式，提升职业素养。

3. 职业导师团队

建立职业导师团队，由职业足球领域的专业人士担任。这样的导师可以为学生提供实用的职业经验分享，指导他们在职业发展中的方向和选择。

4. 职业赛事和选拔机制

为了激发学生的职业发展热情，高校足球培训需要参与职业赛事和选拔机制。可以组织校际足球比赛、与职业俱乐部合作的选拔赛事，为有潜力的学生提供展示自己的舞台，增加被职业俱乐部挖掘的机会。

5. 职业生涯规划课程

在足球专业课程中，加入职业生涯规划课程，帮助学生更好地规划自己的职业生涯。课程可以涵盖足球行业的各个方面，包括球员、教练、管理等不同职业角色的职业规划。

（四）与足球产业合作

1. 职业培训课程

与足球产业合作，引入职业培训课程。可以邀请足球产业专业人士，为学生提供关于足球产业运作、市场推广、商业管理等方面的培训，增加学生的职业素养。

2. 职业资格认证

与相关足球机构合作，推动学生取得足球相关职业资格认证。这包括教练资格、裁判资格等，提高学生在足球行业中的就业竞争力。

3. 职业交流平台

建立职业交流平台，邀请足球产业从业者与学生进行交流。这样的平台可以是座谈会、论坛、线上社交平台等形式，让学生有机会与职业人士直接互动，了解足球产业的最新动态和趋势。

4. 资源共享与合作

高校可以与足球产业建立长期稳定的资源共享和合作关系，共同推动足球产业的发展。这包括共享人才、设备、技术等资源，为学生提供更多发展机会。

（五）足球文化与精神培养

1. 弘扬足球文化

在高校足球培训中，应注重足球文化的弘扬。通过举办足球文化节、足球艺术表演等活动，激发学生对足球的热爱，培养足球文化意识。

2. 培养团队精神

足球是一项团队运动，培养学生的团队精神至关重要。通过团队建设活动、集体训练等方式，促进学生相互合作，培养团队精神。

3. 强调公平竞技

足球是一项注重公平竞技的运动，培养学生的公平竞技精神，注重团队合作，尊重对手，是高校足球培训的重要目标。

4. 培养足球精神

足球精神包括顽强拼搏、永不放弃、团结协作等品质，这些品质对学生的职业发展和个人成长都有积极的影响。高校足球培训应致力于培养学生积极向上的足球精神。

高校足球培训与职业发展机制的建设涉及多个方面，包括培训体系建设、学业与足球平衡发展、职业发展支持、与足球产业合作、足球文化与精神培养等。通过构建完善的体系，高校能够为学生提供更全面、更专业的足球培训和职业发展支持，培养更多具备足球专业素养的优秀人才，推动中国足球事业的健康发展。

三、高校足球团队协作与领导力培养

足球作为一项团队性极强的体育运动，不仅要求球员具备优秀的个人技术，更需要团队协作和领导力的支持。在高校足球团队中，培养学生的协作能力和领导力，不仅有助于球队在比赛中的表现，也为学生未来职业发展打下坚实基础。本部分将探讨高校足球团队协作与领导力培养的重要性、存在的问题以及相应的解决策略。

（一）团队协作在高校足球团队中的重要性

1. 高校足球的团队性

足球是一项需要球员密切协作的运动，团队性是其独特的特点之一。球场上的每个球员都需要在团队中扮演特定的角色，相互合作，共同追求胜利。因此，团队协作在高校足球中具有极其重要的地位。

2. 提高比赛水平

团队协作是高水平足球比赛的关键因素之一。在比赛中，团队默契、协同作战能力直接影响着球队的整体表现。一个默契的团队能够更好地应对各种复杂情况，提高比赛水平，实现更好的战绩。

3. 培养集体荣誉感

高校足球团队的成功与每个队员的努力和贡献息息相关。通过共同奋斗、共享胜利的经历，团队协作可以培养学生的集体荣誉感，加强团队凝聚力，形成团队共同奋斗的文化氛围。

4. 人际关系与社交技能

在足球团队中，学生需要与队友、教练、工作人员等多方人员合作。通过团队协作，学生可以提高人际关系和社交技能，这对于他们未来的职业和社会交往都具有重要的价值。

（二）高校足球团队协作存在的问题

1. 个人主义倾向

在一些高校足球团队中，存在一定程度的个人主义倾向，球员追求个人荣誉胜过团队荣誉。这可能导致团队合作效果下降，球队整体战绩受到影响。

2. 沟通不畅

团队协作需要有效的沟通。如果团队成员之间沟通不畅，信息传递不及时，容易导致战术执行不到位，影响比赛结果。沟通不畅也可能导致团队内部关系紧张。

3. 缺乏共同目标

有些团队成员可能因为个人目标不同，对团队整体目标产生分歧。缺乏共同的战略目标会导致团队合作的动力不足，影响整个团队的表现。

4. 领导力不足

在足球团队中，队长和教练的领导力至关重要。一些团队可能因为领导力不足，导致战术安排不合理、团队无序等问题，影响团队整体协作水平。

（三）解决团队协作问题的策略

1. 建立明确的团队目标

明确的团队目标是团队协作的基础。通过设立清晰的目标，可以引导团队成员的努力方向，减少个人目标分歧，提高团队合作效率。

2. 强化沟通机制

建立有效的沟通机制，确保团队内外的信息畅通。可以通过团队例会、沟通培训等方式，提高团队成员之间的沟通水平，减少信息误差。

3. 开展团队建设活动

定期开展团队建设活动，加强团队成员之间的默契和信任。这可以包括集体训练、团队游戏、心理辅导等，提升团队协作的默契度。

4. 强化领导力培养

加强领导力的培养，培养具备领导潜质的队长和教练。通过领导力培训、角色扮演等方式，提升他们的领导能力，使其能够更好地引导团队、制订有效的战术和策略。

5. 倡导团队文化

倡导积极向上的团队文化，强调共同合作、相互帮助的理念。通过塑造积极向上的团队文化，可以减轻个人主义倾向，增进团队凝聚力。

（四）高校足球团队领导力培养

1. 设计领导力培训课程

为高校足球团队设计专门的领导力培训课程。该课程可以涵盖领导力理论、团队管理技能、危机处理等方面的内容，帮助队员和教练全面提升领导力水平。

2. 建立导师制度

建立足球团队领导力导师制度，由经验丰富的教练或曾经在足球领域有过卓越表现的前辈担任导师。导师可以为队员提供个人指导，传授领导经验和智慧。

3. 拓展领导力实践机会

为队员提供拓展领导力实践的机会，例如担任队内职务、组织团队活动、参与社会服务等。通过实践中的领导角色，队员能够更好地锻炼和发展领导力。

4. 鼓励领导力分享和交流

鼓励团队成员分享领导力经验和见解，建立领导力交流平台。这可以是定期的领导力座谈会、分享会，通过分享促进队员之间的学习和成长。

（五）团队协作与领导力的综合培养

1. 整合协作与领导力培训

设计整合协作和领导力培训的课程，使学生在培养协作能力的同时，也能学到领导力的相关知识和技能。这有助于全面提升学生的团队协作水平。

2. 开展模拟比赛和领导力训练

通过模拟比赛和领导力训练，将团队协作和领导力培养相结合。例如，模拟关键比赛局面，让队员在领导的指导下共同制订战术，锻炼他们在压力下的团队合作和领导能力。

3. 领导力评估与反馈

定期进行领导力评估，为队员提供具体的反馈。通过领导力评估，队员可以清晰了解自己的领导力水平，从而有针对性地进行进一步的培训和提升。

4. 设立团队奖励机制

建立团队奖励机制，旨在表彰团队协作和领导力的突出表现。奖励可以是荣誉证书、奖杯，也可以是提供进修机会、职业发展指导等，激励团队成员共同进步。

高校足球团队协作与领导力培养是一个综合性而又复杂的过程，需要团队成员、教练和学校共同努力。通过明确团队目标、强化沟通、培养领导力、设计综合培训等策略，可以提升团队协作水平，培养更多具备领导力的足球人才，为学生的职业发展奠定基础。

第三节　球员选拔与培养体系

一、高校足球选拔标准与流程

足球运动在高校不仅是一项重要的体育活动，更是培养学生身体素质、团队协作和领导力的有效手段。为了选拔具有足球天赋和潜力的学生，高校需要建立科学合理的选拔标准与流程。本部分将探讨高校足球选拔的重要性、存在的问题、合理的选拔标准和流程设计，以及未来发展的趋势。

（一）高校足球选拔的重要性

1. 人才培养的需求

高校足球队的成绩和水平直接关系到学校的体育声誉，也为学生提供了展示自己足球才华的舞台。通过足球运动，学生不仅锻炼身体，还培养了团队协作和领导力等综合素质，符合当今社会对全面发展人才的需求。

2. 提高学校体育水平

通过有竞争力的足球队伍，学校可以在各类体育比赛中取得好成绩，提高学校整体的体育水平。这不仅有助于树立学校的形象，还能吸引更多优秀学子加入足球队，形成良好的足球文化氛围。

3. 为职业足球培养输送人才

成功的高校足球队往往会吸引职业足球俱乐部的关注。通过选拔具有足球天赋的学生，高校可以为职业足球培养输送人才，为国家足球事业贡献力量。

4. 促进学校体育产业的发展

高校足球作为一种体育产业，有助于推动学校体育的产业化发展。通过选拔出优秀的足球运动员，学校可以与体育品牌、赞助商等合作，推动校园体育的经济发展。

（二）高校足球选拔存在的问题

1. 缺乏统一的选拔标准

一些高校足球队在选拔学生时缺乏统一的标准，可能过于依赖主观经验，导致选拔不公平，影响了队伍整体的水平。

2. 忽视综合素质的考量

有些选拔过程过于注重学生的足球技术，而忽视了其他综合素质，如团队协作、领导力、体能等。这可能导致队伍内部关系不和谐，团队整体表现不佳。

3. 缺乏科学的体能和技战术测试

体能和技战术水平是足球运动员必备的素质，但一些高校足球选拔过程中缺乏科学的体能和技战术测试。这可能导致选拔结果不准确，影响后期训练和比赛的效果。

4. 招生宣传和选拔流程不透明

一些高校在招生宣传和选拔流程方面存在不透明的问题，可能存在一些不合理的规定和程序。这容易引发学生和家长的不满，影响招生工作的顺利进行。

（三）合理的高校足球选拔标准设计

1. 综合评估标准

选拔标准应该综合考虑学生的足球技术水平、体能水平、团队协作和领导力等综合素质。这有助于选拔出全面发展、适应团队氛围的学生。

2. 科学的体能测试

体能是足球运动员必备的素质之一，选拔标准应包括科学的体能测试，如耐力、爆发力、灵活性等，以确保学生在比赛中有更好的表现。

3. 技战术水平考核

选拔标准应该包括对学生技战术水平的考核，包括传球、射门、盘带等基本技能，以及对比赛中的应变能力和战术理解水平的评估。

4. 个性化评估

考虑到每个学生的差异性，选拔标准可以适度个性化。不同位置的球员可能需要不同的技能，个性化评估有助于发现每个学生的优势和潜力。

（四）高校足球选拔流程设计

1. 招生宣传与信息透明

在招生宣传阶段，学校应该提前向学生和家长公布选拔标准和流程，确保信息的透明度。这有助于学生有明确的目标，也减少不必要的争议。

2. 选拔前期筛选

在选拔前期，可以通过学生体育档案、体育课程表现等方式进行初步筛选。这有助于缩小选拔范围，确保参与选拔的学生具备一定的足球基础和兴趣。

3. 体能测试和技战术考核

进行科学的体能测试和技战术考核，确保评估的客观性和全面性。体能测试可以包括跑步、爆发力测试、柔韧性测试等，技战术考核可以通过实际比赛或模拟比赛情境进行。

4. 面试和综合评估

面对面的面试可以帮助评估学生的沟通能力、团队协作意识和领导潜力。综合评估阶段可以根据学生在体能、技战术和面试中的表现，综合评定学生的足球素养和潜力。

5. 最终名单公示与接纳

根据综合评估结果，学校应该公示最终的选拔名单，确保整个过程的公正公平。接纳入选的学生，可以提供相关的培训和指导，使其更好地适应高校足球队的训练和比赛。

（五）未来发展趋势

1. 数据化选拔

未来趋势可能是借助现代技术手段，引入数据化选拔。通过运动传感器、数据分析等技术，对学生在比赛和训练中的表现进行精准的量化评估，更科学地选出具有潜力的学生。

2. 多元化选拔

越来越多的学校可能会在选拔中考虑多元化的因素，包括不同位置的需求、不同风格的球员、不同背景的学生等。这有助于形成更具有包容性和多样性的足球团队。

3. 社会化选拔

加强与社会足球俱乐部和青训机构的合作，将选拔过程社会化。通过与专业俱乐部合作，学校可以更好地借助外部资源，拓宽选拔渠道，提高选拔的准确性和广度。

高校足球选拔标准与流程的设计直接关系到学校足球队的水平和影响力。在设计选拔标准时，需要综合考虑学生的综合素质，科学设计体能测试和技战术考核，确保选拔流程的透明度和公正性。未来，随着技术和社会的发展，足球选拔可能会朝着数据化、多元化和社会化的方向发展，为高校足球队培养更多优秀的足球人才。

二、高校足球年龄组别培训计划

高校足球作为培养足球人才的重要渠道，其年龄组别培训计划对于学生足球运动员的全面发展至关重要。本部分将探讨建立高校足球年龄组别培训计划的必要性，明确培训目标和方法，设计科学合理的培训内容，以期为高校足球队的长远发展和学生足球运动员的职业道路打下坚实基础。

（一）建立高校足球年龄组别培训计划的必要性

1. 发现和培养足球人才

通过建立年龄组别培训计划，学校可以在学生身上及早发现具有足球天赋的学生，有针对性地进行培养，为国家培养更多优秀的足球运动员。

2. 促进足球运动的全面发展

高校足球年龄组别培训计划有助于促进学生足球运动的全面发展，不仅培养学生的足球技术，还注重培养其团队协作、领导力、体能等综合素质，为其未来足球职业生涯打下坚实基础。

3. 提高学校足球队整体水平

通过有计划的年龄组别培训，可以逐步提高学校足球队各个年龄组别的整体水平，为学校在各类足球比赛中取得优异成绩提供坚实保障。

4. 培养足球运动的良好氛围

建立年龄组别培训计划可以培养学生对足球的兴趣和热爱，形成浓厚的足球文化氛围，激发更多学生参与足球运动的热情，推动足球运动在校园内的普及。

（二）培训目标的设定

1. 发展学生足球技术

在各个年龄组别培训中，首要目标是培养学生的足球技术。根据不同年龄阶段学生的生理和心理发展特点，制订科学的足球技术培训计划，包括基本技能、战术理解、比赛经验等方面。

2. 培养团队协作与领导力

通过团队训练、合作比赛等活动，培养学生的团队协作和领导力。学生在足球队中需要学会与队友协同作战，同时培养一些学生成为未来的领导者，担任队长等职务。

3. 提高体能水平

体能是足球运动员必备的素质之一。年龄组别培训计划应包括科学的体能训练，提高学生的耐力、爆发力、速度等体能水平，以应对激烈的足球比赛。

4. 培养足球运动员的职业道德

年龄组别培训计划还应注重培养学生足球运动员的职业道德，包括比赛纪律、团队协作、尊重对手等方面。这有助于塑造学生积极向上的足球人生态度。

（三）培训方法的选择

1. 小组化训练

通过小组化训练，可以更有针对性地指导学生的个性化需求，提高培训的针对性。小组之间的竞争和合作有助于培养团队协作精神。

2. 模拟比赛

定期组织模拟比赛，让学生在真实比赛场景中练习和运用所学技能和战术。这有助于提高学生的比赛经验和心理素质。

3. 足球专业课程

在培训计划中设置足球专业课程，邀请专业教练和前辈球员进行专业指导。通过专业课程的学习，学生能够更深入地了解足球运动的技战术和战略。

4. 个性化辅导

针对不同学生的差异性，提供个性化的辅导。一些学生可能需要更多的技术指导，而另一些学生可能需要更多的体能训练，因此个性化辅导有助于更好地发挥每个学生的潜力。

（四）科学合理的培训内容设计

1. 不同年龄组别的差异性

根据学生在生理和心理方面的发展差异，科学设计不同年龄组别的培训内容。比如，在青少年阶段更注重基本技能表现的培养，而在大学生阶段则更侧重于战术理解和实战经验的积累。

2. 技术培训

包括基础技能（如传球、射门、盘带等）的训练和提高，以及更高级的技战术训练。技术培训应该有系统的计划，确保学生逐步提高技术水平，能够在比赛中胜任各种任务。

3. 体能训练

涵盖耐力、爆发力、柔韧性等方面的体能训练。这些训练有助于提高学生在比赛中的持久力和应对突发状况的能力。体能训练也应当综合考虑学生的生理差异，制订个性化的训练计划。

4. 心理素质培训

包括比赛中的应变能力、集中注意力、应对挫折等方面的心理素质培训。足球是一项高度竞技的运动，学生在比赛中需要保持良好的心理状态，这方面的培训至关重要。

5. 职业操守和团队协作培训

培养学生足球运动员的职业操守，包括比赛中的纪律、对裁判和对手的尊重等。团队协作培训旨在加强学生的合作精神，使其能够更好地融入团队并发挥协同效应。

（五）实施阶段与评估

1. 实施阶段

将培训计划划分为不同的阶段，并逐步推进。每个阶段的培训内容和难度应适应学生的发展水平。在实施阶段，学校应提供必要的场地、设备和专业教练，确保培训的顺利进行。

2. 定期评估

定期对学生进行评估，包括技术水平的测试、体能水平的测试、心理素质的测评等。评估的结果可以为调整培训计划提供依据，确保培训的科学性和有效性。

3. 反馈和调整

根据评估结果，向学生提供及时的反馈，指导其在培训中的改进。同时，根据评估结果和学生的反馈，及时调整培训计划，使其更贴合学生的需求和实际情况。

（六）培训计划的可持续性

1. 持续改进

定期对培训计划进行评估和反馈，发现问题并及时改进。随着学生的发展和足球运动的变化，培训计划需要不断调整，以保持其科学性和可持续性。

2. 建立人才输送机制

培训计划应与学校足球队的实际需要相结合，建立起高校足球人才输送的机制。优秀的学生可以有机会进入高水平的足球队，接受更专业的培训。

3. 提供职业发展支持

对于有足球职业梦想的学生，学校应提供相应的职业发展支持。这包括为学生提供职业规划指导、联系职业足球俱乐部等方面的支持，帮助他们更好地走上职业足球道路。

高校足球年龄组别培训计划的建立是学校足球事业长远发展的基石。通过科学合理的培训目标、方法和内容设计，以及实施阶段的定期评估和反馈，可以有效提升学生足球运动员的整体水平。同时，培训计划的可持续性和与学校足球队实际需要的结合，将有助于培养更多优秀的足球人才，为校园足球的繁荣和发展做出贡献。

三、高校足球青训与一线队衔接

高校足球作为培养足球人才的重要渠道，其青训与一线队衔接是推动校园足球升级发展的关键环节。本部分将探讨高校足球青训的重要性，分析青训与一线队衔接的挑战，提出有效的衔接策略，以促进高校足球人才的顺利成长和职业化发展。

（一）高校足球青训的重要性

1. 人才储备

高校足球青训是培养足球人才的重要途径之一。通过系统的培训和比赛锻炼，高校可以储备大量具有潜力的足球运动员，为国家足球事业输送更多高水平的球员。

2. 全面素质培养

与职业俱乐部相比，高校足球更注重学生的全面素质培养，包括足球技术、体能水平、团队协作、领导力等方面。这为学生未来进入职业足球提供了更为全面的基础。

3. 足球文化的传承

高校足球是足球文化的传承者，通过高水平比赛和训练，有助于培养学生对足球的热爱和专业精神，为足球文化的传承和发展做出贡献。

4. 塑造校园足球氛围

通过青训，高校足球可以在校园内形成浓厚的足球氛围，吸引更多学生参与足球运动，推动校园足球的繁荣发展。

（二）青训与一线队衔接的挑战

1. 训练环境的差异

高校足球与职业俱乐部相比，训练环境存在一定的差异。职业俱乐部的训练设施和教练团队可能更为专业化，学生从高校足球过渡到职业俱乐部需要适应新的训练环境。

2. 比赛水平的差距

高校足球与职业联赛的比赛水平有一定差距，学生在高校比赛中获得的经验可能无法完全适应职业比赛的强度和要求。

3. 球员身心状态的过渡

从高校足球过渡到职业足球，球员需要面对身心状态的过渡，包括面对更激烈的竞争、更高的期望和更大的压力。这对球员的心理素质提出了更高的要求。

4. 行业认可度的差异

由于一些高校足球的知名度较低，学生在职业足球市场上的认可度可能相对较低，这使得他们更难被职业俱乐部发现和吸纳。

（三）有效的青训与一线队衔接策略

1. 建立联赛体系

高校足球可以积极参与各类职业联赛，提高比赛水平，使学生更好地适应职业足球比赛的强度。联赛体系的建立也有助于提高学生在职业市场上的知名度。

2. 与职业俱乐部合作

建立高校足球与职业俱乐部的合作机制，让学生有机会参与职业俱乐部的训练和比赛。这种合作可以让学生更早地适应职业足球的环境，顺利过渡到职业队伍。

3. 设计专业化培训计划

高校足球可以设计专业化的培训计划，包括提供更专业的训练设施、引入职业教练团队、参与国内外高水平比赛等。这有助于提高学生的整体水平，更好地迎接职业足球的挑战。

4. 加强心理素质培养

在高校足球的培训中，加强学生的心理素质培养，包括比赛压力的适应、挫折面对的能力等。这有助于学生更好地适应职业足球的心理压力。

5. 提供职业规划支持

为学生提供职业规划支持，包括职业发展规划、职业素质培训、就业推荐等。这有助于学生更好地规划自己的职业生涯，找到适合自己发展的职业机会。

6. 建立人才输送机制

高校足球可以与职业俱乐部建立稳定的人才输送机制，通过签署合作协议，确保优秀的足球人才能够顺利过渡到职业队伍。这种机制有助于实现高校足球与职业俱乐部的有机衔接。

高校足球青训与一线队的衔接是提升校园足球水平和推动足球人才培养的关键环节。面对挑战，高校足球可以通过建立联赛体系、与职业俱乐部合作、设计专业化培训计划、加强心理素质培养等策略，有效提高学生足球人才的竞争力和适应能力。在这一过程中，借鉴国际足球青训体系的成功经验，形成适合中国国情的高校足球青训模式，将有助于培养更多高水平、高素质的足球人才，推动中国足球事业的长远发展。

第四节 训练课程设计与实施

一、高校足球课程目标与内容设计

高校足球课程的目标与内容设计直接关系到学生足球运动员的培养质量和校园足球事业的发展。本部分将探讨高校足球课程的目标制订原则，设计科学合理的培训内容，以期为培养更全面、专业的足球人才提供指导。

（一）高校足球课程目标的制订

1. 培养学生的足球技术

首要目标是通过足球课程培养学生扎实的足球技术，包括传球、射门、盘带、头球等基本技能的训练，以及更高级的战术应用和比赛技巧的培养。课程应确保学生在毕业时能够达到一定的技术水平，为未来的足球生涯打下坚实基础。

2. 提高学生的体能水平

足球是一项需要较高体能水平的运动，因此足球课程的另一目标是提高学生的体能水平。这包括耐力、爆发力、敏捷性、柔韧性等方面的训练，确保学生在比赛中能够有出色的体能表现。

3. 培养团队协作和领导力

作为一项团队运动，足球课程应致力于培养学生的团队协作和领导力。通过集体训练和团队比赛等活动，让学生深刻理解团队合作的重要性，并培养他们在比赛中发挥领导作用的能力。

4. 促进足球文化的传承

足球课程还应当促进足球文化的传承。通过学习足球的历史、规则和名人足球教育家的理念，培养学生对足球的热爱和专业素养，使其在校园内成为足球文化的传播者和发起者。

5. 塑造积极的足球态度

足球课程的目标之一是塑造学生积极向上的足球态度。这包括培养比赛纪律、尊重对手和裁判、以及团队合作精神，使学生不仅在技术上出类拔萃，而且在态度上也成为出色的足球运动员。

（二）高校足球课程内容的设计

1. 基础技能训练

足球课程的基础阶段应当包括基础技能的训练，如传球、射门、盘带、控球等。通过系统的技术训练，确保学生在技术层面有稳固的基础，能够在比赛中发挥出色。

2. 战术应用训练

高级阶段的足球课程应当涉及战术应用训练。这包括团队战术的理解和应用，个体球员在比赛中的战术角色，以及对手战术的分析和应对策略等。通过战术训练，培养学生在比赛中的灵活性和应变能力。

3. 体能训练

足球课程应当设计科学的体能训练计划，包括有针对性的耐力、爆发力、敏捷性、柔韧性等方面的训练。体能训练的目标是确保学生在比赛中能够保持良好的状态，应对各种体能挑战。

4. 比赛模拟训练

为了更好地培养学生在比赛中的应对能力，足球课程应当包括比赛模拟训练。通过模拟真实比赛场景，让学生在压力下更好地发挥技术和战术，提高他们在比赛中的实战水平。

5. 心理素质培训

足球比赛往往伴随着一定的压力，因此足球课程应当加强学生的心理素质培训。包括比赛压力的应对、挫折面对的能力、集中注意力等方面的培养，确保学生在比赛中能够保持良好的心理状态。

6. 足球文化教育

足球课程应当设置足球文化教育内容，让学生了解足球的历史、规则、名人足球教育家的理念等。通过足球文化教育，培养学生对足球的热爱和专业素养，使他们能够成为足球文化的传播者和发起者。

7. 参与足球社区服务

足球课程的设计还可以包括学生参与足球社区服务的内容。通过组织学生参与社区足球活动、足球公益项目等，培养学生的社会责任感和团队合作精神，同时促进足球在社会中的影响力。

8. 职业规划与管理知识

除了足球技术和战术培训，足球课程还可以涵盖职业规划和管理知识的内容。这包括足球职业生涯规划、球员经纪人管理、团队运营等方面的知识，为学生提供更全面的职业发展支持。

9. 创新性足球活动

为激发学生的创新力和足球兴趣，足球课程可以设计创新性足球活动，如足球艺术创作、足球科技应用、足球创意比赛等。通过这些活动，培养学生的创新思维和多元化足球体验。

（三）实施阶段与评估机制

1. 实施阶段

足球课程的实施阶段需要有系统的计划和组织。学校应提供足球场地、设备，配备专业的足球教练和辅导员，确保足球课程的顺利进行。实施阶段还可以包括定期的比赛和表现机会，让学生有机会在实战中提升自己的水平。

2. 评估机制

足球课程的评估应该是全面的，包括技术水平的测试、体能水平的测试、团队协作和领导力的评估、比赛表现的评价等。评估结果可以为学生提供及时的反馈，指导他们在课程中的进一步发展。同时，学校可以借助评估结果调整课程内容，确保课程的科学性和有效性。

3. 反馈和调整

根据评估结果，足球课程应当向学生提供及时的反馈，指导他们在课程中的改进和进步。同时，学校也应根据反馈和评估结果，及时调整课程内容和培训计划，以适应学生的发展需求和足球运动的变化。

（四）课程的可持续性与发展

1. 持续改进

足球课程应设立持续改进的机制，定期对课程内容和培训计划进行评估，发现问题并及时改进。随着学生的发展和足球运动的变化，课程需要不断调整，以保持其科学性和可持续性。

2. 职业发展支持

足球课程还应为学生提供职业发展支持。包括提供职业规划指导、职业发展培训、与足球产业相关企业的合作等方面的支持，帮助学生更好地规划自己的足球职业生涯。

3. 校园足球文化建设

足球课程应积极参与校园足球文化的建设。通过组织足球文化活动、足球社团、足球艺术展示等，营造浓厚的足球氛围，激发更多学生参与足球运动的热情，推动校园足球事业的繁荣发展。

高校足球课程的目标与内容设计是培养全面、专业足球人才的基础。通过科学合理的目标制订和内容设计，足球课程可以有效提高学生的足球水平、促进足球文化传承、培养学生的社会责任感和团队协作精神。在实施阶段，建立全面的评估机制和反馈调整机制，保证课程的有效性和可持续性。通过持续改进、职业发展支持、校园足球文化建设等措施，高校足球课程将为学生提供更丰富的足球体验和更广阔的职业发展空间。

二、高校足球训练计划与周期安排

高校足球训练计划的科学性和合理性对于培养出色的足球运动员至关重要。本部分将探讨高校足球训练计划的制订原则、周期安排的合理性，以及训练计划对学生足球运动员的全面发展的影响。

（一）训练计划制订的原则

1. 系统性原则

训练计划应当具有系统性，包括技术、体能、战术等多个方面的内容。系统性训练可以确保学生在各方面都有全面的发展，不仅在技术上出色，体能水平也要足够高，战术意识也要敏锐。

2. 阶段性原则

训练计划应当根据学生足球运动员的发展阶段进行合理划分。不同阶段的学生需要接受不同强度和难度的训练，以适应其身体和心理的变化。阶段性的训练计划有助于更好地促进学生的整体发展。

3. 个性化原则

考虑到每位学生的个体差异，训练计划应当具有一定的个性化。这包括根据学生的特长和不足进行有针对性的训练，以及考虑到学生的生理特征和心理状况制订相应的训练计划。

4. 可持续性原则

训练计划应当具有可持续性，即长期有效。过于激烈的训练容易导致学生疲劳和伤病，因此训练计划需要科学合理地分配训练强度和休息时间，确保学生在长期训练中能够保持良好的状态。

5. 比赛准备原则

训练计划还应当充分考虑到比赛的时间节点，进行相应的比赛准备。比赛准备包括强化相应的技战术训练，保持学生的竞技状态，确保他们在比赛中能够充分发挥水平。

（二）训练周期安排的合理性

1. 长周期训练

足球训练计划应当具有长周期性，通常一个足球训练季度包括准备期、比赛期、恢复期。准备期主要用于基础训练，比赛期强化实战经验，恢复期则是为了恢复学生的体能和心理状态。

2. 周期性分配训练重点

在一个足球训练季度内，需要合理分配不同周期的训练重点。准备期可以注重技术和体能的基础建设，比赛期可以强化战术训练和实战经验，恢复期则可以注重学生的身体和心理的恢复。

3. 周期内的逐步递进

训练计划在周期内应当采取逐步递进的原则。训练难度和强度可以在整个周期内逐渐升高，以确保学生在不同阶段都能够适应训练的变化。

4. 考虑学期和假期的变化

高校足球训练计划还需要考虑到学期和假期的变化。在学期末期末考试等重要时段，可以适当减轻训练强度，保障学生的学业。假期期间可以进行强度适度的集中训练，提高学生的整体水平。

5. 紧急调整的灵活性

训练计划还应当具备一定的灵活性，能够根据学生的身体状况、突发事件等进行紧急调整。灵活性的训练计划能够更好地应对各种意外情况，确保训练的顺利进行。

（三）训练计划对学生足球运动员的影响

1. 技术水平的提升

科学合理的训练计划可以帮助学生提升足球技术水平。通过系统的技术训练，学生可以在比赛中更加熟练地运用各种足球技能，提高整体技术水平。

2. 体能水平的提高

训练计划应当合理安排体能训练，有助于提高学生的耐力、爆发力、敏捷性等体能水平。良好的体能水平是学生在比赛中持续高水平发挥的基础。

3. 战术意识的培养

通过合理的训练计划，学生足球运动员可以逐渐培养出优秀的战术意识。比如在比赛期的训练中注重战术训练，让学生在实际比赛中更好地理解和应用战术，提高比赛中的决策水平。

4. 心理素质的塑造

训练计划也直接影响学生足球运动员的心理素质。通过有计划的训练，可以培养学生的自信心、意志力、应对压力的能力等。比如在比赛前期的训练中，注重模拟比赛场景，让学生逐渐适应和克服比赛压力。

5. 团队协作与领导力的培养

合理的训练计划应当注重团队协作与领导力的培养。通过团队合作训练、集体比赛等活动，让学生深刻理解团队合作的重要性，培养他们在比赛中发挥领导作用的能力。

6. 伤病风险的降低

科学合理的训练计划有助于降低学生足球运动员的伤病风险。通过适度的负荷控制、合理的恢复安排等，可以减少运动员因过度训练而引起的伤病问题，确保他们在长期训练中保持良好状态。

7. 学业和训练的平衡

训练计划的合理性也关系到学生在学业和训练之间的平衡。通过周密的计划和合理的周期安排，可以使学生在保证足球训练质量的同时，更好地安排学业，保证学业和足球训练的双赢。

（四）训练计划的实施与调整

1. 实施阶段

训练计划的实施阶段需要有系统的组织和管理。学校足球教练团队需要明确各项训练任务，监控学生的训练状态，及时调整训练强度和内容，确保训练计划的顺利实施。

2. 监测与评估

在实施阶段，需要建立有效的监测与评估体系。通过定期的体能测试、技术评估、心理素质测试等手段，全面了解学生足球运动员的训练效果，及时发现问题，进行调整。

3. 反馈与调整

根据监测与评估的结果，进行及时的反馈，并对训练计划进行调整。有针对性地解决学生在技术、体能、心理等方面的问题，确保训练计划的科学性和实效性。

4. 紧急调整机制

训练计划的实施还需要考虑到紧急调整的机制。比如学生因伤病、突发事件等原因需要紧急调整训练计划时，需要有相应的预案和灵活性，以确保学生的健康和训练质量。

高校足球训练计划与周期安排的科学性和合理性直接影响学生足球运动员的发展水平。制订训练计划需要遵循系统性、阶段性、个性化、可持续性和比赛准备等原则，周期安排需要具有长周期性、周期性分配训练重点、周期内的逐步递进、考虑学期和假期的变化等特点。通过科学合理的训练计划，学生足球运动员可以在技术、体能、战术、心理等方面全面发展，提高整体竞技水平。训练计划的实施阶段需要建立有效的监测与评估体系，进行及时的反馈与调整，确保训练计划的科学性和实效性。同时，需要具备紧急调整机制，以适应不同情况下的变化。

三、高校足球实施过程监督与调整

高校足球项目的实施过程是一个动态的过程，需要不断进行监督与调整以确保项目的有效实施。本部分将探讨高校足球实施过程中的监督与调整机制，包括监督的内容、监督方法、调整的依据以及调整的方式。

（一）监督内容

1. 训练计划的执行情况

监督过程首先要关注训练计划的执行情况。包括每周的训练时间、训练内容、训练强度等方面的情况。通过监督训练计划的执行，可以确保学生在足球技术、体能等方面得到充分的培养。

2. 学生的身体状况

学生的身体状况是足球实施过程中需要重点监督的内容之一。包括身体素质测试、伤病情况、体能水平等方面。通过监督学生的身体状况，可以及时发现问题，采取相应的调整和干预措施。

3. 团队的合作与氛围

足球是一项团队运动，团队的合作与氛围对于项目的成功实施至关重要。监督团队的合作情况，包括队内关系、团队协作等方面，可以帮助发现问题，及时调整团队建设策略。

4. 学生的学业状况

学生的学业状况也是需要监督的内容之一。足球运动员既要在足球场上有出色的表现，也要在学业上取得良好的成绩。监督学生的学业情况，可以保证学业和足球训练的平衡，确保学生全面发展。

5. 训练设施与装备的状况

训练设施和装备的状况直接关系到足球训练的质量。监督训练设施的维护情况、装备的更新状况，确保学生有良好的训练条件。

（二）监督方法

1. 定期检查与评估

定期的检查与评估是一种常用的监督方法。可以设立定期的检查计划，由专业人员对训练计划的执行情况、学生身体状况、团队合作等方面进行全面的评估，及时发现问题。

2. 数据收集与分析

运用现代科技手段，通过数据收集与分析，可以更全面地监督足球项目的实施过程。比如利用传感器监测学生的体能指标、使用学业管理系统监督学业情况等，以数据为依据进行科学决策。

3. 督导与辅导

通过专业的督导和辅导，对教练团队和学生进行一对一的指导。督导可以从专业技术、心理辅导等多个方面提供指导，帮助团队更好地实施项目。

4. 反馈与沟通机制

建立良好的反馈与沟通机制，促进信息的畅通与共享。学生、教练、管理人员之间的有效沟通，可以及时了解实施过程中的问题和需求，有针对性地进行调整。

（三）调整的依据

1. 数据分析结果

调整的依据之一是数据分析结果。通过对训练计划执行情况、学生身体状况、团队合作等方面数据的分析，可以找出问题的根源，为调整提供科学的依据。

2. 反馈与意见收集

收集学生、教练和管理人员的反馈与意见，了解他们对实施过程的看法和建议。这些反馈可以提供实际经验和感受，为调整提供有力支持。

3. 目标与计划的实际情况

调整的依据还包括项目的实际情况与原定目标的对比。如果实际情况偏离原定目标，需要对目标进行重新评估，并相应调整实施计划。

4. 环境变化与外部因素

外部环境的变化和其他外部因素也是调整的依据之一。比如天气变化、学校教务安排、学生个体差异等因素都可能对实施过程产生影响，需要根据实际情况进行调整。

（四）调整的方式

1. 修改训练计划

根据监督结果和调整的依据，对训练计划进行修改。可以调整训练强度、训练内容，甚至重新制订训练计划，确保更好地满足学生的需求。

2. 个体化辅导

对于学生个体差异较大的情况，可以进行个体化辅导。这包括技术、体能、心理等方面的个体化辅导，根据学生的特点提供有针对性的指导，使其在训练中更好地发展。

3. 优化团队建设策略

如果监督发现团队合作存在问题，可以优化团队建设策略。通过团队活动、心理辅导、领导力培养等方式，提高团队协作水平，增强团队凝聚力。

4. 调整学业与训练平衡

在监督过程中发现学生在学业和训练平衡方面存在问题，需要调整学业安排或者提供更加灵活的学业支持。这包括制订更合理的学业计划，提供学科辅导等方式，确保学业和足球训练的平衡。

5. 更新设施与装备

若监督发现训练设施或者装备存在问题，可以考虑进行更新。确保训练场地、器材的质量和完备性，为学生提供更好的训练环境。

6. 重新设定目标与计划

如果实际情况偏离原定目标，需要重新设定目标与计划。通过重新评估项目的目标，制订更加符合实际情况的计划，确保项目向着正确的方向发展。

（五）监督与调整的循环

高校足球项目的实施是一个动态的过程，监督与调整应当形成一个循环。经过一轮监督与调整后，需要对调整后的计划进行再次监督，收集新的数据，了解新的问题，然后进行新一轮的调整。这个循环可以不断地优化项目的实施过程，确保项目朝着设定的目标稳步前进。

（六）沟通与团队合作

在监督与调整的过程中，沟通与团队合作是至关重要的。学生、教练、管理人员之间需要保持畅通的沟通渠道，及时分享信息和意见。团队协作可以更好地应对监督过程中发现的问题，共同制订解决方案，推动项目的顺利实施。

高校足球项目的实施过程需要建立科学有效的监督与调整机制。监督内容包括训练计划的执行、学生的身体状况、团队合作与氛围等方面。监督方法包括定期检查与评估、数据收集与分析、督导与辅导、反馈与沟通机制等。调整的依据包括数据分析结果、反馈与意见收集、目标与计划的实际情况、环境变化与外部因素等。调整的方式可以通过修改训练计划、个体化辅导、优化团队建设策略、调整学业与训练平衡、更新设施与装备、重新设定目标与计划等方式。监督与调整应当形成一个循环，通过不断的优化，确保项目朝着设定的目标不断前进。良好的沟通与团队合作是保证监督与调整有效进行的关键。通过建立科学的监督与调整机制，可以更好地推动高校足球项目的健康发展。

第五节　国际化交流与合作

一、高校足球国际赛事参与与组织

随着全球足球热潮的不断升温，高校足球逐渐成为国际交流与竞技的舞台。参与国际足球赛事不仅可以提高高校足球水平，促进学生与国际的交流，同时也有助于提升高校的国际声誉。本部分将探讨高校足球参与国际赛事的重要性、参与的方式、组织国际赛事的挑战与机遇，以及如何最大程度地促进高校足球国际交流。

（一）高校足球参与国际赛事的重要性

1. 提升足球水平

参与国际赛事可以使高校足球队面对更高水平的对手，从而提高球队整体水平。国际赛事的激烈竞争有助于球队发现自身的不足，促使球队更加努力地提升技术、战术和团队合作能力。

2. 促进学生国际交流

国际赛事为高校足球运动员提供了与来自世界各地的球员进行交流的机会。通过与国际球队比赛，学生可以学到不同国家的足球文化，增长见识，拓宽视野，同时也可以结交国际友人。

3. 提升高校声誉

成功参与国际赛事并获得好成绩可以提升高校的声誉。国际足球赛事是一个受到广泛关注的平台，通过在这个舞台上的表现，高校有机会展示自身的实力和文化特色，提升国际知名度。

4. 促进足球事业发展

高校足球的发展离不开与国际接轨。通过参与国际赛事，高校足球可以学习国际足球的先进理念和管理经验，为国内足球事业的发展做出贡献。

（二）高校足球参与国际赛事的方式

1. 学术交流赛事

一些高校足球队通过学术交流活动的方式参与国际赛事。这类赛事通常以学术交流为主，足球比赛作为交流的一部分，强调友谊第一，比赛第二。这样的方式更注重学生的综合素质培养。

2. 参加国际学生联赛

一些国际性的学生足球联赛，如亚洲大学生足球锦标赛、国际大学生足球锦标赛等，为高校足球提供了一个正式的国际舞台。参加这样的联赛，高校足球队能够在全球范围内展示自己的实力。

3. 国际足球巡回赛

一些高校足球队会选择参加国际性的足球巡回赛。这样的巡回赛通常由多支球队组成，沿着一定路线进行比赛，为球队提供了更多的比赛机会，并且增加了比赛的变化性。

4. 主办国际赛事

有些高校足球队选择主办国际性的足球赛事。这样不仅能够提升高校的国际声誉，还能够促进国际间足球文化的交流。同时，主办赛事也为本校学生提供了更多的参与机会。

（三）组织国际赛事的挑战与机遇

1. 挑战

（1）组织成本

组织国际赛事需要耗费大量的人力、物力和财力。包括场地租赁、安保、球队接待等方面的成本，这对一些经济有限的高校来说可能是一个挑战。

（2）赛事运营

赛事运营需要具备一定的专业水平，包括裁判组织、安保措施、场馆管理等。如果高校缺乏相关经验和专业人才，可能会影响赛事的顺利进行。

（3）竞技水平的差距

国际赛事通常会涉及来自不同国家的球队，其竞技水平可能存在较大的差距。对于一些水平较低的高校足球队，可能面临较大的竞争压力。

2. 机遇

（1）国际合作机会

组织国际赛事为高校提供了与国际其他高校建立合作关系的机会。通过合作，高校可以在教学、科研等方面进行更广泛的交流与合作。

（2）提升高校声誉

组织国际赛事有助于提升高校的国际声誉。成功举办一场国际性的足球赛事会吸引更多的关注，不仅来自国内，还可能吸引国际媒体和社会的关注，有利于高校在国际舞台上树立良好形象。

（3）学生全面发展

通过参与国际赛事，学生将面对来自不同国家、不同文化的球队，这有助于培养学生的国际视野和跨文化沟通能力。学生在比赛中的表现也将有机会为其未来职业生涯打下良好基础。

（4）本土足球事业的发展

组织国际赛事有助于推动本土足球事业的发展。通过引进国际先进的足球理念、管理经验，以及与国际球队的交流，有助于提高本土足球水平，促进足球事业的健康发展。

（四）促进高校足球国际交流的策略

1. 建立国际合作网络

高校足球可以通过建立国际合作网络，与其他国家或地区的高校建立联系。通过合作协议，共同推动足球交流，包括比赛、培训、研讨等形式。

2. 制订明确的国际交流计划

高校足球应该制订明确的国际交流计划，包括参与国际赛事的频率、方式，以及在交流中注重的方面，如学术交流、文化交流等。计划有助于确保高校足球在国际交流中有组织、有步骤地发展。

3. 政府和企业支持

政府和企业的支持对于高校足球参与国际赛事至关重要。可以通过申请赛事资金、场地支持等方式，获得外部的支持，提高赛事的举办水平。

4. 提升足球管理水平

高校足球需要不断提升自身的足球管理水平。包括赛事组织、团队管理、人才培养等方面的管理水平，以确保国际赛事的顺利进行。

5. 开展足球文化交流活动

除了赛事，还可以通过足球文化交流活动促进国际交流。例如足球文化展览、足球讲座、球迷互动等，为参与国际赛事的球队提供更多交流机会。

高校足球参与国际赛事是推动足球事业发展、促进学生全面发展的重要途径。虽然面临一些挑战，但通过建立国际合作网络、制订明确的国际交流计划、政府和企业的支持、提升足球管理水平以及开展足球文化交流活动等策略，高校足球可以更好地参与和组织国际赛事，取得更好的成绩，提升高校声誉，促进足球事业的繁荣发展。通过这些努力，高校足球将更好地融入国际足球大家庭，为培养更多优秀足球人才和推动足球文化的传播做出积极贡献。

二、高校足球教练员国际培训与交流

随着足球在全球的普及与发展，越来越多的高校足球教练员认识到国际化培训与交流的重要性。国际培训与交流不仅可以提升教练员的足球技战术水平，还有助于了解国际足球的最新发展趋势，推动本土足球事业的进步。本部分将深入探讨高校足球教练员参与国际培训与交流的必要性、方式、面临的挑战与机遇，以及如何优化这一过程。

（一）国际培训与交流的必要性

1. 全球化视野

参与国际培训与交流有助于拓展教练员的全球化视野。通过了解不同国家和地区的足球文化、教学理念，教练员可以更好地理解足球在全球范围内的发展状况，吸收各地先进的培训理念和经验。

2. 学习最新趋势

国际培训与交流提供了接触最新趋势和技战术的机会。足球运动一直在不断演进，国际交流可以让教练员更早地了解到最新的战术理念、训练方法和技术发展，使其保持在足球领域的领先地位。

3. 提升综合素质

国际培训课程通常更加注重教练员的综合素质，包括领导力、团队协作、心理辅导等方面。通过参与这些培训，教练员可以全面提升自身的管理能力，更好地服务于球队和球员的发展。

4. 推动本土足球事业

国际培训与交流有助于推动本土足球事业的发展。教练员通过学习国际先进经验，可以回到本土应用这些经验，提高本土球队的水平，培养更多优秀的足球人才。

（二）高校足球教练员参与国际培训的方式

1. 参与国际足球协会认证课程

国际足球协会（例如 FIFA、AFC）认证的课程通常是全球范围内公认的高水平培训。高校足球教练员可以通过参与这些认证课程，深入学习足球技术、战术、管理等方面的知识。

2. 参与国际性足球研讨会与研修班

国际性足球研讨会与研修班是一种更灵活的培训方式。教练员可以通过参与国际性的研讨会，听取专家讲座，参与案例分析，分享经验，获取前沿信息。

3. 赴国外高水平足球学院深造

一些国外高水平足球学院提供深造课程，包括短期课程、专业硕士课程等。教练员可以选择赴这些学院深造，获得系统性的培训和更高层次的学位。

4. 国际友好赛事交流

组织或参与国际友好赛事也是一种培训方式。通过与国际球队进行友谊赛，教练员可以在实战中体验国际化的足球环境，了解不同球队的特点和战术。

（三）高校足球教练员国际交流面临的挑战与机遇

1. 挑战

（1）语言障碍

参与国际培训与交流，语言障碍可能是一个主要的挑战。一些教练员可能因为语言不通而难以理解培训内容，从而影响培训效果。解决这一问题的途径是提前做好语言准备，或选择提供翻译服务的培训机构。

（2）资金压力

国际培训与交流通常需要一定的费用，包括培训费用、差旅费用等。对于一些高校来说，资金可能是一个限制因素。因此，需要在筹划国际培训计划时考虑经济实力，寻找合适的资金支持途径。

（3）文化适应

前往不同国家培训，教练员需要适应当地的文化环境。文化差异可能会带来一些不适应，甚至影响到培训的专注度。为了解决这一问题，提前做好文化准备和适应训练至关重要。

2. 机遇

（1）与国际名师交流

参与国际培训与交流，教练员有机会与国际足球界的名师进行深入交流。与经验丰富、水平较高的教练员互动，可以收获宝贵的教学经验和心得，提升自身的专业水平。

（2）拓展国际人脉

国际培训与交流是建立国际人脉的良好机会。通过与国际足球圈内的专业人士、教练建立联系，教练员可以获得更广泛的合作和交流机会，促进国际足球事业的发展。

（3）提升高校足球声誉

高校足球教练员通过国际培训与交流，取得优异的成绩并应用所学知识，将有助于提升高校足球的声誉。这有利于吸引更多有潜力的球员，推动高校足球事业的进一步发展。

（四）优化高校足球教练员国际培训与交流过程

1. 制订明确的培训计划

在参与国际培训与交流前，制订明确的培训计划是关键的一步。计划应包括培训的内容、时间安排、费用预算等方面，确保培训过程有序进行。

2. 多渠道筹措资金

解决资金问题是国际培训与交流的一项重要工作。教练员可以通过多渠道筹措资金，如向学校申请支持、争取足球协会的赞助、申请奖学金等方式，确保资金的可行性。

3. 提前做好文化准备

在前往不同国家进行培训前，教练员应提前了解目标国家的文化、风俗习惯等信息，做好充分的文化准备。这有助于教练员更好地融入当地环境，增强培训效果。

4. 保持与学术机构合作

与国内外的学术机构保持合作，共同推动高校足球教练员的国际培训与交流。通过与专业机构合作，可以获得更专业的培训服务，提高培训质量。

5. 建立国际交流平台

高校可以建立国际交流平台，鼓励教练员之间的交流与合作。这可以通过组织国际性的足球研讨会、学术交流活动等方式实现，促进信息的共享与合作。

高校足球教练员参与国际培训与交流是推动本土足球事业发展的重要途径。在面临语言障碍、资金压力、文化适应等挑战时，通过制订明确的培训计划、多渠道筹措资金、提前做好文化准备、保持与学术机构合作、建立国际交流平台等措施，可以优化整个培训与交流过程，提高教练员的国际化水平，推动高校足球事业的繁荣发展。通过这一过程，高校足球教练员不仅能够获取更多的专业知识和技能，也有助于提升高校足球在国际舞台上的竞争力，为培养更多优秀足球人才做出积极贡献。

三、高校足球外籍球员引进与培养

随着全球足球水平的提高和足球产业的发展，越来越多的高校足球队开始注重引进外籍球员，以提升球队实力、增加国际元素，推动本土球员的竞技水平提升。本部分将深入探讨高校足球引进外籍球员的必要性、方式、面临的挑战与机遇，以及如何有效地进行外籍球员的培养与融入。

（一）引进外籍球员的必要性

1. 提升球队实力

引进外籍球员是提升高校足球队整体实力的有效途径。由于一些国家的足球运动水平相对较高，引进一些优秀的外籍球员能够在技术、战术等方面为球队注入更多优势。

2. 增加国际元素

外籍球员的加入能够为高校足球队增加国际元素。这有助于培养球队的国际化氛围，促使本土球员更好地融入国际足球文化，提高球队整体的竞技水平。

3. 促进球队文化交流

不同国家和地区的足球文化存在差异，引进外籍球员有助于促进球队文化的交流。这种跨文化的交流有助于球队形成更加开放、多元化的文化氛围，有益于球员的综合素质提升。

4. 提高球队在赛事中的竞争力

在一些高水平的足球赛事中，球队实力的强弱直接影响着比赛的成绩。引进一些经验丰富、实力强大的外籍球员，能够帮助高校足球队更好地应对激烈的比赛，提高在赛事中的竞争力。

（二）外籍球员引进的方式

1. 招聘专业球探

高校足球队可以招聘专业球探，负责在国际范围内寻找有潜力的外籍球员。这些球探应该具备专业的眼光和丰富的足球资源，以确保引进的外籍球员在技术和潜力上符合球队需求。

2. 合作与交流项目

与国外的足球学校、俱乐部建立合作关系，通过交流项目引进外籍球员。这样的合作可以促使球员在不同国家间交流学习，提高整体水平，同时也增进球队与其他国际球队的合作关系。

3. 开设国际化选拔赛

定期举办国际化选拔赛，邀请来自不同国家和地区的球员参与。通过比赛表现出色的球员有机会被高校足球队选中，成为球队的一员。

4. 构建国际球员引进平台

建立国际球员引进平台，通过网络、社交媒体等渠道发布招募信息。这样的平台可以吸引更多有潜力的外籍球员关注高校足球队的招募信息，提高引进的效率。

（三）外籍球员引进面临的挑战与机遇

1. 挑战

（1）语言和文化障碍

外籍球员来到一个新的国家，可能会面临语言和文化的障碍。语言沟通不畅和文化差异可能影响球队的团结和配合。因此，需要为外籍球员提供适当的语言培训和文化适应指导，以促进球队的协同作战。

（2）国际转会规定

国际足球转会存在一系列规定和手续，涉及签证、工作许可等问题。球队引进外籍球员需要处理烦琐的法律和行政程序，这可能成为一个挑战。球队需要与相关部门合作，确保所有程序合法顺利完成。

（3）心理适应问题

外籍球员在新的环境中可能会面临心理适应问题。远离家庭和熟悉的文化，可能使得球员感到孤独和压力。高校足球队需要提供心理辅导和支持，帮助外籍球员更好地适应新的生活和训练环境。

2. 机遇

（1）提升球队水平

引进优秀的外籍球员有助于提升球队整体水平。外籍球员通常具备更高水平的技术和战术素养，可以通过他们的经验和能力带动整个团队的进步。

（2）国际合作机会

引进外籍球员不仅可以提高球队实力，也为高校足球队提供了与国外学校和俱乐部合作的机会。通过这样的国际合作，球队可以参与更多国际性赛事，扩大影响力，促进学术和文化交流。

（3）提高球队的知名度

有一些优秀的外籍球员加入球队，将提高球队的知名度和声誉。这有助于吸引更多的关注，包括媒体、球迷和赞助商，为高校足球队带来更多的资源和支持。

（四）外籍球员的培养与融入

1. 制订个性化培训计划

由于外籍球员可能具有不同的训练背景和文化特点，需要制订个性化的培训计划。这包括根据其技术特长和不足，量身定制的训练课程，以最大程度地发挥其潜力。

2. 团队文化融合

在培养外籍球员的过程中，要注重团队文化的融合。促使外籍球员更好地融入球队，建立良好的团队氛围，这有助于提高球队的战斗力。

3. 提供全方位支持

高校足球队需要为外籍球员提供全方位的支持，包括生活、学习和职业生涯规划等方面。通过提供个性化的关怀和帮助，可以增强外籍球

员的归属感，更好地投入到球队的建设中。

4. 国际交流与合作

鼓励外籍球员与本土球员进行更多的交流和合作，促进彼此之间的理解。组织国际交流活动，促使球队形成更为紧密的关系，有利于整体团队的稳定和发展。

引进外籍球员对高校足球队来说既是一项挑战，也是一项机遇。通过合理的引进方式，克服语言和文化障碍，提供全方位的支持，培养和融入外籍球员，高校足球队可以更好地提升整体实力，增加国际元素，推动本土球员的竞技水平提升。在这个过程中，高校足球队需要注重平衡，确保外籍球员的引进与团队文化的融合，为球队的长期发展打下坚实基础。通过这样的努力，高校足球队不仅可以在国内赛事中取得更好的成绩，还有望在国际赛场上崭露头角，为校园足球的发展做出积极贡献。

第四章 足球训练与学生综合素质教育

第一节 高校足球训练与综合素质
教育理念的契合

一、体育与学科知识融合

体育与学科知识的融合是当前教育领域的一个重要趋势。传统上，体育和学科知识往往被看作是两个独立的领域，但随着教育理念的发展和对综合素质培养的需求增加，将体育与学科知识有机地结合起来成为一种创新的教育方式。本部分将深入探讨体育与学科知识融合的背景、意义、方式以及融合过程中可能面临的挑战与解决方案。

（一）体育与学科知识融合的背景

1. 教育全面发展的需求

传统的教育模式主要注重学科知识的传授，而对学生的身体素质和综合素养的培养相对较少。然而，随着社会对综合素质的需求不断增加，教育领域逐渐强调学科知识与体育、艺术等领域的有机融合，使学生在多方面得到全面的发展。

2. 强调跨学科能力

现代社会对个体的要求更加注重综合能力和跨学科能力的培养。体育活动不仅可以锻炼学生的身体素质，还能培养团队协作、沟通能力等跨学科技能，因此将体育与学科知识融合被视为提升学生综合素养的有效途径。

3. 科技与体育融合的创新趋势

科技的不断发展为体育与学科知识的融合提供了更多可能性。通过数字化、虚拟现实等技术手段，可以更直观地展示学科知识与体育的关联，激发学生的学科兴趣，并提高知识的实际运用能力。

（二）体育与学科知识融合的意义

1. 提升学科学习的兴趣

将体育与学科知识融合可以使学科知识更加贴近学生的生活和兴趣。通过体育活动中融入学科知识，可以激发学生的学科学习兴趣，使学习更具吸引力和实用性。

2. 培养综合素养

体育与学科知识的融合有助于培养学生的综合素养。例如，在进行团队体育活动时，学生需要运用数学知识计算得分、化学知识理解身体运动原理等，从而在运动中全面发展各方面的能力。

3. 强化跨学科能力

体育与学科知识的融合有助于强化学生的跨学科能力。体育活动本身就是一种跨学科的综合实践，通过在体育过程中引入学科知识，可以更好地培养学生的综合分析和解决问题的能力。

4. 塑造良好的身心健康观念

体育与学科知识的融合有助于塑造学生良好的身心健康观念。通过理解运动的生理、心理机制，学生能够更加全面地认识到体育锻炼对身心健康的积极影响，形成良好的生活习惯。

（三）体育与学科知识融合的方式

1. 项目式学习

采用项目式学习是体育与学科知识融合的有效方式。例如，学生可以通过开展科研项目来深入了解运动的生理、心理特点，将理论知识与实际运动相结合。

2. 跨学科课程设计

设计跨学科课程是促进体育与学科知识融合的另一有效方式。通过将体育和学科知识融入同一课程，让学生在实际运动中学习理论知识。例如，在生物学课程中融入有关身体运动的知识，或者在数学课程中通过运动数据展示数学应用等。

3. 数字化技术应用

利用数字化技术，如虚拟现实、在线学习平台等，可以更生动直观地展示体育和学科知识的关联。虚拟实验室、在线运动分析工具等可以帮助学生更深入地理解学科知识在体育领域的应用。

4. 体育赛事与学科知识结合

通过组织体育赛事，可以将学科知识嵌入比赛规则、裁判标准等方面。例如，在学科竞赛中设置体育赛事，或者在学科课程中模拟体育比赛的场景，让学生在参与竞赛的过程中学到更多的学科知识。

（四）体育与学科知识融合中的挑战与解决方案

1. 课程设计难度

将体育与学科知识有机融合的课程设计可能面临难度较大的问题。解决方案包括制订明确的教学目标，选用合适的教学方法，确保课程内容既符合学科标准又有足够的体育元素。

2. 师资问题

教师需要具备跨学科的综合素质，能够在体育和学科知识之间进行有机结合。解决方案包括提供相应的教师培训、激励教师进行跨学科合作，并建立跨学科的团队合作模式。

3. 学科知识的深度

在体育活动中融入学科知识时，确保学科知识的深度可能是一个挑战。解决方案包括通过项目研究、实践活动等方式，让学生深入学习学科知识，并将其应用于实际问题中。

4. 评估体系建设

建立评估体系是体育与学科知识融合中的一项关键工作。解决方案包括设计多元化的评估方式，既能够考察学生在学科知识上的掌握程度，又能够评价其在体育活动中的实际运用能力。

体育与学科知识的融合是一项具有前瞻性和创新性的教育探索。通过将学科知识融入体育活动，可以更好地培养学生的综合素养、跨学科能力以及身心健康观念。在实施体育与学科知识融合时，需要教育机构、教师和学生共同努力，克服课程设计难度、师资问题等挑战，确保融合的质量和效果。这一教育理念的推广将有助于培养更具创新力、实践能力和全面素养的学生，为未来社会的发展做出积极贡献。

二、体育素养与人文素质培养

体育素养和人文素质是构建全面发展的人才培养体系中不可或缺的两个重要组成部分。体育素养强调身体的健康与运动技能的培养，而人文素质注重对人文科学知识、道德品质、审美情操等方面的培养。两者的有机结合有助于培养具备综合素质的个体，本部分将深入探讨体育素养与人文素质培养的内在联系、融合的方式以及其在人才培养中的重要性。

（一）体育素养与人文素质的内在联系

1. 强调身体与心理的统一

体育素养的核心在于强调身体的健康和运动技能的培养。然而，身体的健康不仅是生理上的，更包含了心理和情感的健康。通过体育活动，个体可以更好地感受身体的活力，培养积极向上的心态，促进身心的统一。

2. 培养合作与团队精神

体育活动通常需要团队合作，培养了个体的合作与团队精神。这与人文素质中注重人际关系、社会责任等方面的培养相一致。通过参与团队体育运动，个体学会尊重他人、合作共赢，培养了社会情操。

3. 体验美好的情感与审美体验

体育活动中蕴含着美的元素，如运动的流畅、力量的表现等。这与人文素质中对美的追求和审美体验的培养相联系。通过体育活动，个体可以体验到身体的美妙，感受到美的力量，培养审美情操。

4. 塑造坚韧和毅力

体育素养的培养过程中，个体需要面对各种挑战和困难，需要具备坚韧和毅力。这与人文素质中培养个体面对人生困境时的心理韧性有关。通过体育锻炼，个体可以更好地培养坚韧不拔的品质。

（二）体育素养与人文素质的融合方式

1. 制订综合素质培养计划

学校或教育机构可以制订综合素质培养计划，将体育素养和人文素质的培养目标有机结合。计划中可以明确培养目标、课程设置、评估体系等，确保综合素质的全面发展。

2. 跨学科课程设计

设计融合体育素养和人文素质的跨学科课程，将相关的体育活动融入到人文学科的教学中。例如，通过文学作品中的体育元素进行讨论，或者在体育活动中引入文学、艺术等方面的内容。

3. 体育文化教育

通过开展体育文化教育活动，引导学生深入了解不同文化背景下的体育活动。这有助于培养学生的跨文化意识，同时提升其对文化多样性的认知。

4. 项目式学习

采用项目式学习的方式，通过学生自主选择和设计项目，将体育素养和人文素质有机结合。例如，学生可以通过策划一个体育赛事来锻炼组织协调能力，同时通过相关主题的研究来增强人文素质。

（三）体育素养与人文素质在人才培养中的重要性

1. 培养全面发展的个体

体育素养与人文素质的有机融合有助于培养全面发展的个体。全面发展既包括了身体的健康和运动技能的培养，也包括了道德品质、人际关系、审美情操等多个方面的综合素质。

2. 提高个体综合素养

在竞争激烈的社会中，个体需要更为全面的综合素养来应对各种挑战。体育素养和人文素质的有机结合有助于提高个体的综合素养，使其更具竞争力。

3. 培养社会责任感

体育素养与人文素质的结合有助于培养个体的社会责任感。通过体育活动，个体不仅锻炼了自己，还学会关心他人，促进社会和谐。

4. 塑造积极向上的人生态度

体育素养与人文素质的融合可以帮助个体塑造积极向上的人生态度。在体育活动中，个体面对挑战和困难时，通过坚韧和毅力的培养，他们更有可能在人生道路上克服困难，保持积极的人生态度。

5. 促进心理健康

体育素养的培养不仅关注生理健康，同时与心理健康有着密切的联系。结合人文素质培养，可以更全面地关注个体的心理需求，帮助其建立健康的心理状态，缓解学习和生活压力。

6. 培养创新力和团队协作能力

体育活动常常需要创新的战术和团队协作，这与培养创新力和团队协作能力的人文素质培养目标一致。通过在体育中培养这些能力，个体更容易在团队合作和创新性工作中脱颖而出。

体育素养与人文素质的融合是推动全面素质教育的重要途径。这种融合不仅有助于培养身体健康、运动技能熟练的个体，更强调了人文关怀、道德情操和社会责任感等人文素质的培养。在当前多元化的人才需求背景下，强调体育素养与人文素质的有机结合，有助于培养具备广泛知识和综合素质的人才，更好地适应社会发展的要求。

为了实现体育素养与人文素质的有机融合，教育机构需要制订综合素质培养计划，设计跨学科课程，开展体育文化教育活动，引导学生通过项目式学习来深度体验和融合。教师则需要具备跨学科的综合素质，通过合理的教学方法，激发学生的兴趣和动力。整个社会需要共同努力，形成以体育素养和人文素质为核心的全面素质培养模式，为培养更加全面、健康、有道德情操的新一代人才提供更好的教育环境和支持。这样的培养模式既有助于个体全面发展，也能够更好地满足社会对多元化人才的需求。

三、足球文化与社会责任

足球作为一项全球性的体育活动，早已不仅是一场比赛，更是一种文化的传承和社会责任的担当。足球文化与社会责任密切相连，足球不仅是一种娱乐活动，更是一个能够连接人们、传递价值观念、推动社会发展的重要平台。本部分将深入探讨足球文化与社会责任的内在联系，足球如何成为社会责任的传播者，以及足球文化对社会的积极影响。

（一）足球文化与社会责任的内在联系

1. 足球文化的社会渗透

足球作为一项全球性的体育运动，深深植根于各个国家和地区的文化中。足球比赛不仅是体育竞技，更是文化的表达和身份认同的符号。通过足球，人们在社会中找到了归属感，形成了独特的足球文化。

2. 足球作为社交媒介

足球作为一种全球性的社交媒介，能够连接不同文化、民族、国家的人们。世界杯等足球赛事成为人们跨越文化差异的桥梁，促进了国际的交流与合作。足球场上的比赛不仅是运动的竞技，更是文化的碰撞和融合。

3. 足球对社会价值观的影响

足球运动通过比赛、球迷文化等方面影响着社会的价值观念。例如，团队合作、公平竞争、尊重裁判等足球中的价值观也被引入社会生活，成为社会责任的一部分。足球运动有助于塑造积极的团队协作和公正竞争的社会氛围。

4. 社会责任的体现

足球俱乐部、球员等越来越多地承担社会责任，通过慈善活动、社区建设等方式回馈社会。足球作为一种具有社会影响力的平台，成为推动社会责任实践的有力工具。

（二）足球作为社会责任的传播者

1. 关注社会公益事业

足球俱乐部和球员通过关注社会公益事业，成为社会责任的传播者。许多俱乐部开展慈善活动，捐助医疗设备、资助教育项目、支持贫困地区的发展，通过足球平台传递正能量，关注社会的发展与进步。

2. 反歧视与促进平等

足球运动通过反对歧视、促进平等的方式，成为社会责任的传播者。球场上的反歧视宣传、球员对社会公正的倡导，都在传递积极的社会价值观，推动社会对多元性和平等的认知。

3. 教育与青少年培养

足球作为社会责任的传播者，注重青少年的培养与教育。通过足球培训项目，促进青少年的身体健康、团队协作能力的培养，同时注重道德和人文素质的培养，成为社会责任的积极推动者。

4. 环保与可持续发展

足球运动关注环保与可持续发展，成为社会责任的传播者。越来越多的俱乐部和赛事通过环保倡议、节能减排活动，引导球迷和社会大众关注环保问题，推动可持续发展的理念。

（三）足球文化对社会的积极影响

1. 促进文化交流与融合

足球文化通过比赛、球迷文化等方面，促进了不同文化之间的交流与融合。球场上的庆祝方式、球迷的独特文化成为不同文化间的沟通桥梁，拉近了人们的距离。

2. 塑造社会认同感

足球文化在国际舞台上为国家和地区树立了标志性的形象，成为塑造国家认同感的一种重要方式。球队的胜利成绩、球迷的热情支持，都在激发人们对国家和地区的归属感和自豪感。

3. 传承历史与价值观

足球文化通过传承球队历史、英雄传说等方式，传承了一系列的历史文化和价值观。球迷对球队的忠诚、对英雄球员的崇拜，都在体现足球文化对社会价值观的传承。

4. 促进社会和谐与团结

足球文化在俱乐部和球队层面，通过赛事的组织和球迷的互动，成为促进社会和谐与团结的催化剂。球场上的比赛，球迷间的友好互动，都有助于缓解社会矛盾，促进团结与共享。

5. 传递积极的价值观

足球文化通过赛场上的表现、球队和球员的形象，传递积极的社会价值观。这包括团队协作、拼搏进取、公平竞争等价值观，通过这些积极向上的信息，激发社会中更多的正能量。

（四）足球文化与社会责任的挑战与应对

1. 商业化带来的压力

随着足球的商业化，俱乐部和球员更多地受到商业利益的影响，社会责任可能面临商业利益的冲突。解决方案包括建立明确的社会责任框架，平衡商业与社会责任的关系。

2. 球迷文化中的问题

一些球迷文化中存在的问题，如暴力事件、种族歧视等，可能对社会责任的传播造成阻碍。解决方案包括加强球场安保，开展反歧视教育，引导球迷文化朝着积极健康的方向发展。

3. 社会责任的具体实施

一些俱乐部在宣传社会责任时存在口号化而实质化不足的问题，需要更加注重社会责任的具体实施。解决方案包括建立完善的社会责任项

目，公开透明地展示实际行动和效果。

4. 跨国球队面临的文化冲突

一些跨国球队可能面临文化冲突的问题，如球员来自不同国家、文化背景的团队。解决方案包括加强文化交流，促进团队内部的文化融合，建立共同的文化认同。

足球文化与社会责任的紧密联系使得足球运动不仅仅是一项娱乐活动，更是一种推动社会进步与和谐的力量。足球文化通过比赛、球队、球迷等多方面的展示，传递积极向上的价值观，塑造了团结、和谐、进取的社会氛围。同时，足球作为社会责任的传播者，通过慈善活动、反歧视运动、青少年培养等方式回馈社会，成为社会责任的积极推动者。

然而，足球文化与社会责任的结合也面临一系列挑战，如商业化压力、球迷文化问题等。为了更好地发挥足球文化与社会责任的作用，需要建立明确的社会责任框架，加强社会责任的实施，引导球迷文化向积极的方向发展。只有在不断克服挑战的过程中，足球文化与社会责任的结合才能更好地为社会做出更大的贡献。

第二节　高校足球训练与综合素质评价体系

一、高校足球评价指标与方法

随着足球在全球范围内的普及和发展，高校足球作为体育活动的一部分，逐渐受到了更多的关注。为了更科学地评价高校足球的发展和运作情况，制订合理的评价指标和采用有效的评价方法显得尤为重要。本部分将深入探讨高校足球评价的指标体系和评价方法，以期为高校足球的发展提供参考和指导。

（一）高校足球评价指标体系

1. 运动水平与比赛成绩

高校足球的核心在于球队的运动水平和比赛成绩。运动水平的评价可以包括球队的技术水平、战术应用、球员个体能力等方面的考察。比赛成绩是直观反映球队整体实力的指标，可以通过联赛、锦标赛等赛事的表现进行评价。

2. 队伍建设和管理

高校足球的成功不仅仅依赖于球员个体的水平，还与队伍的建设和管理密切相关。评价指标可以包括教练团队的专业水平、球队的组织协调能力、训练计划的科学性等方面。球队的管理水平也是一个重要的评价维度，包括人员管理、资源调配等。

3. 学生参与和发展

高校足球的目标之一是促进学生的身体健康和全面发展。因此，评价体系应考虑学生的参与程度和发展情况。这可以通过学生参与足球活动的频率、参与度、身体素质的提升等方面进行评估。

4. 社会责任和公益活动

高校足球作为一个体育项目，应当肩负起社会责任，通过开展公益活动、社区服务等方式回馈社会。评价指标可以包括球队参与的公益项目、社会影响力等方面，以评估高校足球的社会责任感。

5. 学科与体育的融合

高校足球的发展应当与学科教育融合，通过开设足球相关的课程、组织学术研讨等方式促进学科与体育的有机结合。评价指标可以包括学校开设足球课程的数量和质量、学科与足球结合的深度等。

6. 设施和装备

足球运动对于场地、设施和装备的要求较高，评价指标可以包括球队所使用的训练场地的条件、球队拥有的装备和器材的质量、设施的完善程度等方面。

7. 校际合作与比赛机会

为了提高高校足球水平，校际合作和比赛机会也是关键。评价指标可以包括学校与其他高校进行友谊赛或联赛的频率、合作的深度等方面。

（二）高校足球评价方法

1. 定性评价与定量评价相结合

高校足球的评价可以通过定性和定量相结合的方式进行。定性评价可以包括专家评审、学生反馈、社会认可度等方面，而定量评价可以通过比赛成绩、学生参与度统计、设备设施的量化指标等来实现。

2. 学生参与度调查

通过学生参与度的调查，可以了解到学生对足球活动的兴趣程度、参与的频率、参与的动机等信息。这可以通过问卷调查、参与人数统计等方式实施。

3. 教练和管理团队自评

教练和管理团队可以通过自评方式，对自己的教练水平、队伍管理水平进行评价。这可以通过定期的自评报告、教练团队会议等方式实施。

4. 比赛成绩统计

比赛成绩是评价高校足球水平的重要指标之一。通过统计比赛成绩，可以客观地反映出球队在竞技层面的表现。这包括胜率、得失球情况、在联赛中的排名等，是一个直观、客观的评价指标。

5. 社会责任活动记录

社会责任和公益活动的开展可以通过记录活动的次数、类型、参与人数等来进行评价。这可以通过建立活动档案、社会媒体宣传等方式实施。

6. 学科与体育融合的考核

对于学科与体育融合的评价，可以通过学科课程的开设情况、学生的学科与体育双重发展情况、学术研讨会的组织等方面进行考核。这需要建立详细的考核体系和评估标准。

7. 设施和装备的检查

关于设施和装备的评价可以通过定期的检查和评估来实施。例如，对训练场地的设施进行巡查，检查球队的装备和器材的状况，确保它们符合安全标准和足球训练的需要。

8. 校际合作和比赛机会统计

校际合作和比赛机会的评价可以通过建立校际友谊赛和比赛的档案来实现。记录学校与其他高校进行足球比赛的情况，包括比赛类型、对手强度、比分等，以评估学校足球的交流与竞争水平。

（三）高校足球评价的实施策略

1. 制订全面的评价体系

高校足球评价体系应该是全面的，包括技术水平、管理水平、学科融合、社会责任等多个方面。这样可以更全面、客观地了解高校足球的状况，推动其全面发展。

2. 定期进行评估与调整

高校足球评价不是一次性的活动，而是需要定期进行的。通过定期的评估，可以及时发现问题、总结经验，为高校足球的改进提供依据。评价结果也可以作为高校足球发展规划的参考。

3. 引入外部评估机构

为了确保评价的客观性和公正性，高校足球可以考虑引入外部评估机构。这些机构可以由专业的足球组织、体育管理机构等组成，为高校足球提供独立的评价服务。

4. 鼓励参与式评价

为了更好地了解学生的需求和期望，可以采用参与式评价的方法。鼓励学生、教练和管理团队参与评价过程，听取他们的意见和建议，使评价更加全面和贴近实际。

5. 设立激励机制

在评价体系中，可以设立相关的激励机制。例如，对表现优异的学校进行奖励，激发足球发展的积极性。这有助于形成厚积薄发的发展动力。

高校足球评价指标与方法的建立是高校足球健康发展的重要保障。

通过全面、科学的评价，可以更好地了解高校足球的现状，发现问题并及时进行调整。同时，合理的评价体系有助于激发学生和教练团队的积极性，推动高校足球的不断进步。因此，在高校足球发展过程中，建立科学的评价体系，选择合适的评价方法，是至关重要的一环。

二、高校足球综合素质与职业能力评估

高校足球作为一项综合性的体育活动，除了注重球员的足球技术水平外，还应关注球员的综合素质和职业能力的培养。本部分将深入探讨高校足球中综合素质和职业能力的评估体系，包括运动技能、领导力、团队协作、身体素质等多个方面，旨在为高校足球培养全面发展的足球人才提供参考。

（一）运动技能的评估

1. 个体技术水平

高校足球的首要任务是培养球员在比赛中具备高水平的个体技术，包括传球、控球、射门、防守等方面的技能。评估时可以结合比赛数据、技术统计以及专业教练的评价，全面了解球员的个体技术水平。

2. 战术理解和应用

除了个体技术，球员还需要具备对战术的深刻理解和正确应用的能力。评估可以通过观察球员在比赛中的位置选择、战术执行、团队协作等方面来进行，进一步了解球员在战术层面的表现。

3. 技战术适应能力

高校足球运动中，球队可能会面对不同风格的对手和比赛场景，球员的技战术适应能力成为重要的评价维度。球员是否能够灵活调整战术，根据比赛形势作出正确的决策，是评估综合素质的关键。

（二）领导力与团队协作的评估

1. 领导力发挥

在足球场上，球队中的一些球员可能具备领导力，能够在关键时刻

振奋团队、做出正确的决策。评估领导力时可以考虑球员在比赛中的表现、对队友的激励和引导等方面。

2. 团队协作精神

足球是一项团队运动，球员的团队协作精神对整个球队的发展至关重要。评估团队协作精神时可以关注球员在比赛中的传接球、配合进攻、防守协作等方面的表现，看其是否能与队友默契配合。

3. 沟通与合作

沟通与合作是团队成功的重要组成部分。球员在场上是否能够有效沟通，与队友紧密合作，形成有机的整体，这都是评估综合素质时需要考察的方面。

（三）身体素质和健康状况的评估

1. 身体素质

身体素质包括力量、速度、耐力、柔韧性等多个方面，对于高校足球运动员至关重要。评估身体素质时可以采用体能测试、运动医学检查等手段，以确保球员在比赛中能够发挥最佳水平。

2. 伤病预防和康复能力

足球运动容易引发一些运动损伤，球员的伤病预防和康复能力同样需要得到关注。评估时可以考察球员的训练前准备、康复训练、对伤病的预防意识等方面。

（四）心理素质的评估

1. 抗压能力

足球比赛中，球员可能会面对各种压力，包括比分落后、比赛关键时刻等，抗压能力成为评估的关键指标。球员是否能够在关键时刻保持冷静，发挥正常水平，对于整个球队的表现至关重要。

2. 自信心和动机水平

自信心和积极的动机水平对球员的表现有着直接的影响。评估时可以观察球员在比赛前后的表现，包括是否有积极的训练态度、是否能够

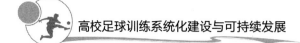

从失败中迅速恢复等。

3. 心理调适能力

足球比赛中可能会遇到各种挑战和变数，球员的心理调适能力显得尤为重要。评估时可以关注球员在面对困难时的心态表现，以及是否能够快速适应比赛环境和对手的变化。

（五）综合素质和职业能力评估方法

1. 综合能力测试

综合能力测试是一种将运动技能、团队协作、身体素质等多方面进行综合评估的方法。这可以通过模拟比赛、训练场上的实际操作、多项体能测试等方式来进行。

2. 个人技能评估表

制订个人技能评估表，包括传球、射门、控球、防守等多个方面，由专业教练根据实际表现进行打分和评价。这有助于系统地了解球员在各个技术方面的水平。

3. 团队协作评价

通过团队协作评价，可以邀请球队成员和教练对球员在团队中的表现进行评价，从而获取更全面的团队协作情况。这可以通过匿名问卷、小组讨论等方式进行。

4. 心理素质测评

借助心理学专业工具，进行心理素质测评。这包括抗压能力、自信心、动机水平等方面的测试，从而获取球员心理素质的详细信息。

5. 身体素质测试

通过体能测试、运动医学检查等方式，详细了解球员的身体素质和健康状况。这可以包括力量测试、耐力测试、柔韧性测试等。

6. 实战演练

在实战演练中，模拟比赛场景，观察球员在真实环境中的表现。这有助于了解球员在压力下的反应、对战术的理解和应用等。

（六）培养方案和发展建议

1. 个性化培养方案

根据每位球员的评估结果，制订个性化的培养方案。重点培养每位球员在自己的特长领域，同时对弱项进行有针对性的训练和提升。

2. 阶段性发展建议

制订阶段性的发展建议，根据球员在不同阶段的评估结果，给予适时的建议和引导。这有助于球员在不同阶段更好地发展自己的优势。

3. 心理辅导和职业规划

为球员提供心理辅导和职业规划指导。在足球职业生涯中，球员可能会面临各种挑战，良好的心理状态和职业规划能够帮助他们更好地应对。

4. 团队协作培养

加强团队协作培养，通过集体训练、团队建设活动等方式，提高球员的团队协作精神。建议注重培养球员间的默契和相互信任。

5. 持续评估和反馈机制

建立持续的评估和反馈机制，使球员能够在培养过程中不断接受评估，得到及时的反馈。这有助于调整培养方案，更好地满足球员的发展需求。

高校足球综合素质与职业能力评估是培养全面足球人才的关键环节。通过全面、科学的评估，可以更好地了解球员的优势和不足，制订个性化的培养方案，为其职业发展提供有力支持。同时，建议高校足球注重团队协作、心理素质的培养，建立持续的评估和反馈机制，以推动高校足球培养工作的不断完善。

三、高校足球评价结果的反馈与改进

高校足球的评价是确保球队发展和球员全面成长的关键一环。然而，仅仅进行评价是不够的，更为重要的是将评价结果转化为有针对性的反馈和改进措施。本部分将深入探讨高校足球评价结果的反馈机制，以及如何通过反馈不断改进培养方案、提升球队整体水平。

（一）评价结果的有效反馈机制

1. 透明度和及时性

评价结果的反馈应该具有透明度，确保所有相关人员都能够清晰地了解评价的内容和结果。同时，及时性也是关键，确保反馈在评价完成后尽早提供，以便球队和球员能够及时做出调整和改进。

2. 个性化反馈

不同的球员可能在技术、心理素质、团队协作等方面有不同的表现，因此反馈应该具有个性化。为每位球员提供针对性的反馈，指导其个体发展，让他们能够更明确地了解自身的优势和劣势。

3. 多元化的反馈方式

反馈方式不仅可以通过口头反馈，还可以采用书面报告、图表展示、视频回放等多元化的方式。这有助于球员和教练更全面地理解评价结果，从而更好地应对不足之处。

4. 创设反馈平台

建立一个专门的反馈平台，使得球员和教练可以随时查看评价结果、反馈意见，并进行交流讨论。这样的平台可以促进信息的传递和沟通，使得改进和调整更为便捷。

（二）评价结果的改进措施

1. 制订个性化培养计划

根据评价结果，为每位球员制订个性化的培养计划。这包括在技术、战术、心理等方面的有针对性的训练和提升，以确保每位球员都在最需要的地方得到发展。

2. 优化团队战术体系

通过评价结果，发现团队在战术执行、团队协作等方面存在的问题，从而对团队战术体系进行优化。这可能包括战术调整、训练重点的重新安排等。

3. 强化心理素质培养

如果评价结果显示球员在心理素质方面存在短板，那么可以通过心理素质培训来加以弥补。这可能涉及心理辅导、心理训练等方面，帮助球员建立更强大的心理素质。

4. 定期更新培养方案

高校足球的培养方案应该是灵活的，能够根据评价结果进行定期更新。新的趋势、新的挑战都需要及时被纳入培养方案中，以确保培养方案的时效性和有效性。

5. 提升教练团队水平

评价结果不仅仅反映了球员个体水平，也间接反映了教练团队的培训水平。因此，根据评价结果，教练团队也应该进行自我反思，不断提升自身的培训水平和指导能力。

（三）反馈与改进的持续循环

1. 建立定期反馈机制

定期性的反馈机制是确保评价和改进持续进行的关键。通过设立固定的反馈周期，球员和教练可以在每个阶段都得到及时的评价和反馈，有助于及时调整训练计划和战术策略。

2. 引入外部专业评估

借助外部专业评估机构的力量，对球队进行定期的全面评估。外部专业评估不仅能够提供客观的第三方意见，还能够将行业最新的趋势和标准引入到评估体系中，促进长期的改进和提升。

3. 制订改进计划

评价结果的反馈应该直接导向制订具体的改进计划。这个计划需要具体、可操作，包括明确的目标、改进方法、时间表等，以确保改进措施能够有序地推进。

4. 充分沟通和协作

在反馈和改进的过程中，充分地沟通和协作是至关重要的。教练团队、球员、管理层应该建立开放的沟通渠道，共同讨论评价结果，提出改进建议，并在制订和实施改进计划中紧密协作。

（四）管理团队的角色和责任

1. 领导层的支持

高校足球评价反馈和改进需要得到领导层的充分支持。领导层应该认识到评价和改进的重要性，为推动改进提供必要的资源和支持。

2. 教练团队的责任

教练团队是推动改进的中坚力量。他们需要深入理解评价结果，制订详细的改进计划，并确保计划的执行。教练团队还应该保持学习和创新的态度，不断提升自身的培训水平。

3. 管理层的协调作用

管理层在整个过程中扮演协调和监督的角色。他们需要确保评价和反馈的顺利进行，推动改进计划的有效实施。管理层还负责与外部专业评估机构的合作，引入更先进的评价标准和方法。

4. 球员的参与

球员是整个过程中最直接的受益者。因此，他们应该积极参与评价和反馈的过程，提出自己的看法和建议。球员的反馈可以为改进计划提供宝贵的参考意见，同时也能够增强他们对整个过程的认同感。

（五）持续改进的挑战与策略

1. 克服惯性思维

团队在长期运作中可能形成一些固有的思维和模式，难以改变。克服惯性思维需要领导层的坚定决心，鼓励团队打破常规，接受新的理念和方法。

2. 平衡稳定与创新

足球是一项注重传统和创新的运动。管理层需要平衡稳定的管理和培训体系与引入新思维、新技术的创新，以确保球队在改进中保持稳定发展。

3. 组织文化的建设

组织文化对于改进的接受和执行起到至关重要的作用。建设积极向上的组织文化，鼓励团队成员追求卓越、不断学习和改进，有助于改进机制的顺利实施。

4. 数据保密和安全

评价结果涉及球员个体的技术和表现数据，需要保持高度的安全性和保密性。制订相关的数据保护措施，确保数据不被滥用和泄露。

高校足球评价结果的反馈与改进是确保球队持续健康发展的关键环节。通过建立透明而高效的反馈机制，球队和球员能够更好地理解自身的优势和不足，进而制订精准的改进计划。管理层、教练团队和球员共同承担着推动这一过程的责任，而持续改进的挑战则需要团队共同努力克服。

第三节　学业与足球训练的平衡

一、高校足球学业与训练时间管理

高校足球运动员面临着双重的责任，既要在学业上取得良好成绩，同时又要在足球训练中保持竞技水平。如何有效管理学业与训练时间，使两者达到平衡，是每位高校足球运动员都需要面对的挑战。本部分将探讨高校足球学业与训练时间管理的重要性、挑战和有效策略。

（一）学业与训练的平衡

1. 双重责任的压力

高校足球运动员承担着双重的责任，既要完成学业，获得学位，又要在足球场上保持竞技水平。这种双重责任带来的压力常常使得学业与训练之间的平衡成为一项艰巨的任务。

2. 学业和足球的相辅相成

尽管学业和足球是两个独立的领域，但它们并非割裂的。良好的学业表现可以为运动员提供更多的发展机会，而足球训练也培养了运动员的团队协作、领导能力等，有助于个人全面素质的提升。

3. 成功的案例

一些成功的足球运动员在学业和训练之间取得了良好的平衡。他们通过科学合理的时间管理，充分利用每一段时间，取得了足球和学业的双丰收。

（二）挑战与障碍

1. 时间压力

高校足球运动员通常面临时间压力，学业任务繁重，足球训练又需要花费大量时间。如何在有限的时间内完成任务，是运动员需要面对的一个主要挑战。

2. 心理压力

双重责任可能给运动员带来心理压力，担忧学业会影响足球表现，或者反之亦然。这种心理压力可能会影响到运动员的专注力和表现。

3. 伤病风险

由于学业与训练的双重负担，一些运动员可能忽视了身体的健康。过度的学业负担和训练量可能导致疲劳，增加受伤的风险。

（三）有效的学业与训练时间管理策略

1. 制订合理的日程安排

制订一份合理的日程安排，充分考虑学业任务、足球训练和比赛的时间要求。合理的日程能够帮助运动员有序地安排时间，避免出现任务堆积和时间冲突。

2. 划分优先级

运动员需要明确学业和训练的优先级，合理划分时间。在重要的学业时刻，可以适当减少训练强度，而在足球赛季之外，可以更专注于学业。

3. 高效的学习方法

采用高效的学习方法，如集中注意力学习、制订学习计划、利用碎片时间等。高效的学习方法可以提高学业效率，为足球训练腾出更多时间。

4. 灵活调整计划

学业和足球训练都可能面临临时变化，因此运动员需要具备灵活的调整计划的能力。及时调整学业和训练的安排，适应突发情况。

5. 寻求支持和协助

在学业与训练的过程中，运动员可以主动寻求支持和协助。与教练、老师、队友沟通，寻求理解与支持，共同制订有利于平衡学业和训练的方案。

（四）建立良好的心理调适机制

1. 接受现实和压力

运动员需要正视双重责任带来的压力，正确认识学业与训练的挑战，避免过度焦虑。接受现实，正面应对压力，是保持心理健康的关键。

2. 制订明确的目标

制订明确的学业和足球目标，将长期目标分解为短期可达成的目标。明确的目标有助于运动员更好地分配时间和精力。

3. 学会放松和调适

学会有效的放松和调适是保持心理平衡的重要手段。运动员可以通过冥想、深呼吸、休息等方法，及时释放紧张情绪，保持良好的心理状态。

4. 寻求心理辅导

在面对心理压力时，运动员可以寻求专业心理辅导。心理辅导师可以帮助运动员更好地理解自己的心理状态，提供应对挑战的有效策略。

（五）预防伤病与维护身体健康

1. 合理的训练量和强度

教练团队需要根据学业负担合理制订训练计划，避免过度训练导致疲劳和伤病风险。合理的训练量和强度可以更好地维护运动员的身体健康。

2. 定期体检和康复训练

运动员应定期进行体检，及时发现潜在的健康问题。在受伤后，进行科学的康复训练，确保身体能够尽快恢复到最佳状态。

3. 良好的生活习惯

良好的生活习惯对于维护身体健康至关重要。合理的饮食、充足的睡眠、适度的休息都是预防伤病的重要因素。

（六）团队协作与合作

1. 与教练团队的沟通

与教练团队保持良好的沟通是学业与训练平衡的关键。及时向教练反馈学业情况，共同制订合理的训练计划，确保两者相辅相成。

2. 与队友的合作

队友之间的合作也是维护学业与训练平衡的重要环节。互相支持、共同分享经验，可以让运动员更好地应对双重责任的压力。

高校足球运动员面临学业与训练的双重责任，需要在两者之间取得平衡。有效的学业与训练时间管理不仅有助于提高学业成绩，也有助于保持足球竞技状态。运动员应该通过制订合理的日程、划分优先级、学会高效学习方法等策略，更好地应对挑战。同时，建立良好的心理调适机制、预防伤病、与团队协作，都是保持平衡的关键。通过学习成功经验，运动员可以更好地找到适合自己的平衡点，实现学业与足球的双赢。

二、高校足球学业支持与课程安排

高校足球运动员在学业与足球训练之间面临巨大的挑战。如何提供有效的学业支持，确保运动员在学业上取得优异成绩，同时合理安排课程，使得学业和足球能够相辅相成，是高校足球管理团队需要认真思考和努力解决的问题。本部分将探讨高校足球学业支持的重要性、面临的挑战以及制订合理课程安排的有效策略。

（一）学业支持的重要性

1. 学业与足球的双重责任

高校足球运动员面临着学业与足球的双重责任，这既是一种机遇也是一种挑战。学业支持的重要性在于帮助运动员更好地平衡这两个方面，使他们在学业上取得成功的同时，也能在足球领域有所突破。

2. 提高学业成绩的长远影响

学业成绩的提高不仅对运动员个人的职业发展有着积极的影响，同时也有助于提升整个团队的形象和水平。高水平的学业成绩不仅增加了运动员未来的选择余地，也使得高校足球团队在学术界更具声望。

3. 促进综合素质的全面发展

通过有效的学业支持，高校足球运动员可以培养出更为全面的综合素质，包括领导力、沟通能力、团队协作等，这些素质对于他们未来职业生涯的成功同样至关重要。

（二）面临的挑战

1. 时间管理的困难

由于足球训练和比赛的时间安排，运动员可能面临时间管理的困难。如何在紧凑的时间内完成学业任务，需要科学合理的时间管理策略。

2. 学业压力与比赛压力的叠加

在考试、作业截止日期与比赛期间的重合，可能导致运动员同时面临学业和比赛的高压力。如何在两者之间找到平衡，减轻运动员的心理负担，是需要解决的难题。

3. 伤病与学业的冲突

运动员受伤或康复期间，可能无法参与正常的足球训练和比赛，此时如何有效利用时间，进行学业上的提升，成为一个需要解决的问题。

（三）有效的学业支持策略

1. 制订个性化学业计划

根据每位运动员的学科特长、学业需求以及足球训练计划，制订个性化的学业计划。这包括合理安排课程、制订学期学业目标等，确保学业与足球训练的协调。

2. 提供学术指导和辅导

为运动员提供专业的学术指导和辅导，帮助他们解决学业上的问题。这可以包括课业辅导、学术规划、选课建议等方面的支持。

3. 引入弹性学制

考虑引入弹性学制，以适应运动员的比赛和训练安排。这可能包括推迟考试、调整课程时间等灵活安排，以确保学业的正常进行。

4. 提供学科辅导和资源

为运动员提供必要的学科辅导和资源，确保他们能够更好地理解课程内容。这可能包括学科导师、学科小组辅导等形式，以提高学业水平。

5. 建立学术支持团队

建立学术支持团队，包括学业导师、心理辅导员、体育医生等，共同协作为运动员提供全方位的学业支持。团队合作能够更全面地照顾运动员的学业和心理需求。

（四）合理的课程安排策略

1. 灵活安排课程时间

尽量灵活安排课程时间，以适应运动员的训练和比赛日程。这可以包括选择课程时间、推迟考试或提前考试等方式，以确保学业与足球训练的协调。

2. 优化课程选择

优化课程选择，让运动员更好地平衡学科专业与足球训练。可以鼓励运动员选择弹性学科，或者选择与足球训练相对容易协调的学科，以减轻学业压力。

3. 引入远程学习和在线课程

考虑引入远程学习和在线课程的方式，使得运动员在比赛期间或需要离开校园时仍能够进行学业学习。这样的灵活性可以更好地适应足球训练和比赛的需要。

4. 提供额外的学术支持服务

除了正规的课程安排外，提供额外的学术支持服务，如学科辅导、小组讨论、学术研讨会等。这有助于激发运动员的学术兴趣，提高学业水平。

5. 考虑学业与足球融合的课程设计

考虑设计一些融合学业与足球的课程，使得运动员在学习中能够更好地将足球知识与学科知识相结合。这不仅有利于学业成绩，也有助于提高足球水平。

高校足球运动员的学业支持与课程安排是一个综合性的问题，需要学校、足球团队以及运动员本人共同努力。通过制订个性化的学业计划、提供学术支持服务、灵活安排课程时间，可以更好地实现学业与足球的平衡。成功案例的分享和建议的实施有望帮助更多的高校足球运动员在学业与足球之间取得更好的双赢。

三、高校足球学业成绩与训练表现的关系

高校足球运动员在学业与训练之间面临双重责任，如何有效平衡两者成为关注的焦点。本部分将探讨高校足球运动员的学业成绩与训练表现之间的关系，分析二者的相互影响以及可能存在的因素。

（一）学业成绩对训练表现的影响

1. 心理影响

学业成绩的好坏可能对运动员的心理状态产生重要影响。较好的学业成绩可能带来自信、积极的心态，有助于运动员在训练中表现更为出色。

2. 时间管理能力

学业成绩的好坏与运动员的时间管理能力密切相关。良好的时间管理能力意味着运动员能够更有效地安排学业和训练，避免因学业负担而

影响到足球表现。

3. 综合素质的培养

学业的成功需要具备一系列的综合素质，如逻辑思维、领导力、团队协作等。这些素质的培养可能在一定程度上影响运动员在足球训练中的表现，使其更为全面和出色。

（二）训练表现对学业成绩的影响

1. 身体健康与精力状态

训练表现的好坏可能影响到运动员的身体健康和精力状态。良好的训练表现通常伴随着较好的身体状态，有助于提升学业时的注意力和学习效率。

2. 自律和团队协作

训练表现的优异通常与运动员的自律和团队协作能力密切相关。这些品质的培养可能在学业上体现为更好的自我管理和与同学的合作，对学业有积极影响。

3. 压力管理

在足球训练中面对竞争、困难与挑战，运动员可能培养出较强的压力管理能力。这种能力在学业中同样有用，使运动员能够更好地应对学业压力。

（三）可能存在的因素

1. 学业负担

学业负担过大可能导致运动员在训练中精力不集中，影响到表现。因此，学业负担的大小是影响两者关系的一个关键因素。

2. 教练与教师的支持

教练和教师的支持对于运动员在学业与训练之间取得平衡至关重要。有积极支持的教练和教师可能更好地促进学业与足球的良性互动。

3. 个体差异

每位运动员的个体差异，包括性格、学科兴趣、学习能力等，都会影响到学业与训练的关系。有些运动员可能更善于平衡两者，而有些可能需要更多的支持。

（四）如何平衡学业与训练

1. 制订合理的学业计划

运动员需要制订合理的学业计划，合理安排学业时间，确保能够兼顾足球训练的需要。

2. 建立良好的时间管理习惯

培养良好的时间管理习惯，合理分配学业和训练的时间，避免出现时间冲突和学业紧张。

3. 寻求支持与协助

在学业和训练中都面临挑战时，运动员可以主动寻求支持与协助，包括向教练、教师、同学寻求建议和帮助。

4. 保持心理平衡

保持心理平衡对于成功平衡学业与训练至关重要。运动员可以通过心理训练、放松技巧等方式来缓解压力，保持良好的心理状态。

高校足球运动员的学业成绩与训练表现之间存在密切的关系，二者相辅相成。学业成绩的好坏可能影响到运动员的心理状态和时间管理能力，从而影响到训练表现。反过来，优异的训练表现可能提升运动员的身体状态和综合素质，有助于学业的发展。然而，学业与训练的平衡受到多方面因素的影响，需要运动员、教练和教师共同努力。通过制订合理的学业计划、建立良好的时间管理习惯、寻求支持与协助，运动员可以更好地实现学业与训练的双赢。

第四节 高校足球训练与学生领导力培养

一、高校足球领导力培训的理论与实践

足球领导力的培养对于高校足球团队的成功至关重要。领导力不仅

能够推动球队的战绩，还能够培养学生运动员的综合素质。本部分将探讨高校足球领导力培训的理论基础，以及如何将这些理论付诸实践，以提高团队整体素质和战斗力。

（一）领导力培训的理论基础

1. 情境领导理论

情境领导理论认为，领导力的表现是依赖于领导者的行为与环境的匹配程度。在足球领域，不同的比赛阶段、队伍状况可能需要不同的领导行为。培训中应强调领导者的情境感知和应变能力。

2. 路径-目标理论

路径-目标理论认为，领导者的任务是为团队成员制订明确的目标，并提供实现这些目标的路径。在足球领域，领导者需要设定明确的战略目标，并为球队制订合理的训练和比赛路径。

3. 转变型领导理论

转变型领导理论强调领导者通过鼓舞人心、激励团队成员，促使其产生更高层次的绩效。在足球领域，培训中应注重培养领导者的魅力、激励和激情传递能力。

4. 领导力行为理论

领导力行为理论关注领导者在执行职责时的具体行为，如指导、支持、参与等。在足球领域，领导者的行为直接影响到球队的组织、协作和执行力。

（二）高校足球领导力培训的实践策略

1. 制订个性化领导力培训计划

针对每位领导者的个性特点和团队的需求，制订个性化的领导力培训计划。这包括对领导者的能力评估、职责明确、目标设定等。

2. 培养沟通与团队建设技能

领导力培训应注重沟通与团队建设技能的培养。领导者需要具备与团队成员有效沟通的能力，以及促进团队凝聚力和协作的团队建设技能。

3. 强化情境感知和应变训练

培训中应设置各种情景模拟，让领导者在各种压力下进行应变训练。这有助于提高领导者在不同情境下的灵活性和应对能力。

4. 设立明确的战略目标与路径

领导者需要明确团队的战略目标，并为实现这些目标设立明确的路径。培训中可以通过制订战略计划、执行力训练等方式提高领导者的目标设定和路径规划能力。

5. 强调转变型领导的培养

培训中应强调领导者的转变型领导特质的培养。通过激发领导者的魅力、激情和激励能力，使其能够更好地影响和激发团队成员。

6. 提升领导者的技术和战术水平

在足球领导力培训中，提升领导者的足球技术和战术水平是关键。领导者需要具备对比赛的深刻理解和对球员技能的准确评估，以更好地引导球队。

（三）培训效果的评估与调整

1. 设立明确的培训目标与评估标准

在培训开始前，应设立明确的培训目标，并制订相应的评估标准。这有助于确保培训的针对性和有效性。

2. 进行培训效果的定期评估

在培训过程中，应定期进行培训效果的评估。通过问卷调查、训练记录、实际表现等多种方式收集数据，全面了解培训效果。

3. 接受领导者和团队反馈

领导者和团队成员的反馈是培训效果评估的重要依据。通过定期的反馈会议、匿名意见收集等方式，了解领导者在团队中的表现和影响。

4. 根据评估结果进行调整

根据培训效果的评估结果，及时调整培训计划。可能需要增加特定的培训模块、加强某些领域的训练，或者改进培训方法和手段，以更好地满足领导者和团队的需求。

5. 持续跟踪领导者的发展

培训结束后，应建立起对领导者发展的持续跟踪机制。通过定期的跟进与评估，了解领导者在实际工作中的应用情况，及时发现并解决问题。

高校足球领导力培训是提升球队整体素质和战斗力的关键环节。理论基础的深入理解和实践策略的切实执行是成功培养足球领导力的关键。通过制订个性化培训计划、强化沟通与团队建设技能、注重情境感知和应变训练等方法，可以更好地培养具有优秀领导力的高校足球领导者。成功案例的分享和建议的实施有望帮助更多高校足球团队提升领导力水平，取得更好的比赛成绩和团队发展。

二、高校足球团队合作与领导技能培养

高校足球团队的成功离不开成员之间的良好合作和领导者的卓越领导技能。足球场上的合作需要团队成员间的默契与信任，而领导者的领导技能则直接影响到整个团队的组织和执行力。本部分将探讨高校足球团队中合作与领导技能的重要性，以及如何通过培训来提升这些关键素质。

（一）合作与领导技能的重要性

1. 合作的重要性

足球是一项团队运动，成功依赖于球队成员之间的默契和协作。良好的合作能够提高球队的整体执行力，使得球队能够更好地应对比赛中的各种挑战。

2. 领导技能的关键作用

团队需要一位出色的领导者来指导和激励成员，推动团队向共同的目标迈进。优秀的领导技能有助于确保团队保持积极向上的态势，应对逆境，以及有效地组织和协调团队的各项活动。

（二）合作技能的培养

1. 建立信任关系

团队成员之间的信任是合作的基石。培养信任关系需要领导者树立

榜样，促进成员之间的沟通与理解，确保每个人都感到被尊重和重视。

2. 制订明确的团队目标

合作的前提是有共同的目标。领导者应该帮助团队成员明确目标，确保每个人都明白他们的努力是为了实现共同的成功。

3. 鼓励开放的沟通

开放的沟通是合作的关键。团队成员需要能够自由地交流意见、提出建议，而领导者则要保持开放的耳朵，鼓励成员分享想法。

4. 培养团队意识

每个团队成员都应该认识到他们是一个整体的一部分。领导者可以通过团队建设活动、集体训练等方式培养团队意识，使每个成员感到自己的价值和贡献。

5. 解决冲突与困难

在团队中难免会出现冲突和困难，但这些并不是不能克服的障碍。领导者需要有解决问题的能力，通过沟通、协商等方式解决团队内部的矛盾。

（三）领导技能的培养

1. 建立清晰的愿景与方向

领导者应该具备制订明确愿景和方向的能力。一个清晰的愿景有助于激发团队成员的热情，并使他们能够共同追求共同的目标。

2. 激发团队成员的潜力

优秀的领导者能够发现团队成员的潜力，并激励他们充分发挥。通过给予肯定、鼓励成员参与决策等方式，培养团队成员的积极性和创造力。

3. 团队建设与协调

领导者需要善于团队建设和协调。通过组织各种团队活动、培训，加强团队的凝聚力，确保团队成员之间的协作紧密无间。

4. 有效的沟通能力

领导者需要具备良好的沟通技巧，能够清晰地表达自己的想法，并

倾听团队成员的反馈。良好的沟通有助于建立积极的团队氛围。

5. 适应性和灵活性

足球领导者需要在不同情境下灵活适应，善于变通。能够根据团队的实际情况进行调整，使领导风格更适应团队的需求。

（四）培训计划的制订与实施

1. 制订个性化的培训计划

每个团队的特点和成员的需求各异，因此领导者的培训计划应该根据团队的实际情况进行个性化定制。通过了解团队的发展阶段、成员的特点，制订相应的培训方案。

2. 强调实战训练

领导技能的培养需要在实际工作中进行实战训练。通过模拟比赛情境、团队协作训练等方式，让领导者在实际工作中得到锻炼。

3. 提供专业指导和辅导

专业的培训计划应包括提供专业指导和辅导的环节。可以邀请专业领导力培训师、心理辅导专家等来为团队成员提供系统性的培训，帮助他们理解领导力的要素，并掌握实际应用的技巧。

4. 定期评估和调整培训计划

领导力培训是一个动态过程，需要不断地进行评估和调整。通过定期的培训效果评估，收集团队成员的反馈意见，及时发现培训中存在的问题，以便进行及时的调整和改进。

5. 鼓励团队内部学习

培训计划不仅仅由外部提供，还可以鼓励团队内部成员分享学习心得、经验和技能。通过内部学习的方式，团队成员可以更好地相互交流，形成学习共同体。

（五）培训效果的评估与调整

1. 设立明确的培训目标和评估标准

在培训开始前，应设立明确的培训目标，并制订相应的评估标准。

这有助于确保培训的针对性和有效性。

2. 制订评估工具和方法

为了全面评估团队成员的合作与领导技能，可以制订多样化的评估工具和方法，包括问卷调查、个人面谈、团队表现评估等。

3. 接受团队成员和领导者的反馈

团队成员和领导者的反馈是培训效果评估的重要依据。通过定期的反馈会议、匿名意见收集等方式，了解培训过程中存在的问题和改进的方向。

4. 根据评估结果进行调整

根据培训效果的评估结果，及时调整培训计划。可能需要增加特定的培训模块、加强某些技能的训练，以更好地满足团队的需求。

高校足球团队中合作与领导技能的培养对于提升整体战斗力和取得更好成绩至关重要。通过制订个性化的培训计划，强调实战训练，提供专业指导和辅导，以及鼓励团队内部学习，可以有效地提升团队成员的合作和领导技能。培训计划的评估与调整是培训过程中的关键环节，通过设立明确的培训目标、制订评估工具和方法，以及接受团队成员和领导者的反馈，可以不断优化培训效果，确保团队在合作与领导方面取得更好的表现。通过持续的培训和不断的反馈机制，高校足球团队可以培养出更加协同默契、领导才能出众的球员，为球队的长期发展奠定坚实的基础。

三、高校足球训练对领导力的影响

高校足球作为一项团队性质的体育运动，除了强调个体球技和体能的培养外，也对团队成员的领导力产生着深远的影响。足球训练不仅仅是为了比赛的胜利，更是为了培养每个团队成员的领导潜力。本部分将探讨高校足球训练如何对领导力产生影响，并讨论这种影响的具体体现和实际意义。

（一）团队合作与领导力的紧密关系

1. 足球的团队性质

足球是一项需要高度团队合作的运动。球场上的每个球员都扮演着特定的角色，需要密切协作才能形成有力的攻守体系。这种紧密的团队性质使得足球训练不仅仅是个体技术的提升，更是团队协作和领导力的磨炼。

2. 领导力在团队中的作用

领导力在团队中起着至关重要的作用。一位出色的领导者能够调动团队成员的积极性，促进团队协作，使团队更加高效地达成共同目标。在足球场上，队长和其他领导者的角色至关重要，他们需要在比赛中发挥领导作用，指导队友，应对突发情况，确保整个团队的稳定和胜利。

（二）足球训练对领导力的影响

1. 战术理解与决策力

足球训练强调战术的理解和运用。领导者需要在比赛中做出快速而明智的决策，根据场上的形势调整战术。通过足球训练，团队成员学会理解和执行各种战术，培养了他们在紧张局势下的决策能力，这对领导力的培养有着直接的积极影响。

2. 沟通与团队协作

足球场上需要频繁的沟通和团队协作。队员之间需要有效地传递信息，做出配合，以达到共同的战术目标。在训练中，团队成员学会如何更好地沟通和协作，而领导者则需要通过明确的口令和示范引导团队行动，从而提高领导力在团队协作中的作用。

3. 压力管理与应变能力

足球比赛中的压力是不可避免的，而领导者需要在高压环境下保持冷静，作出正确的决策。足球训练通过模拟比赛情境，让团队成员在压力下进行实战演练，培养了他们的压力管理和应变能力，这对领导者在实际比赛中的表现产生积极影响。

4. 领导风格的培养

足球训练中，领导者需要展现出一种积极的领导风格，激励团队成员，并树立榜样。通过在训练中表现出的领导风格，领导者不仅影响着团队成员的态度和行为，也在潜移默化中培养了他们的领导潜力。

（三）领导力的具体体现

1. 队长的领导作用

在足球队中，队长通常是领导力的代表。通过在训练和比赛中的表现，队长展现出的领导力不仅体现在技术和战术的指导上，更表现在对团队的鼓舞和激励上。他们能够在困境中振奋士气，引导团队迎难而上。

2. 集体行动的默契

领导力的培养使得整个团队形成一种默契的集体行动。在足球场上，领导者的指导使得团队成员能够更好地理解对方的意图，形成默契的配合，提高整体执行力。

3. 团队的稳定性

良好的领导力有助于提高团队的稳定性。领导者能够在比赛中调整队伍的氛围，稳定情绪，使团队在压力下更加团结一致，保持良好的竞技状态。

4. 战胜逆境的能力

足球比赛中，经常会面临逆境，领导者需要在困境中振奋士气，调整战术，带领团队扭转局势。通过足球训练培养的能力，团队成员也会在面对逆境时更加坚韧、果断，形成共同应对困难的能力。

5. 青训和后备力量的培养

足球训练不仅仅关注一线队，还注重青训和后备力量的培养。在这个过程中，领导力的培养不仅表现在如何指导年轻球员的技术提升，更在于如何激发他们的领导潜力，培养他们成为未来团队的领导者。

（四）结合实际案例的领导力体现

通过实际足球案例，可以更加具体地展现领导力在比赛中的体现。例如，一位队长在比分落后的情况下，通过激励和鼓舞团队成员，带领球队反败为胜。这种领导者的表现不仅是技术和战术的体现，更是对团队心理素质和集体行动的引导。

（五）高校足球训练对领导力的实际意义

1. 个体发展与团队成功的平衡

足球训练不仅仅关注个体球员的技术和体能的发展，更注重培养团队成功所需的领导力。这种平衡促使球员在个体发展的同时，培养团队协作和领导力的能力，使得球队在比赛中更有竞争力。

2. 培养综合素质

足球训练涉及技术、战术、体能等多方面的素质。在这个过程中，领导力的培养贯穿始终，使得球员不仅在足球场上表现出色，在团队合作、沟通、压力应对等方面也能够更好地发挥作用，培养了更为全面的综合素质。

3. 未来职业生涯的铺垫

高校足球训练为学生提供了一个培养领导力的平台。这不仅有助于他们在足球场上的表现，更为未来的职业生涯打下基础。在职业生涯中，领导力是成功的关键因素之一，而通过足球训练培养的领导力将在他们未来的工作和生活中得以体现。

高校足球训练对领导力的影响不仅仅是技术和战术水平的提升，更是个体领导力和团队协作能力的培养。通过战术理解与决策力、沟通与团队协作、压力管理与应变能力等方面的训练，团队成员在足球场上培养了丰富的领导力素质。这种领导力的培养不仅对足球比赛具有积极的影响，更在学生未来的职业生涯中发挥着重要的作用。因此，高校足球训练既是技能提升的舞台，也是领导力培养的独特机会，为学生的全面发展奠定了坚实的基础。

第五节　体育精神与学生团队协作

一、高校足球团队协作与比赛中的体育精神

高校足球不仅是一项体育运动，更是一种团队协作的体验，是培养

学生综合素质和团队协作精神的重要平台。在比赛中，不仅仅是球技的较量，更是团队协作和体育精神的体现。本部分将探讨高校足球团队在协作中的表现以及比赛中体现的体育精神，并分析这对学生个体和整个团队的成长和发展的积极意义。

（一）高校足球团队的协作表现

1. 共同目标的明确

高校足球团队在比赛中有一个共同的目标，即取得胜利。这个目标的明确性使得整个团队能够团结一心，共同努力。每个球员都明白自己的角色和责任，共同为团队的成功而努力。

2. 团队意识的培养

足球是一项团队性质的运动，需要球员之间密切合作。通过团队训练和比赛，球员逐渐培养起团队意识，学会放弃个人英雄主义，注重整个团队的利益。这种团队意识对团队协作的形成起到了基础性的作用。

3. 有效的沟通与配合

足球比赛中，沟通和配合是取得胜利的关键。团队成员需要通过有效的沟通传递信息，做出即时的决策，并通过默契的配合完成各种战术。这种沟通和配合在比赛中体现出团队的协作水平。

4. 面对困境的团结一致

在比赛中，团队往往会面临各种困境，比如落后比分、遭遇强劲对手等。这时候，团队的团结一致显得尤为重要。球员们需要共同克服困难，互相鼓励，保持信心，这种团结一致的协作精神在困境中显得尤为珍贵。

（二）比赛中体现的体育精神

1. 公平竞争

体育精神强调公平竞争，尊重对手。在足球比赛中，球员们通过公平竞争来争夺胜利。无论比分如何，球员们都应该保持对对手的尊重，不使用不正当手段谋取胜利。

2. 团队荣誉高于个人荣誉

体育精神强调团队荣誉高于个人荣誉。在比赛中，球员们能够舍小家顾大家，将个人的荣誉放在整个团队的荣誉之下。即便某位球员在比赛中表现出色，也会将成功归功于整个团队。

3. 尊重裁判和对手

在比赛中体现体育精神还包括尊重裁判和对手。无论比赛结果如何，球员们都应该尊重裁判的判决，同时对待对手时要保持礼貌和尊重。这种尊重不仅体现了运动员的素质，也展现了团队的文化。

4. 接受胜利和失败

体育精神教导运动员们要学会接受胜利和失败。在足球比赛中，每场比赛都有一个赢家和一个输家。运动员们需要学会在取得胜利时保持谦逊，而在失败时能够坦然面对，从中吸取教训，为下一场比赛做好准备。

（三）团队协作与体育精神的积极意义

1. 个体成长

通过高校足球团队的团队协作和比赛中的体育精神，每个球员都能够在个体成长中收获丰富。在团队协作中，他们培养了团队合作的能力，学会了团队中的沟通和协调。而体育精神的培养让他们在胜利和失败中更加成熟，形成了健康的心态。

2. 团队凝聚力

团队协作和体育精神的培养增强了团队的凝聚力。每位团队成员在比赛中都能感受到团队的力量，这种凝聚力在困境时更显得弥足珍贵。团队凝聚力的提升有助于团队更好地应对各种挑战。

3. 促进团队文化的形成

团队协作和体育精神的培养促进了团队文化的形成。通过共同的目标、团结一致的努力、对对手和裁判的尊重等方面的体现，团队形成了独特的文化氛围。这种文化有助于激发团队成员的积极性，提高整个团队的战斗力。

4. 社会责任感的培养

团队协作和体育精神的培养也有助于塑造学生的社会责任感。通过体育竞技，学生能够理解和遵守规则，培养对公平竞争的认知，这对于他们未来的社会生活和职业发展都具有积极的影响。

高校足球团队协作与比赛中的体育精神在学生个体和整个团队的成长和发展中发挥着积极的作用。通过明确的共同目标、团队意识的培养、有效的沟通与配合以及面对困境的团结一致，团队协作成为学生团队在比赛中的重要表现。而体育精神则在公平竞争、团队荣誉高于个人荣誉、尊重裁判和对手以及接受胜利和失败等方面得到体现。这不仅对个体成长、团队凝聚力和团队文化的形成产生了积极的影响，同时也培养了学生的社会责任感。因此，高校足球团队协作与比赛中的体育精神是学生全面发展中不可或缺的一部分，对于塑造学生的品格、培养他们的领导力和团队合作能力具有重要价值。

二、高校足球集体荣誉与个体表现的平衡

高校足球既是一项集体运动，强调团队协作和共同奋斗，同时也是一个个体技能和表现的舞台。在足球比赛中，团队的集体荣誉和个体球员的表现之间存在一种微妙的平衡。本部分将探讨在高校足球中如何平衡团队的集体荣誉和个体球员的表现，以达到既能激发团队凝聚力又能保障个体发展的目标。

（一）集体荣誉与个体表现的关系

1. 集体荣誉的重要性

在高校足球中，获得团队的集体荣誉是每位球员共同追求的目标。比如，取得联赛冠军、赢得校际锦标赛等，这些都是团队所追求的集体荣誉。团队的集体荣誉不仅仅代表着整个团队的实力和努力，也是对团队协作和共同目标的最好证明。

2. 个体表现的重要性

同时，高校足球也注重每位球员个体的表现。球队的成功往往离不

开个体球员的出色表现，无论是进球、助攻、防守贡献等，这些都是个体球员在比赛中所展现出的技术和能力。个体表现的突出不仅能为球队贡献实质性的成绩，还能提高球员个人的知名度和荣誉感。

3. 平衡的挑战

在追求团队的集体荣誉和关注个体球员的表现之间存在一种平衡的挑战。过分追求团队集体荣誉可能导致个体球员的发展被忽视，而过分关注个体表现则可能影响到团队的整体凝聚力。因此，如何在集体荣誉和个体表现之间取得平衡，是高校足球管理和教练面临的重要课题。

（二）促进集体荣誉的因素

1. 团队合作和协调

团队合作和协调是取得集体荣誉的基础。在足球比赛中，球队需要通过默契的配合、有效的沟通以及各自扮演的角色互补来实现整体的协同作战。只有团队内部的合作默契，才能在比赛中展现出更强的实力，从而取得集体荣誉。

2. 公平竞争和共同目标

在团队中，公平竞争是个体球员追求集体荣誉的动力之一。每位球员都有机会在比赛中通过个人的表现为团队做出贡献。同时，确立共同的目标，让每位球员认同团队的愿景和使命，使得他们愿意为了集体荣誉而共同努力。

3. 领导力的培养

在团队中培养领导力也是取得集体荣誉的关键。具有领导力的球员可以在关键时刻振奋团队士气，指导队友，提高整个团队的战斗力。培养领导力有助于形成强大的团队凝聚力，推动团队朝着共同的目标迈进。

（三）保障个体表现的因素

1. 个体技能的培养

为了保障个体球员的表现，足球团队需要注重个体技能的培养。通过个体技能的提升，球员在比赛中能够更好地发挥个人的优势，为球队贡献更多。

2. 鼓励创新和个性发挥

在团队中，鼓励个体球员展现个性和创新是非常重要的。每位球员都有独特的特长和风格，教练和团队需要给予他们充分的信任和发挥的空间，让他们在比赛中能够展现出自己的特点。

3. 个体发展计划和指导

为每位球员制订个体发展计划，并提供专业的指导也是保障个体表现的因素之一。教练可以根据球员的特点和发展方向，制订个性化的训练计划，帮助他们更好地发展个体技能和潜力。

（四）平衡集体荣誉与个体表现的实际操作

1. 制订明确的团队目标

首先，制订明确的团队目标是平衡集体荣誉与个体表现的基础。团队目标需要具体、可量化，让每位球员都明白为了实现这个目标，个体的努力和表现是至关重要的。这样的明确目标有助于建立整个团队的共同意识和方向。

2. 设立个体目标和发展计划

同时，对每位球员设立个体目标和发展计划也是必要的。这可以基于球员的个人特点、职责和潜力，为其制订适应性强的计划。通过个体目标的设定，可以激发球员的积极性，让他们在追求团队荣誉的同时，也能够发挥自身的优势。

3. 注重平衡的战术安排

在比赛中，战术的安排也需要注重平衡。一些战术布置可能更侧重于团队的整体配合，而另一些可能更注重个体球员的发挥。教练需要灵活运用战术，根据比赛的实际情况找到最适合团队整体和个体球员的平衡点。

4. 适时的个体表彰和奖励

为了平衡集体荣誉和个体表现，适时的个体表彰和奖励是不可忽视的。教练可以通过评选最佳球员、最佳射手等方式，给予个体球员应有的荣誉和奖励。这不仅是对个体努力的认可，也有助于激发其他球员的积极性。

5. 建立积极的竞争氛围

在团队内部建立积极的竞争氛围也是平衡的关键。适度的竞争可以激发球员的斗志，让每位球员都努力为团队的成功做出贡献。然而，这种竞争氛围应该是积极向上的，而非破坏团队凝聚力的。

在高校足球中，平衡集体荣誉与个体表现是一项复杂而关键的任务。通过制订明确的团队目标、设立个体目标和发展计划、注重平衡的战术安排、适时的个体表彰和奖励以及建立积极的竞争氛围等措施，可以在团队中取得这种平衡。在实际操作中，教练和管理团队需要根据球队的实际情况和球员的个体特点，灵活运用这些方法，以实现团队整体的成功和每位球员个体的发展。通过平衡集体荣誉和个体表现，高校足球团队可以取得更为出色的综合成绩，培养出更多具有竞技水平和领导力的足球人才。

三、高校足球竞技中的团队凝聚力培养

高校足球作为一项集体性极强的团队运动，团队凝聚力的培养对于球队的成功至关重要。团队凝聚力不仅体现在比赛场上的默契配合，更关乎球队成员之间的信任、沟通和共同目标的建立。本部分将探讨在高校足球竞技中如何有效培养团队凝聚力，以提高球队整体实力和达成共同目标。

（一）理解团队凝聚力的重要性

1. 团队凝聚力对球队的意义

团队凝聚力是指团队成员在共同目标和共同利益的基础上形成的一种紧密、稳定的关系。在高校足球竞技中，团队凝聚力的形成不仅仅是技战术层面的问题，更关涉到球队文化、信任、合作和集体责任等多方面的因素。具备强大的团队凝聚力可以让球队在竞技中更具战斗力，提高胜率，取得更好的成绩。

2. 团队凝聚力与球员个体发展的关系

团队凝聚力并不是要求球员放弃个体发展，相反，它是个体发展的保障。一个具有良好团队凝聚力的球队，可以为每个球员提供更好的环境和支持，促使他们在比赛中更好地发挥个人的优势。团队凝聚力和个体发展相辅相成，形成良性循环。

（二）团队凝聚力的培养策略

1. 建立共同目标

一个团队只有在共同的目标下才能形成凝聚力。教练和管理层需要明确制订团队的整体目标，这既可以是赛季内取得某个荣誉，也可以是提升整体战绩等。共同的目标能够让球队成员有一个明确的方向，从而促使他们更加紧密地协作。

2. 建立团队文化

团队文化是团队凝聚力的基石。通过塑造积极向上、充满正能量的团队文化，可以让球队成员更好地融入团队，形成共鸣。团队文化应该强调合作、信任、尊重和责任感，使球队成员在这种文化中找到自己的归属感。

3. 加强集体训练和活动

集体训练和活动是培养团队凝聚力的有效途径。在训练中，球队成员需要相互协作完成各项训练任务，提高默契和信任度。此外，组织一些团队活动，如团队建设、集体出游等，可以增强球队成员之间的感情，培养集体凝聚力。

4. 促进沟通和信任

团队凝聚力建立在良好的沟通和信任基础上。教练需要鼓励球队成员进行开放、真诚的沟通，分享彼此的想法和建议。建立信任关系需要时间，但一旦建立起来，团队凝聚力也将更为牢固。

5. 强调集体责任

强调集体责任是培养团队凝聚力的重要手段。球队成员需要认识到，每个人的表现都会影响到整个团队。强调集体责任可以让球员更加关注团队整体的利益，而非个体荣誉。这种集体责任感的培养有助于形成团队凝聚力，让每个球员都感到自己是团队成功的一部分。

6. 管理团队冲突

团队中难免会出现一些分歧和冲突，但有效的管理这些冲突对于团队凝聚力的维护至关重要。教练和管理层需要善于化解矛盾，让球队成员通过建设性的讨论和合作来解决问题，而非形成对立。冲突的处理过程中，球员们也能够更好地理解和尊重彼此，有助于团队关系的进一步巩固。

（三）团队凝聚力的实际效果

1. 在比赛中的表现

具备强大团队凝聚力的球队在比赛中表现更加出色。球员之间的默契配合能够更加流畅，战术的执行更加精准。当整个团队都为了共同的目标而努力时，球队的竞技水平得到提升，从而提高了在比赛中的胜算。

2. 面对困境的能力

团队凝聚力也在困境面前发挥重要作用。在比赛中，球队可能会遇到领先失利、伤病问题等困扰，这时候团队凝聚力可以起到稳定士气、鼓舞士气的作用。球队成员之间的信任和团结，使得他们能够共同渡过困难时期。

3. 对球员个体的影响

团队凝聚力不仅影响整个团队，也对每个球员个体产生积极影响。球员在具备了团队凝聚力的环境中更容易融入团队，减轻了竞技压力，更有助于个体技能和潜力的发挥。同时，通过团队的成功，每个球员也能够感受到个体的价值和成就感。

高校足球竞技中，团队凝聚力的培养是一个综合性而长期的过程。通过建立共同目标、团队文化、加强集体训练和活动、促进沟通和信任、强调集体责任以及有效管理团队冲突等策略，可以培养出强大的团队凝聚力。这种凝聚力不仅提高了球队在比赛中的竞技水平，还对球员个体的发展产生积极影响。团队凝聚力的培养需要教练、管理层和球员共同努力，通过长期的合作和磨合，形成一个默契而强大的整体。在这样的团队氛围中，球队能够更好地应对各种挑战，共同创造更为辉煌的足球竞技成绩。

第六节　高校足球训练与社会责任感培养

一、高校足球社会参与与义务活动

高校足球不仅是一项体育竞技活动，更是一个培养学生全面素养和社会责任感的平台。社会参与和义务活动不仅能够拓展球员的视野，培养团队凝聚力，还有助于建立积极的团队文化和强化球员的社会责任感。本部分将探讨高校足球中的社会参与与义务活动对球队和球员的影响，以及如何有效地组织和推动这些活动。

（一）社会参与与义务活动的重要性

1. 拓宽学生视野

高校足球社会参与与义务活动能够为学生提供更多元化的社会体验，拓宽他们的视野。通过参与不同性质的社会活动，学生能够更好地了解社会的多样性、问题和需求，培养跨学科的综合素养。

2. 培养团队凝聚力

参与义务活动有助于培养团队凝聚力。在服务社会的过程中，球队成员需要共同协作，共同解决问题。这种协作过程不仅强化了团队成员之间的合作关系，也增强了集体责任感，有助于形成积极向上的团队文化。

3. 塑造社会责任感

通过社会参与与义务活动，学生能够更好地理解自己在社会中的角色和责任。高校足球不仅是一项运动，更是培养学生为社会做贡献的意识和能力的平台。参与义务活动可以让球员体验到通过自己的努力可以对社会产生积极影响的喜悦，塑造其积极的社会责任感。

（二）社会参与与义务活动的类型

1. 社区服务活动

社区服务活动是一种常见的社会参与与义务活动。球队可以选择在校园周边社区开展各类服务，如义务劳动、文化活动组织、环保行动等。通过与社区的互动，不仅可以促进与社区的融合，还可以提高球队的知名度和声誉。

2. 青少年足球培训

组织青少年足球培训是一种有益的社会参与方式。高校足球队可以与当地的青少年足球俱乐部或学校合作，为青少年提供免费的足球培训课程。这不仅有助于传承足球文化，还能够在足球队员中培养对于教练和领导的能力。

3. 社会公益活动

参与社会公益活动是一种更加直接的社会参与方式。球队可以选择支持慈善机构、关注社会问题，通过募捐、义卖等形式筹集资金，为需要帮助的人群提供支援。

4. 校园宣传与推广活动

通过参与校园宣传与推广活动，足球队可以在校园中建立更广泛的影响力。这包括组织足球赛事、开展足球文化推广活动等。通过这样的活动，不仅可以提高校内足球文化的认知度，还可以吸引更多学生参与足球运动，促进足球在校园中的普及和发展。

5. 环境保护与可持续发展活动

参与环境保护和可持续发展活动是表达社会责任感的一种方式。球队可以组织清理环境、植树造林、宣传节能减排等活动，通过实际行动关注和参与社会的可持续发展。

（三）有效组织和推动社会参与与义务活动的策略

1. 制订明确的计划和目标

在组织社会参与与义务活动前，需要制订明确的计划和目标。明确计划有助于组织活动的有序进行，确保活动的达成效果。同时，明确的目标也能够提高球队成员的参与积极性。

2. 激发球员的参与热情

要使社会参与与义务活动取得好的效果，需要激发球员的参与热情。可以通过开展集体讨论、提出活动建议、鼓励球员分享参与体验等方式，激发球员的兴趣和积极性。

3. 与相关机构合作

与相关机构合作是推动社会参与与义务活动的有效途径。与社区组织、慈善机构、学校等建立合作关系，能够获得更多的支持和资源，提高活动的可持续性和效果。

4. 制订适应性强的活动方案

针对不同类型的社会参与与义务活动，需要制订适应性强的活动方案。比如，对于青少年足球培训活动，需要制订专业的培训课程；对于社区服务活动，需要有切实可行的服务计划。

5. 加强宣传与反馈

通过加强宣传，可以让更多的人了解到球队的社会参与活动，提高活动的社会影响力。同时，及时给予球员反馈，让他们看到自己的付出和努力取得的成果，激发他们更多的参与欲望。

（四）社会参与与义务活动的实际效果

1. 增强球队凝聚力

社会参与与义务活动能够增强球队的凝聚力。在共同为社会服务的过程中，球队成员会更加团结，共同克服困难，形成深厚的友谊和默契。

2. 塑造积极的团队文化

通过社会参与与义务活动，球队能够塑造积极向上的团队文化。这种文化强调合作、关爱社会，有助于培养球员的社会责任感，使他们成为有担当的社会公民。

3. 提高球队声誉

积极参与社会活动不仅有益于社会，还能够提高球队的声誉。社会责任感强烈的球队会在社会中树立良好的形象，为球队吸引更多支持者和赞誉。

4. 促进球员个体发展

社会参与与义务活动也对球员个体的发展有积极影响。参与各类活动可以锻炼球员的领导力、沟通能力、团队协作能力等综合素养，有助于他们在足球领域和社会生活中更好地发展。

在高校足球中，社会参与与义务活动是培养球员全面素养和社会责任感的有效途径。通过参与各类社会活动，球队能够拓展视野、培养团队凝聚力、塑造积极的团队文化，并提高球队声誉。对于球员个体而言，社会参与活动也是锻炼领导力、沟通能力的重要机会。因此，高校足球队应当积极组织和推动这些活动，使足球运动真正成为促进社会发展的一支力量。通过这样的实践，不仅能够为球队赢得更多支持，还能够为学生的成长和社会的进步贡献一份力量。

二、足球训练对社会的回馈

足球训练不仅仅是一项体育活动，更是一种社会资源的投入。通过足球训练，社会不仅能够培养出优秀的足球运动员，还能够收获一系列积极的社会回馈。本部分将探讨足球训练对社会的回馈，包括对人才培养、社会文化的贡献，以及促进社会和谐与发展的作用。

（一）人才培养与社会回馈

1. 优秀足球运动员的培养

足球训练是培养优秀足球运动员的关键环节。通过系统的训练计划、专业的教练团队，足球训练有助于挖掘和培养具有出色足球技术和比赛经验的运动员。这些优秀的足球运动员不仅代表着足球队的水平，更是社会体育事业的骨干力量。

2. 青少年健康成长

足球训练不仅仅培养了专业足球运动员，还为广大青少年提供了一个锻炼身体、培养团队协作精神的平台。通过足球训练，青少年能够培养出良好的运动习惯、坚强的意志力和团队协作精神，这对于他们的健康成长和全面发展都具有积极影响。

3. 培养体育专业人才

足球训练也为体育专业人才的培养提供了一个重要的平台。足球教练、体育医学专业人才等在足球训练中扮演着重要的角色，通过他们的专业指导和服务，促进了足球队员的全面发展。

（二）社会文化的贡献与回馈

1. 传播足球文化

足球训练作为一项体育活动，有助于传播和弘扬足球文化。足球是一项具有丰富文化内涵的体育运动，通过足球训练，不仅传递了比赛技巧，也传达了团队协作、拼搏进取的精神，为社会注入了积极向上的文化元素。

2. 增加社会凝聚力

足球作为一项大众体育运动，有着广泛的参与群体。足球训练促进了社会大众的体育参与，增加了社会的凝聚力。球迷文化、球队文化等都是足球训练所孕育和贡献的社会文化，成为社会凝聚力的重要元素。

3. 促进国际交流与理解

足球是一项国际性的运动，足球训练也为国际交流提供了契机。通过与其他国家、地区的足球训练交流，不仅能够提高我国足球水平，还有助于促进国际的文化理解和友谊。

（三）促进社会和谐与发展的作用

1. 促进社会和谐

足球训练通过团队协作、公平竞争等元素的注入，有助于促进社会的和谐。在足球队内，不同文化、背景的队员共同追求共同目标，形成了一个和谐的小社会。这种和谐的氛围在社会中也会产生积极的影响。

2. 培养社会责任感

足球训练培养出的足球运动员往往具备较强的社会责任感。他们通过公益活动、慈善事业等方式回馈社会，展现出积极的社会担当。这种社会责任感的培养也在一定程度上促进社会的发展。

3. 推动体育产业发展

足球训练的推动下，足球产业得到了迅猛发展。足球比赛、足球用品、足球相关娱乐活动等形成了庞大的产业链，为社会创造了就业机会，推动了体育产业的繁荣。

（四）足球训练面临的挑战与应对策略

1. 体育资源分配不均

当前，一些地区的体育资源分配不均，导致足球训练的条件差异较大。为应对这一挑战，可以通过建设更多的足球场地、加大体育设施投入，确保足球训练的基础条件。

2. 青少年足球培训体系不完善

青少年足球培训体系不完善是另一个亟待解决的问题。在一些地区，对于青少年足球培训的重视程度不够，缺乏科学的培训体系和专业的教练团队。为了应对这一挑战，可以倡导建立健全的青少年足球培训机制，包括建立更多的青训基地，提升青训教练的水平，制订科学的培训大纲。

3. 足球赛事和活动的有序管理

足球训练所衍生的足球赛事和活动在规模扩大的同时，也面临着管理不善的问题。一些地区足球场馆、比赛组织等方面的管理水平有待提高。要应对这一挑战，可以加强足球赛事和活动的规范管理，推动场馆设施的提升，确保比赛和活动的有序进行。

4. 社会观念与文化认知的推广

足球训练不仅仅是技术的培养，更是价值观念和文化认知的培养。然而，在一些地区，对于足球运动的认知仍然停留在娱乐和消遣的层面，社会观念相对滞后。要应对这一挑战，可以通过加强足球文化的宣传推广，提高社会对足球运动的认知水平，培养更多人参与足球运动的积极态度。

足球训练作为一项体育活动，不仅为社会培养了优秀的足球运动员，也为社会文化的传播和发展，以及社会和谐与发展提供了积极的回馈。通过培养足球人才、传播足球文化、促进社会和谐与发展，足球训练在社会层面发挥着重要的作用。然而，同时也面临着体育资源不均、青少年足球培训体系不完善等一系列挑战。解决这些问题需要社会的共同努力，包括政府、学校、社区和企业等多方的协同合作，推动足球训练事业的全面发展，为社会的体育文化建设和人才培养贡献更多的力量。通过持续的努力，足球训练将继续为社会提供更多有益的回馈，成为社会发展的积极推动力。

三、高校足球社会责任感与个人成长的关系

在高校足球运动中，培养学生的社会责任感不仅是一种体育教育的目标，也是塑造学生全面成长的重要因素。足球运动作为一项集体性强、团队协作明显的运动，通过参与足球活动，学生可以培养出责任感、团队协作意识，并在个人成长中发挥积极作用。本部分将探讨高校足球社会责任感与个人成长之间的关系，分析足球运动如何影响学生的社会责任感以及对个人成长的积极影响。

（一）高校足球与社会责任感的培养

1. 团队协作与责任共担

足球是一项需要团队协作的运动，每个队员在比赛中扮演着独特的角色。通过在团队中的合作与配合，学生能够逐渐形成责任共担的观念，明白个人的表现直接关系到整个团队的成绩。这种责任感的培养不仅体现在比赛中，更贯穿于日常的训练和团队活动。

2. 教练与队员的榜样作用

高校足球队的教练在培养学生社会责任感方面起到了重要的引导作用。教练在日常训练中传递团队合作的理念，强调团队中每个成员都有责任促进整体进步。教练的榜样作用对学生产生深远的影响，激发了他们对团队责任感的认同和追求。

3. 社会服务与公益活动

高校足球队通过参与社会服务和公益活动，拓展了学生的社会责任感。这可能包括组织足球公益赛、开展足球培训课程，以及参与社区的环保、慈善等活动。通过这些社会服务，学生能够深刻体会到足球运动与社会责任的紧密联系，培养出更强烈的社会责任感。

（二）高校足球与个人成长的关系

1. 领导力与团队协作能力的培养

足球运动培养了学生的领导力和团队协作能力，这对个人成长具有积极的影响。在比赛中，学生需要在团队中担任领导角色，做出决策，并通过与队友紧密合作取得胜利。这种经历有助于塑造学生的领导力和团队协作精神，对个人成长具有深远的影响。

2. 持之以恒的毅力与意志力

足球训练和比赛需要学生保持高度的毅力和意志力。长时间的训练、高强度的比赛，对学生的耐力和毅力提出了很高的要求。通过坚持不懈的努力，学生培养了战胜困难的决心，这种意志力的培养对于个人成长至关重要。

3. 自我管理和时间管理能力

参与高校足球运动需要学生良好的自我管理和时间管理能力。在训练和比赛之余，学生需要兼顾学业和其他生活方面的需求。通过平衡好足球、学业和生活，学生逐渐培养了自我管理和时间管理的能力，这对于个人成长是一种宝贵的经验。

（三）高校足球社会责任感与个人成长的互动

1. 社会责任感促进个人领导力的发展

在高校足球运动中培养的社会责任感，可以促进个人领导力的发展。学生通过对团队的责任感，逐渐形成了领导意识，成为团队的中坚力量。这种领导力的培养与社会责任感是互相促进、相辅相成的。

2. 个人成长增强团队的社会责任感

个人成长的过程中，通过足球运动的锻炼，学生逐渐形成了自我管理、领导力和团队协作等优秀品质。这些品质的提升，也为整个团队的社会责任感注入了更多正能量。团队成员的个人成长与团队的社会责任感是相辅相成的。

3. 社会责任感促进学生的全面发展

高校足球运动通过培养社会责任感，促使学生更加注重社会贡献，关心社会问题。这种社会责任感的培养对学生的全面发展产生积极的影响，这种社会责任感的培养对学生的全面发展产生积极的影响，使其在个人成长的同时，更关注社会的需求，成为具有社会责任感的公民。通过参与社会服务和公益活动，学生能够更好地理解社会问题，树立正确的价值观，进而在个人成长的同时为社会作出积极的贡献。

4. 个人成长促进社会责任感的深化

个人成长也会促进社会责任感的深化。通过足球运动的锻炼，学生逐渐明确自己在团队中的作用，形成清晰的个人发展目标。这种自我认知和成长，使学生更加愿意为团队和社会承担责任，将个人成长的积极成果转化为为他人服务的动力，从而增强社会责任感。

（四）面临的挑战与未来发展方向

1. 高校足球运动受限制的发展环境

在一些高校，足球运动受到场地、经费等方面的限制，制约了足球运动的全面发展。解决这一问题需要学校和相关部门共同努力，提高对足球运动的重视程度，提供更好的发展条件。

2. 足球运动与学业平衡的挑战

高校学生面临学业压力较大的现状，足球运动与学业之间的平衡是一个挑战。学生需要在保证学业的同时，积极参与足球运动。学校可以通过合理安排课程、提供学业支持等方式，帮助学生更好地平衡学业和足球运动。

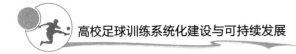

3. 社会责任感培养的系统性不足

一些高校足球运动在培养社会责任感方面还存在系统性不足的问题。这需要学校建立更为完善的培养体系，通过更加系统化的社会服务活动、公益项目，引导学生深入参与社会，培养更为深厚的社会责任感。

4. 缺乏有效的社会责任感评估体系

当前，对于学生社会责任感的评估主要依赖于主观观察和定性分析，缺乏有效的量化评估体系。建立科学的社会责任感评估体系，有助于更全面、客观地了解学生的社会责任感水平，为更有针对性的培养提供支持。

在高校足球运动中，社会责任感与个人成长相辅相成，互为因果。足球运动通过培养学生的团队协作精神、领导力和毅力，不仅促进了个人的全面成长，更培养了学生对社会的责任感。然而，面临的挑战也需要高校和社会各界的共同努力，提供更好的发展条件，建立更为完善的培养体系，以更好地发挥高校足球运动在学生社会责任感培养和个人成长中的重要作用。通过持续的努力，高校足球运动将成为塑造社会责任感和促进学生全面成长的重要平台。

第五章　足球训练与球员职业发展

第一节　足球训练与球员职业规划的关系

一、高校足球职业规划的重要性

高校足球运动不仅是一项体育活动，更是培养学生全面素质和未来职业发展的重要平台。在这一过程中，制订科学合理的职业规划显得尤为重要。本部分将深入探讨高校足球职业规划的重要性，分析职业规划对学生个人成长、职业发展以及足球事业的积极影响。

（一）职业规划与个人成长的关系

1. 目标明确与自我认知

职业规划是一个系统的过程，通过设定明确的职业目标，帮助学生更好地认识自己的兴趣、优势和发展方向。在高校足球运动中，通过职业规划，学生可以更清晰地了解自己在足球领域的发展潜力，进而培养自我认知和自我管理的能力。

2. 职业技能培养与全面素质提升

职业规划包括对职业技能的培养和提升，这不仅包括足球技术方面的训练，更涉及团队协作、领导力、沟通能力等综合素质的培养。通过足球运动，学生在职业规划中培养的各类技能将全面提升个人的素质，为未来职业发展打下坚实基础。

3. 持续学习与适应能力培养

职业规划强调个人的持续学习和适应能力，这在高校足球运动中同样至关重要。足球运动的发展日新月异，要保持在领域内的竞争力，学生需要不断学习新知识、掌握新技能。通过职业规划，学生培养了持续学习和适应变化的能力，为未来职业生涯的发展奠定了基础。

（二）职业规划与职业发展的关系

1. 职业路径明晰与目标实现

职业规划有助于学生在足球领域明晰自己的职业路径，从而更有针对性地进行学科学习、技能培训。清晰的职业规划可以帮助学生在高校期间制订实现职业目标的步骤和计划，提高目标的实现概率。

2. 职业资源整合与职业网络建立

职业规划不仅包括自身的发展计划，还需要学生主动整合职业资源，建立职业网络。在高校足球运动中，通过参与比赛、培训、社会服务等活动，学生可以结识各类人才和资源，为未来的职业发展提供有力支持。

3. 职业道路选择与个人兴趣契合

职业规划的过程中，学生需要对自己的兴趣爱好、职业志向进行深入思考，选择与个人特长和兴趣契合的职业道路。在高校足球运动中，通过职业规划，学生可以更明晰地认识自己对足球事业的热爱程度，选择更符合自己兴趣的职业方向。

（三）职业规划与足球事业的关系

1. 人才培养与足球事业可持续发展

高校足球运动是培养足球人才的重要平台，通过职业规划，可以更好地培养符合足球事业需求的专业人才。有计划有步骤地培养人才，有助于足球事业的可持续发展，提高整个足球产业链的质量。

2. 创新意识与足球产业的发展

职业规划注重创新意识的培养，这对于足球事业的发展尤为重要。在职业规划的指导下，学生可以更加注重足球领域的前沿技术和理论，激发创新潜能。创新意识的培养将推动足球事业在科技、管理等方面的不断发展。

3. 社会责任感与足球事业的可持续发展

职业规划中的社会责任感培养，对于足球事业的可持续发展有着深远的影响。通过关注社会问题、参与公益活动，学生在职业规划中培养的社会责任感，将有助于推动足球事业更好地融入社会，为社会作出积极贡献。

（四）面临的挑战与未来发展方向

1. 职业规划与足球事业的关系

（1）专业人才培养的压力

足球事业需要具备多方面技能和专业知识的人才，而当前职业规划在足球领域的专业人才培养面临一定的压力。要解决这一问题，需要高校足球培养计划更加贴近足球产业的需求，提高学生在足球领域的专业素养。

（2）创新意识培养的不足

足球事业的发展需要创新意识，然而目前职业规划中对学生创新意识的培养相对不足。学校可以通过组织足球创新比赛、推动学术研究项目等方式，激发学生在足球领域的创新潜力。

2. 未来发展方向

（1）强化职业规划的实践性

未来，高校足球职业规划应更加注重实践性。除了传授理论知识外，应该通过实际项目、实地考察等方式，让学生更深入地了解足球产业，提升他们的实际操作能力。

（2）拓展足球产业实习与实践机会

为了更好地服务足球事业的需求，高校可以与足球俱乐部、体育产业企业建立合作关系，提供更多的实习和实践机会。这样的合作有助于学生更好地融入足球产业，了解行业动态，提前积累实际经验。

（3）强化社会责任感培养

在职业规划中更加强调社会责任感的培养是未来发展的方向之一。

高校可以通过组织社会服务活动、搭建社会责任项目平台等方式，引导学生将个人职业发展与社会责任感相结合，促使他们在未来的足球事业中更具有使命感和担当。

高校足球职业规划的重要性不仅体现在个人成长和职业发展方面，同时也与足球事业的可持续发展密切相关。通过科学合理的职业规划，学生能够更好地认知自己、明确职业目标、培养全面素质，并为足球事业注入新鲜血液。在未来的发展中，高校足球应不断调整职业规划体系，强化实践性、拓展实习机会，更好地服务学生和足球产业的共同需求，推动高校足球事业取得更加显著的成就。

二、高校足球训练对职业规划的支持

高校足球运动作为培养学生综合素质和塑造职业形象的重要平台，其训练过程不仅是技战术的磨练，更是个人能力、领导力、团队协作等方面的全面提升。本部分将深入探讨高校足球训练如何支持学生的职业规划，分析足球训练对个人技能培养、领导力锻炼以及职业网络建立的积极影响。

（一）个人技能培养与职业规划的关系

1. 技战术水平的提高

足球训练不仅注重个体技能的提高，更关注整体战术水平。在比赛中，学生需要在有限的时间内做出正确的决策、高效地执行战术，这锻炼了学生的战略思维和团队协作能力。这种战术意识和协作精神的培养对于未来职业规划中的团队合作和问题解决至关重要。

2. 自律与团队合作

足球训练要求学生保持自律，包括饮食、训练计划的执行等方面。这种自律精神是职业规划中不可或缺的一部分，特别是在职场中需要处理复杂任务和繁重工作时。同时，足球是一项团队运动，学生在足球队中的训练经历也培养了他们良好的团队协作能力，为未来职业生涯中的团队工作打下基础。

3. 压力管理与抗压能力

足球比赛中常常伴随着高强度的竞技压力，这要求学生在极短时间内做出正确决策，保持冷静。这样的训练提高了学生的抗压能力，使其能够在职场中更好地应对各种挑战和压力，有利于个人职业规划的稳健实施。

（二）领导力锻炼与职业规划的关系

1. 队长经验与领导力培养

足球队中通常会有队长，这是一个需要承担领导责任的角色。成为队长的学生在足球训练中承担领导角色，领导团队一起完成训练和比赛，这锻炼了他们的领导力。这种领导经验对于职业规划中的团队管理、领导团队具有重要意义。

2. 沟通与协调能力

足球训练中，良好的沟通是团队成功的关键。学生需要与队友、教练进行有效沟通，协调战术和配合默契。这种沟通和协调能力的培养在职业规划中同样至关重要，无论是与同事、上司还是下属的沟通，都需要高效的沟通和协调能力。

3. 团队协作与决策能力

领导力的锻炼不仅仅是个人能力的提升，更涉及团队协作和决策能力。在足球训练中，队长需要在比赛中做出迅速而准确的决策，这培养了学生在团队中领导的同时也要善于团队协作和决策的能力。

（三）职业网络建立与职业规划的关系

1. 与教练及队友的紧密联系

足球训练过程中，学生与教练及队友之间形成了紧密的联系。教练作为专业领域的导师，可以为学生提供职业建议、人际关系指导等。与队友的互动也为建立职业网络提供了机会，可能有助于未来的职业规划中找到合适的合作伙伴或职业机会。

2. 参与比赛与职业机会

高水平的足球比赛通常会吸引大量的关注，学生通过参与这些比赛

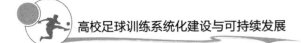

不仅能够提升自己在足球领域的知名度，也有可能引起职业领域的关注。足球比赛是建立个人职业形象和扩展职业网络的有效途径。

3. 社会服务与企业合作

足球队伍通常会参与社会服务活动，与企业合作。通过这些活动，学生有机会接触到不同领域的人士，建立更广泛的社会网络。这对于职业规划中寻找合适的导师、获得更多的职业机会具有积极的意义。

（四）面临的挑战与未来发展方向

1. 个性化训练需求

不同学生在足球训练中的个体差异较大，包括体能、技术水平、心理素质等方面。为了更好地支持个体的职业规划，足球训练需要更加注重个性化的需求，设计差异化的训练计划，使每位学生在训练中都能够充分发挥自己的优势，提高个体素质。

2. 职业规划导师的不足

尽管教练在足球训练中起到了重要的指导作用，但对于学生职业规划的指导仍然相对不足。未来，可以考虑引入专业的职业规划导师，通过与教练团队合作，提供更系统和全面的职业规划咨询服务，帮助学生更好地规划未来职业发展道路。

3. 精细化数据分析

在足球训练中，随着科技的发展，运动员的各项数据都可以进行精确测量，包括心率、跑动距离、射门精准度等。未来的趋势是更加精细化地分析这些数据，为学生提供个性化的训练建议，帮助他们更好地发展擅长的领域，提高职业规划的精准度。

4. 职业规划与职业发展平衡

足球训练在提高学生足球水平的同时，也需要平衡学生的职业发展。过于强调足球训练可能使一些学生在职业发展上产生疏漏，因此未来的发展方向需要更好地平衡职业规划和职业发展的关系，确保学生在足球领域的同时也能够拓宽其他领域的职业机会。

高校足球训练对学生的职业规划有着积极的支持作用。通过提高个人技能水平、锻炼领导力以及建立职业网络，学生在足球训练中培养了在职业规划中至关重要的素质。面对未来的挑战，足球训练需要更加注重个性化需求，引入职业规划导师，精细化数据分析，平衡职业规划与职业发展的关系，以更好地服务学生的职业规划，使他们在足球领域取得更好的职业发展。足球训练不仅是技能的磨练，更是塑造学生职业形象、提升综合素质的重要途径，为他们未来的职业规划奠定坚实基础。

第二节　高校足球训练与球员心理健康

一、高校足球竞技压力与心理抗压能力培养

高校足球运动作为一项高强度的体育竞技活动，不仅对身体素质提出了高要求，同时也会面临来自比赛、团队合作等多方面的竞技压力。如何在压力中保持良好的心理状态，发挥出最佳水平，对于足球运动员的职业发展和全面素质提升具有至关重要的意义。本部分将深入探讨高校足球竞技中面临的压力，以及培养心理抗压能力的方法和策略。

（一）高校足球竞技中的压力源

1. 比赛压力

足球比赛是高校足球运动员面临的最直接的竞技压力源。比赛中时间有限、对手强弱参差不齐，这些因素都给运动员带来了巨大的心理压力。尤其是在关键比赛中，胜负关系到团队的荣誉和个人形象，增加了比赛的紧张度。

2. 团队合作压力

足球是一项团队运动，团队之间的默契和合作至关重要。因此，运动员在团队中需要承担责任、密切配合队友，这种合作的压力也会成为心理负担。特别是当团队遇到困难时，如何在压力下保持团队凝聚力，成为一项挑战。

3. 个人表现压力

在高校足球比赛中，个人表现不仅关系到球队的成绩，也直接关系到个人在球队中的地位和未来的发展。因此，运动员在比赛中往往承受着对个人能力和表现的高度期望，这种期望也会成为一种心理压力。

4. 时间压力

高校足球运动员通常面临着紧张的时间安排，既要保证足球训练和比赛的参与，又要兼顾学业。这种时间上的双重压力使得运动员需要在有限的时间内有效地管理各项任务，增加了整体的心理负担。

（二）心理抗压能力的培养策略

1. 压力认知与心理准备

运动员首先需要认识到比赛和竞技中的压力是正常的，而不是视为负担。通过对压力的认知，运动员可以更好地准备自己，提前制订好比赛前的心理准备计划，包括呼吸调整、冥想等技巧，以更好地迎接挑战。

2. 压力管理技巧培训

心理抗压能力的培养需要通过专业的培训，使运动员掌握一系列的压力管理技巧。这包括情绪调控、焦虑管理、专注力培养等方面的技能。通过系统的培训，运动员能够更好地应对比赛中的各种压力。

3. 团队心理建设

团队的心理建设对于缓解个体压力、提高整体团队抗压能力至关重要。建立积极向上的团队氛围，加强队员之间的信任和合作，通过团队活动增进默契，能够使整个团队更好地应对比赛中的各种压力。

4. 个人发展规划

制订个人发展规划可以帮助运动员更好地应对个人表现压力。通过明确自己的目标和计划，运动员可以更有针对性地进行训练，提高自身能力，减轻因为个人表现而带来的心理负担。

5. 时间管理技巧培养

对于时间压力，运动员需要学会科学合理地安排时间。通过时间管理技巧的培养，运动员可以更好地平衡足球训练、比赛和学业，减轻因为时间紧张而带来的心理负担。

（三）建立心理健康支持体系

1. 心理咨询服务

为了更好地应对足球竞技中的心理压力，高校足球队可以建立心理咨询服务体系。专业心理咨询师可以为运动员提供个体化的心理支持，解决其在训练和比赛中遇到的心理问题，提升其心理抗压能力。

2. 团队心理辅导

团队心理辅导是在整个团队范围内进行的心理支持活动。通过集体活动、团队座谈等方式，帮助团队成员共同面对压力，促进彼此的理解和支持，加强团队的凝聚力和战斗力。

3. 心理健康教育

定期进行心理健康教育，让运动员了解心理健康的重要性，学习一些简单实用的心理调节方法。这有助于在平时培养运动员的心理素质，使其更具备应对比赛压力的能力。

4. 制订应急计划

建立比赛应急计划，明确在比赛中出现各种突发情况时的处理办法。对于运动员来说，有一个清晰的计划可以提前预设解决方案，减轻因为突发情况而带来的心理冲击。

（四）心理抗压能力的长期培养

1. 持续性心理训练

心理抗压能力的培养是一个长期过程，需要持续性的心理训练。通过将心理技能融入日常训练中，使运动员在平时就能够逐渐习得和运用这些技能，从而在比赛中更为得心应手。

2. 实战演练

定期进行实战演练，创造真实比赛场景，使运动员在模拟的压力环境中进行训练。这有助于提高运动员在实际比赛中的应变能力，减少因为比赛压力而引起的紧张情绪。

3. 成功经验的建立

鼓励运动员记录和回顾自己的成功经验，包括在比赛中的精彩表现、团队取得的胜利等。这有助于在心理上建立积极的自我认知，提升自信心，从而更好地应对压力。

4. 多元化的心理支持

除了专业的心理咨询服务外，还可以引入体育心理学专家，为运动员提供更专业、更全面的心理支持。通过多元化的心理支持手段，提高运动员对心理训练的接受度和参与度。

（五）心理抗压能力与足球职业发展

1. 提升表现水平

具备较强心理抗压能力的运动员更容易在关键时刻保持冷静，更好地发挥出个人技能。这有助于提升比赛表现水平，增加在足球领域的竞争力。

2. 提高职业适应性

足球运动员职业生涯的不确定性较大，有时可能会面临失败、受伤等挫折。拥有良好的心理抗压能力可以帮助运动员更好地适应职业生涯中的波折，更快地从挫折中恢复过来。

3. 团队领导力培养

心理抗压能力强的运动员更容易在困境中挺身而出，成为团队的领导者。通过足球运动培养的心理抗压能力也可以在职业发展中发挥领导作用。

4. 增加心理素质的竞争优势

在职业足球领域，心理素质也是一种竞争力。足球运动员不仅需要具备优秀的技术水平，还需要有足够强大的心理素质，以更好地应对复杂多变的比赛场景。

高校足球竞技压力与心理抗压能力培养是一项复杂而长期的任务。通过压力认知、心理训练、团队建设等手段，运动员可以更好地应对各种竞技压力，提高比赛表现水平，增加职业适应性，成为足球领域的竞争者。同时，建立健全的心理支持体系，培养运动员的心理素质，对于他们在职业发展中取得更大的成功具有积极的促进作用。高校足球队的心理抗压能力培养既关系到运动员个体的发展，也关系到整个团队的竞技水平和团队凝聚力。在未来的发展中，高校足球队可以通过不断改进心理支持体系、加强心理训练，为运动员提供更全面、更专业的心理服务，进一步推动足球运动在高校的发展。

在足球竞技中，良好的心理抗压能力既是个体成功的关键，也是团队成绩的保障。通过心理训练，运动员可以更好地理解和应对竞技压力，提高比赛中的应变能力，从而在激烈的比赛中保持最佳状态。同时，这也为他们未来的职业发展奠定了坚实的基础。

心理抗压能力的培养是一个渐进的过程，需要长期的努力和持续的关注。高校足球队可以结合实际情况，制订个性化的心理训练计划，引入专业心理咨询服务，通过团队心理建设和个体心理训练相结合的方式，全方位地提升运动员的心理素质。这不仅有助于他们在足球领域的成功，也为他们未来的职业发展打下了坚实的基础。

二、高校足球退役心理健康关怀

高校足球运动员在经历了一段充实的竞技生涯后，随着年龄的增长或其他原因，都将面临退役的时刻。退役对于运动员而言，可能是一个充满挑战和不确定性的阶段，需要综合考虑身体、心理和职业等多个方面的因素。因此，为高校足球运动员提供全面的退役心理健康关怀至关重要。本部分将探讨高校足球运动员退役过程中可能面临的心理挑战，以及如何通过心理健康关怀提供有效的支持和帮助。

（一）高校足球运动员退役的心理挑战

1. 身份转变的不适应

足球运动员在职业生涯中通常以运动员的身份为人熟知，退役后可能会面临身份的转变。从被动参与比赛到没有比赛任务，这种突然的身份转变可能让运动员感到不适应，甚至失落。

2. 竞技压力的消失

在足球生涯中，运动员习惯了来自比赛、训练和团队竞争的压力。一旦退役，这种竞技压力的消失可能导致运动员感到缺乏目标和动力，产生对未来的迷茫感。

3. 团队关系的变化

在球队中，运动员建立了紧密的团队关系，退役后可能会感到孤独和失落。失去了团队的支持体系，他们需要适应独立生活和决策的压力。

4. 生涯终结的焦虑

对于许多运动员而言，足球不仅是一项运动，更是生活的一部分。因此，当他们面临足球生涯的终结时，可能会产生焦虑和不安，不知道未来的道路在哪里。

（二）高校足球退役心理健康关怀的重要性

1. 促进心理调适

通过心理健康关怀，可以帮助运动员更好地调整心理状态，接受并适应退役带来的变化。建立积极的心态，认识到退役是一个新的开始，有助于减轻心理压力。

2. 缓解情绪困扰

退役可能伴随着情绪上的困扰，如失落、焦虑、沮丧等。心理健康关怀可以提供情绪支持，通过心理咨询、谈话等方式，帮助运动员理解和处理自己的情感。

3. 建立新的目标

退役后，为运动员设定新的目标是非常重要的。心理健康关怀可以帮助他们重新审视自己的职业和生活目标，制订可行的计划，为未来的发展找到新的方向。

4. 维护社交关系

通过心理健康关怀，可以帮助运动员维护和发展新的社交关系。这包括与其他退役运动员建立联系，参与社区活动，以及加入相关的社交团体，缓解因为失去团队关系而带来的孤独感。

5. 提供职业规划支持

心理健康关怀还应该包括职业规划支持，帮助运动员在退役后找到适合自己的职业方向。这可能包括职业培训、求职技巧培训以及职业规划咨询，以确保他们能够顺利融入职场并找到新的事业发展方向。

6. 培养心理弹性

心理健康关怀的目标之一是培养运动员的心理弹性，使其能够更好地适应生活中的变化和挑战。通过心理训练，帮助运动员培养积极应对困境的态度，提高应对压力的能力。

（三）高校足球退役心理健康关怀的实施策略

1. 提前规划

在运动员即将退役的阶段，可以提前规划心理健康关怀措施。这包括制订个性化的心理健康计划，明确退役后的目标和规划，帮助运动员更好地应对变化。

2. 心理咨询服务

提供专业的心理咨询服务，为运动员提供一个安全、开放的空间，让他们可以分享自己的感受、困惑和期望。心理咨询师可以通过针对性的问题解答和心理支持，帮助运动员化解心理困扰。

3. 团队支持与建设

建立一个团队支持系统，包括教练、队医、心理咨询师等专业人员的支持。这个团队可以为运动员提供全方位的关怀，确保他们在退役后不会感到孤独和失落。

4. 社交活动组织

组织社交活动，促进运动员之间的交流和合作。这有助于建立一个有温暖和友爱氛围的社交圈，使退役运动员感到被关注和支持。

5. 持续的职业规划

提供持续的职业规划支持，包括职业培训、求职技巧培训等。帮助运动员在退役后顺利过渡到新的职业阶段，找到适合自己的职业方向。

6. 定期跟进

进行定期的跟进，了解运动员在退役后的生活状况。这有助于及时发现并解决问题，确保运动员得到持续的心理健康关怀。

（四）心理健康关怀的成效评估

1. 参与度评估

评估运动员参与心理健康关怀活动的程度，包括是否积极参与心理咨询、社交活动以及职业规划培训等。高参与度通常意味着运动员对心理健康关怀的需求得到了满足。

2. 满意度调查

进行满意度调查，了解运动员对心理健康关怀服务的满意程度。通过收集反馈意见，可以及时调整和改进心理健康关怀方案，以更好地满足运动员的需求。

3. 心理健康状况评估

通过心理健康状况的定期评估，了解运动员的心理状态和情绪波动。比较退役前后的心理健康状况，评估心理健康关怀对运动员心理健康的影响。

4. 职业适应度评估

评估运动员在退役后的职业适应度，包括就业状况、职业满意度等方面的情况。通过比较退役前后的职业适应度，评估心理健康关怀对职业适应的支持效果。

高校足球运动员的退役是一个复杂的心理过程，需要综合考虑多方面的因素。通过有效的心理健康关怀，可以帮助运动员更好地应对身份转变、情感困扰、职业规划等问题，实现平稳而健康的退役过渡。高校足球队需要建立完善的心理健康关怀体系，提供个性化、全面的服务，以确保每一位退役运动员都能够在心理健康的状态下开启新的生活篇章。这不仅有助于运动员个体的发展，也为整个足球队伍的健康发展注入了积极的动力。

三、精神状态与球员表现的关系

体育运动中，球员的精神状态是影响其表现的重要因素之一。球场上的表现不仅受到技术和体能的影响，更深层次的是受到球员内在精神状态的调控。本部分将深入探讨球员的精神状态对其表现的影响，并探讨如何通过心理调适提升球员的精神状态，以取得更出色的比赛成绩。

（一）精神状态对球员表现的影响

1. 情绪状态与比赛表现

球员的情绪状态直接关系到其在比赛中的表现。积极的情绪状态，如自信、兴奋、专注，通常会提升球员的注意力和应对压力的能力，从而更有利于发挥出色的技术和战术水平。相反，消极的情绪状态，如焦虑、紧张、沮丧，可能会导致注意力分散、技术失误等问题，影响球员的表现。

2. 自信心与决策效果

球员的自信心是一种重要的精神状态，与决策效果密切相关。自信的球员更容易在关键时刻做出正确的决策，敢于承担责任并发挥领导作用。相反，缺乏自信心的球员可能在面对压力时犹豫不决，影响团队的整体表现。

3. 注意力与专注力的关联

球员在比赛中需要保持良好的注意力和专注力，以迅速反应对手的变化和执行战术策略。精神状态的不稳定会影响球员的专注力，导致他们错失关键时刻或对比赛局势的判断不准确，从而影响比赛结果。

4. 压力管理与心理抗压能力

在竞技体育中，球员往往面临来自比赛、团队、教练等多方面的压力。良好的精神状态需要球员具备较强的心理抗压能力，能够在压力下保持冷静，正确应对各种挑战。缺乏良好的压力管理可能导致焦虑、紧张，影响球员在比赛中的发挥。

（二）心理调适对提升球员精神状态的作用

1. 情绪管理与情感调节

心理调适可以通过情绪管理和情感调节来提升球员的精神状态。球员可以学习认识自己的情绪反应，采取积极的情感调节策略，如深呼吸、专注放松等，以保持积极的情绪状态。

2. 自信心的培养与强化

心理调适通过自信心的培养与强化，帮助球员建立对自己技术和能力的信心。这可以通过制订明确的目标、强化自我肯定和接受挑战的态度等方式实现。教练和心理专业人士的指导也是提高球员自信心的重要途径。

3. 专注力的训练与提升

心理调适可以通过专注力的训练和提升，帮助球员在比赛中保持良好的注意力。这包括训练球员集中注意力的能力、在干扰下保持专注等方面的技能培养。

4. 压力管理与心理抗压训练

心理调适可以通过压力管理和心理抗压训练，提高球员在压力下的应对能力。这包括制订合理的比赛准备计划、学习应对负面情绪的技巧、通过模拟比赛情境进行心理抗压训练等。

（三）实际案例分析

以某足球运动员为例，他在比赛中经常表现出技术出色但在关键时刻容易失误。通过心理咨询发现，他在比赛前会感到极度紧张，导致注意力难以集中。通过心理调适，教练为他制订了专门的放松和注意力训练计划。在几个月的训练后，他的精神状态明显改善，比赛表现也更加稳定。

球员的精神状态对其在比赛中的表现具有重要影响，而心理调适是提升精神状态的有效手段。通过情绪管理、自信心培养、专注力训练和心理抗压训练等方面的工作，可以帮助球员更好地调整自己的精神状态，提升在比赛中的发挥水平。教练、心理专业人士的支持和指导在这一过程中起到关键作用，他们可以制订个性化的心理调适计划，帮助球员克服心理障碍，提高比赛时的心理素质。

第三节　职业化培训与球员职业技能提升

一、高校足球职业技能培训计划

随着足球运动的日益普及和竞争的激烈化，提高足球运动员的职业技能水平成为高校足球培训的重要任务之一。为了培养出更具竞争力的足球人才，高校足球职业技能培训计划的制订显得尤为重要。本部分将围绕高校足球职业技能培训计划展开论述，包括培训目标、培训内容、培训方法等方面，以期为高校足球培训提供有益的参考。

（一）培训目标的设定

1. 提高足球技术水平

职业技能培训的首要目标是提高学生足球运动员的技术水平。包括但不限于传球、射门、盘带、头球等方面的技能训练，通过系统化的训练课程提高学生的足球基本功。

2. 增强身体素质

除了技术水平，足球运动员的身体素质也是关键因素。培训计划将重点关注学生的体能、耐力、爆发力等方面的训练，以提高他们在比赛中的身体表现。

3. 培养战术意识

职业足球运动员需要具备优秀的战术意识，能够在比赛中迅速做出正确的判断和反应。培训计划将注重战术训练，提高学生在不同比赛情境下的应变能力。

4. 发展团队合作精神

足球是一项团队运动，培训计划将强调团队合作的重要性。通过集体训练、战术演练等方式，培养学生与队友之间的默契和合作精神。

5. 提升心理素质

培养学生足球运动员的心理素质，包括抗压能力、意志力、团队协作等方面的训练，以应对比赛中的各种挑战和压力。

（二）培训内容的设计

1. 技术训练

技术训练是职业技能培训的核心内容。包括传球与接球技术、射门技术、盘带与过人技术、防守技术等方面的训练，通过系统的练习提高学生足球运动员的基本技术水平。

2. 体能训练

体能训练是提升足球运动员整体素质的重要手段。包括有氧训练、爆发力训练、灵活性训练等，以增强学生的身体素质，使其在比赛中更具竞争力。

3. 战术训练

战术训练是培养学生足球运动员整体素养的关键。包括进攻战术、防守战术、快速反击等方面的训练，以提高学生在比赛中的战术意识和应变能力。

4. 团队合作训练

团队合作是足球运动的灵魂。通过集体训练、小组对抗、战术演练等方式，培养学生与队友之间的默契和协作精神，提高整体团队的战斗力。

5. 心理素质训练

心理素质训练是职业技能培训的重要组成部分。包括心理抗压训练、意志力培养、比赛心态调适等方面的训练，以提升学生在比赛中的心理素质。

（三）培训方法的选择

1. 集中训练营

定期组织集中训练营，通过集训提高学生的技术水平和团队合作能力。由专业教练和前辈球员进行指导，为学生提供系统、深入的培训体验。

2. 个性化辅导

根据每位学生的特点和需求，提供个性化的辅导计划。包括技术指导、身体素质训练、心理咨询等方面的个性化辅导，以更好地满足学生的个体差异。

3. 实战演练

通过组织实战演练，让学生在真实比赛情境中进行训练。这有助于将理论知识转化为实际操作，提高学生在比赛中的应对能力。

4. 多媒体教学

利用现代科技手段，采用多媒体教学方式进行培训。通过视频分析、虚拟现实训练等方式，帮助学生更直观、深入地理解和掌握足球技能和战术。

5. 赛事参与

鼓励学生积极参与各类足球赛事，包括校内比赛、地区性比赛，甚至国际性比赛。通过赛事的参与，学生可以在真实竞技环境中检验自己的训练成果，提高比赛经验和应变能力。

（四）培训效果的评估

1. 技术水平的提升

通过定期的技术测试和实战演练，评估学生的足球技术水平是否有所提升。包括传球准确率、射门精准度、盘带速度等方面的具体指标。

2. 身体素质的改善

通过体能测试、耐力测试等方式，评估学生的身体素质是否有所改善。包括爆发力、耐力、灵活性等方面的评估指标。

3. 战术应变能力的提高

通过模拟比赛情境和战术演练，评估学生在实际比赛中的战术应变能力。包括对战术调整的灵活性、团队协作的效果等方面的评估。

4. 团队合作和领导力的培养

通过集体训练和团队合作项目，评估学生的团队协作和领导力的培养情况。包括在比赛中是否能够有效沟通、协调团队配合等方面的评估。

5. 心理素质的提升

通过心理测试、心理咨询等方式，评估学生的心理素质是否有所提升。包括抗压能力、意志力、比赛心态等方面的评估指标。

高校足球职业技能培训计划的制订和实施对于培养出更具竞争力的足球人才至关重要。通过明确培训目标、设计科学合理的培训内容和采用多样化的培训方法，可以更好地提升学生足球运动员的职业技能水平。同时，定期评估培训效果，及时调整培训计划，保证培训的针对性和有效性。未来，随着科技的发展和足球培训理念的不断创新，高校足球职业技能培训计划将不断优化和完善，为培养更多优秀的足球运动员做出更大的贡献。

二、高校足球职业联赛与技术水平提升

高校足球职业联赛作为一项重要的校园足球赛事，旨在提升高校足球运动员的技术水平、促进足球文化的传承与发展。本部分将探讨高校足球职业联赛对学生足球运动员技术水平提升的影响，包括联赛的意义、影响因素、技术水平提升的路径等方面，以期为高校足球的可持续发展提供有益的启示。

（一）高校足球职业联赛的意义

1. 促进足球文化传承

高校足球职业联赛作为一种高水平、高标准的足球比赛，有助于推动和传承足球文化。通过职业联赛，学生足球运动员有机会接触到更高水平、更激烈的比赛，提升对足球的认知和理解，进而促进足球文化在高校的传承。

2. 提升比赛水平和观赛体验

高校足球职业联赛的设立可以提高比赛水平，吸引更多球迷的关注。

高水平的比赛吸引了更多优秀的球员参与，提升了比赛的竞争激烈程度，同时也提高了球迷的观赛体验，增强了校园足球的吸引力。

3. 为专业足球发展输送人才

通过高水平的足球比赛，一些优秀的学生足球运动员有机会被职业足球俱乐部或青训机构发现，为他们未来进入职业足球领域奠定基础。高校足球职业联赛成为人才培养的一张重要舞台，为专业足球发展输送优秀球员。

（二）影响高校足球技术水平提升的因素

1. 竞争激烈的比赛环境

高校足球职业联赛的比赛水平通常较高，球队之间的竞争激烈。在这种高压环境下，学生足球运动员不仅能够在比赛中面对更强劲的对手，还能够感受到更多的挑战，促使他们不断提高自己的技术水平。

2. 专业化的教练团队

高校足球职业联赛通常会聘请专业的教练团队，他们具备丰富的足球经验和专业的教练理念。这些专业的教练团队能够为学生足球运动员提供科学合理的训练计划和技术指导，从而有助于提升技术水平。

3. 良好的训练设施和条件

高水平的比赛通常需要良好的训练设施和条件。高校足球职业联赛的举办通常伴随着对训练场地、设备等硬件的投入。这为学生足球运动员提供了更好的训练环境，有助于他们更全面地发展技术水平。

4. 团队合作与默契

在高校足球职业联赛中，学生足球运动员将面临更为复杂的比赛场景，需要更好地适应团队合作与默契。这促使他们在比赛中更加注重团队协作，培养默契感，这对于整体技术水平的提升具有积极作用。

（三）技术水平提升的路径

1. 针对性训练

高校足球职业联赛的竞争水平相对较高，学生足球运动员可以根据比赛中暴露出的个人技术不足进行针对性训练。例如，加强某项技术的练习，提高自己在比赛中的表现。

2. 观摩学习

联赛中涌现的一些优秀球员往往具有出色的技术水平。学生足球运动员可以通过观摩这些球员的比赛，学习他们的技术动作、战术意识等方面的优点，以提升自己的技术水平。

3. 集体训练和个性化辅导相结合

在联赛中，学生足球运动员既需要参与集体训练，提高整体团队的水平，又可以通过个性化的辅导，弥补个人技术上的短板。集体训练和个性化辅导相结合，为学生足球运动员的技术水平提升提供了更全面的支持。

4. 战术意识培养

高校足球职业联赛通常涉及各类战术和策略。学生足球运动员在联赛中的参与将培养他们对于不同战术的理解和应用能力。通过与其他高水平球队的比拼，学生足球运动员能更好地理解战术的灵活运用，提高自身战术应变能力。

5. 参与国内外比赛

为了提高技术水平，学生足球运动员应积极参与国内外的各类比赛。这不仅能够拓展他们的比赛经验，还能够让他们面对来自不同地域、不同风格球队的挑战，从而更全面地锻炼和提高技术水平。

（四）高校足球职业联赛的发展与展望

1. 引入专业化管理

为了更好地推动高校足球职业联赛，学校和组织方可考虑引入更为专业化的管理团队，包括赛事组织、裁判培训、球队管理等。专业的管理有助于提升联赛的水平和品质。

2. 加强国际交流

通过与国际高校进行友谊赛、联赛等形式的交流，学生足球运动员将能够更广泛地接触到不同国家和地区的足球风格，拓宽视野，提升自身技术水平。

3. 联赛与足球专业课程融合

高校足球职业联赛的发展还可以与足球专业课程融合，使学生在足球运动的同时能够更全面地了解足球产业、管理、营销等方面的知识，为将来从事足球相关职业打下更为坚实的基础。

4. 强化青训体系

联赛应当与学校的足球青训体系相结合，通过联赛的平台选拔和培养更多优秀的足球人才。青训体系的建设和联赛的开展应当形成有机衔接，共同推动校园足球的可持续发展。

高校足球职业联赛作为提高学生足球运动员技术水平的重要途径，具有推动足球文化传承、提高比赛水平、为专业足球输送人才等多重意义。通过合理的管理、专业的教练团队、优质的训练设施以及国际交流等手段，学生足球运动员在联赛中能够更好地提升技术水平。未来，随着足球产业的不断发展和高校足球理念的深入，高校足球职业联赛有望成为学生足球运动员更好地锻炼和展示自己的平台，为中国足球人才培养体系的建设做出更大的贡献。

三、高校足球训练与职业足球的衔接

高校足球作为培养足球人才的重要平台，其训练与职业足球的衔接至关重要。本部分将探讨高校足球训练与职业足球衔接的现状、挑战以及应对策略，以期为高校足球的发展和学生足球运动员的职业发展提供有益的启示。

（一）高校足球训练的现状

1. 培养综合素质

高校足球训练注重培养学生足球运动员的综合素质，包括技术水平、身体素质、战术意识以及团队协作等方面。通过系统的训练计划，学生足球运动员在高校阶段能够获得全面而均衡的足球素养。

2. 强调学业兼顾

高校足球训练不仅注重足球技能的提升，还要求学生在足球训练之外兼顾学业。这种模式有助于保证学生在高校阶段取得良好学业成绩的同时，获得足球运动方面的发展。

3. 培养领导力与团队协作

高校足球训练强调培养学生足球运动员的领导力和团队协作精神。通过担任队长、参与集体训练等方式，学生足球运动员在团队中培养了领导才能和团队协作的能力。

（二）职业足球的需求与挑战

1. 高水平竞争环境

进入职业足球领域，学生足球运动员将面临更为激烈的竞争。职业足球要求运动员具备更高水平的技术、更强的身体素质和更丰富的比赛经验，这对于刚刚从高校走出的学生足球运动员来说是一项巨大的挑战。

2. 专业化的管理与训练

职业足球俱乐部通常有着更为专业化的管理和训练体系。学生足球运动员需要适应这样的专业环境，包括更加严格的训练计划、更科学的体能测试以及更专业的教练团队。

3. 个人发展与团队利益的平衡

职业足球注重个人能力的发展，但同时也要求运动员在团队中发挥作用。学生足球运动员在职业足球环境中需要找到个人发展与团队利益的平衡，这对于个人职业生涯的发展至关重要。

（三）高校足球训练与职业足球的衔接策略

1. 优化训练计划

高校足球训练应当更加贴近职业足球的要求，优化训练计划，增加高强度、高水平的训练。这有助于提高学生足球运动员的竞技水平，更好地适应职业足球的竞争环境。

2. 强化体能和技战术训练

体能和技战术是职业足球的核心要素之一。高校足球训练应该强化学生足球运动员的体能和技战术训练，使他们更好地适应职业足球的高强度和高水平的比赛。

3. 提供职业化的辅导和指导

为了更好地衔接职业足球，高校足球训练需要提供职业化的辅导和指导。这包括心理辅导、职业生涯规划、个人技术提升等方面的指导，帮助学生足球运动员更好地面对职业足球的挑战。

4. 加强职业俱乐部合作

高校足球与职业俱乐部应加强合作，建立更紧密的联系。这包括与职业俱乐部签署合作协议、定期进行联合训练、为学生足球运动员提供更多参与职业比赛的机会等，以促进高校足球与职业足球的衔接。

5. 提供职业发展课程

高校足球训练可以设置职业发展课程，包括足球产业知识、足球市场营销、运动管理等方面的课程。通过这些课程，学生足球运动员能够更好地了解职业足球产业的运作机制，培养与足球相关的专业素养，为未来职业生涯的发展做好准备。

6. 建立足球生涯规划

高校足球训练需要与学生足球运动员一起制订足球生涯规划。这包括短期和长期的目标设定，个人技能提升计划，以及对于职业足球生涯的清晰认知。通过建立科学的生涯规划，学生足球运动员能够更有目标地迈向职业足球领域。

7. 提供职业赛事机会

高校足球训练可以通过组织更多的职业赛事，提供更多的机会让学生足球运动员与职业球队进行交流和对抗。这种实际比赛的经验对于学生足球运动员更好地适应职业足球环境具有重要作用。

（四）未来展望与挑战

1. 发展足球产业链

为更好地推动高校足球训练与职业足球的衔接，需要发展完善的足球产业链。这包括足球培训机构、职业俱乐部、赛事组织等不同环节的合作，形成系统完备的培训与发展体系。

2. 创新人才培养模式

高校足球训练需要不断创新人才培养模式。可以尝试开展"双导师"制度，即由足球教练和职业足球界的导师共同指导学生足球运动员，以更好地衔接学校与职业足球的需求。

3. 加强国际交流与合作

通过加强与国外职业足球俱乐部的交流与合作，引入国际化的训练理念和管理模式，有助于提升学生足球运动员在国际职业足球舞台上的竞争力。

4. 推动足球教练培训

高校足球训练需要加强足球教练的培训，培养更多具备职业足球训练经验的专业教练。这有助于提高学校足球训练的专业水平，更好地满足职业足球的需求。

高校足球训练与职业足球的衔接是一个需要长期努力的过程。通过优化训练计划、强化体能技战术训练、建立足球生涯规划等策略，可以更好地培养出适应职业足球的优秀人才。未来，随着足球产业的不断发展和高校足球理念的深入，相信高校足球训练与职业足球的衔接将迎来更好的发展。同时，需要学校、职业足球俱乐部、足球协会等多方合作，共同推动中国足球的发展，为培养更多优秀的足球人才做出积极的贡献。

第四节　足球训练与球员营养与健康管理

一、高校足球高强度训练与身体机能维护

高校足球的高强度训练是提升球员技术水平、适应比赛环境以及促进整体身体素质的重要手段。然而，高强度训练也带来了一系列身体机能的挑战和风险。为了确保球员在高强度训练中取得良好的效果同时保护其身体健康，科学合理的身体机能维护措施变得至关重要。本部分将深入探讨高校足球高强度训练的特点、存在的问题以及身体机能维护的

策略。

（一）高校足球高强度训练的特点

1. 训练负荷较大

高校足球高强度训练通常涵盖了大量的技术、战术和体能训练，让球员在较短时间内完成大量的体能消耗。这种训练负荷对球员的身体机能提出了较高的要求。

2. 多样化的训练内容

高强度训练覆盖了多个方面，包括爆发力、耐力、灵活性、速度等多个身体机能的培养。这样的多样性对球员的身体素质全面发展起到了促进作用。

3. 模拟比赛环境

为了更好地适应比赛环境，高校足球训练通常会模拟比赛的场景，包括高强度的对抗、快速的传球和频繁的变换动作。这有助于提高球员在真实比赛中的应对能力。

（二）高强度训练可能带来的身体机能问题

1. 肌肉疲劳和损伤

长时间的高强度训练可能导致肌肉疲劳，进而增加肌肉损伤的风险。尤其是在频繁的冲刺、转身等动作中，肌肉的负荷较大，容易出现拉伤等问题。

2. 身体过度训练

过度训练可能导致身体疲劳、免疫系统下降、睡眠障碍等问题，进而影响球员的身体机能和整体状态。

3. 心血管负担

高强度训练对心血管系统提出了较高的要求，长时间的高负荷训练可能增加心血管负担，导致心血管问题的风险增加。

4. 营养不良

高强度训练消耗大量能量，如果球员的营养摄入不足，可能导致能量不平衡，影响身体机能的正常维护和修复。

（三）科学合理的身体机能维护策略

1. 个性化的训练计划

制订个性化的训练计划是保障球员身体机能的第一步。根据球员的身体状况、训练目标和比赛周期，制订合理的训练计划，确保训练负荷和恢复的平衡。

2. 合理安排训练负荷和休息

在高强度训练中，合理安排训练负荷和休息是至关重要的。通过周期性的训练负荷调整和充足的休息时间，有助于防止过度训练和提高身体机能的适应性。

3. 强调恢复训练

为了减轻肌肉疲劳和促进身体的恢复，可以引入一些恢复性训练，包括拉伸、按摩、瑜伽等，帮助球员更好地恢复肌肉弹性和柔韧性。

4. 营养合理补充

保障球员的营养需求是身体机能维护的重要方面。制订合理的饮食计划，包括足够的蛋白质、碳水化合物、脂肪等，确保足够的能量和营养供给。

5. 心理健康关怀

在高强度训练中，球员的心理健康同样重要。定期进行心理健康评估，提供心理咨询和支持，有助于预防过度焦虑、疲劳和情绪问题。

6. 定期体检

定期体检可以及时发现潜在的身体问题，提高对球员身体状况的监测和管理水平。通过全面的体检，包括心血管功能、肌肉骨骼状况、血液生化指标等方面的检查，可以更全面地了解球员的身体状况，有针对性地进行调整和干预。

7. 合理运用科技手段

运用科技手段，如运动生理监测设备、智能穿戴设备等，对球员的身体机能进行实时监测和数据收集。通过科技手段的运用，可以更精准地掌握球员的身体状态，及时调整训练计划，避免过度训练和身体机能问题的发生。

8. 应对气候变化

针对不同的气候条件，合理调整训练计划和内容。高强度训练在高温、湿度等极端天气条件下，容易导致体温调节问题和脱水。因此，要根据实际气象情况，采取相应的防护和调整措施。

在高校足球的发展过程中，高强度训练是提高球员整体水平的重要途径。然而，为了确保高强度训练取得最佳效果，同时保障球员的身体健康，科学合理的身体机能维护策略显得尤为关键。通过制订个性化的训练计划、合理安排训练负荷和休息、强调恢复训练、合理补充营养、关注心理健康等手段，可以最大限度地提高球员的身体机能，降低受伤风险，为其在足球领域取得更好的成绩打下坚实基础。高校足球训练与身体机能的维护需要多方合作，包括教练、医疗团队、营养师等，形成一个有机的体系，共同关注球员的身体健康和发展。通过这些维护措施的共同努力，高校足球可以更好地培养出身体素质优秀、整体水平提高的足球人才。

二、高校足球营养与伤病预防

高校足球运动员在进行高强度训练和比赛的过程中，良好的营养摄入和科学的饮食习惯对于提高体能水平、增强免疫力、预防伤病具有重要作用。本部分将深入探讨高校足球运动员所需的营养要素，以及如何通过合理的饮食安排来预防运动伤病。

（一）高校足球运动员的营养需求

1. 能量需求

足球是一项全身性、高强度的运动，对能量的需求较大。高校足球运动员在训练和比赛中需要足够的能量来支撑身体的运动和代谢。合理的能量摄入是维持训练状态和预防疲劳的基础。

2. 蛋白质需求

蛋白质是肌肉修复和生长的关键。足球运动员需要额外的蛋白质来应对训练中的肌肉损伤，促进肌肉的恢复和适应。合理的蛋白质摄入有助于提高身体的抗疲劳能力和免疫力。

3. 碳水化合物需求

碳水化合物是足球运动员主要的能量来源。足球运动涉及大量的奔跑、冲刺和变向动作，这些都需要充足的碳水化合物来提供能量。合理的碳水化合物摄入可以延缓疲劳，维持训练和比赛的高水平表现。

4. 脂肪需求

适量的脂肪摄入对于足球运动员的身体机能和脑力活动同样重要。脂肪是维持神经系统正常运作和提供长期稳定能量的重要组成部分。

5. 维生素和矿物质需求

足球运动员需要多样化的维生素和矿物质来维持身体的正常功能。特别是一些抗氧化维生素（如维生素 C 和 E）和矿物质（如锌、镁）对于预防氧化损伤和促进身体恢复具有重要作用。

（二）高校足球运动员营养与伤病预防的关系

1. 蛋白质与肌肉损伤的关系

足球运动中常常伴随着肌肉的损伤，而足够的蛋白质摄入可以促进肌肉的修复和生长，减缓肌肉疲劳。在训练前后，以及在比赛后，通过摄入富含优质蛋白质的食物或补充蛋白质的方式，有助于减少肌肉受损的程度，提高身体对于训练的适应性。

2. 碳水化合物与疲劳的关系

足球运动是一项高强度的有氧运动，大量的奔跑和变向动作需要足够的碳水化合物作为能量来源。足球运动员在比赛和训练前，通过摄入适量的碳水化合物，可以增加体内糖原的储备，延缓疲劳的发生，提高持久力。

3. 脂肪与免疫力的关系

适量的脂肪摄入对于免疫系统的正常功能非常重要。过低的脂肪摄入可能导致免疫功能下降，增加感染和疾病的风险。足球运动员需要关注合理脂肪摄入，选择富含不饱和脂肪酸的食物，维持良好的免疫状态。

4. 维生素和矿物质与伤病预防的关系

维生素和矿物质在足球运动员的身体机能中发挥着多种作用。例如，维生素 C 和 E 具有抗氧化作用，可以减轻运动后的氧化损伤；锌和镁参与骨骼和肌肉的正常功能，有助于预防运动伤病。

（三）高校足球运动员的饮食建议

1. 合理分配三大营养素

确保足够的蛋白质摄入，建议每日蛋白质摄入量为体重的 1.2～1.7 克/千克。合理分配碳水化合物和脂肪的比例，碳水化合物摄入占总能量的 50%～60%，脂肪摄入占总能量的 25%～35%。

2. 保证足够的能量摄入

根据训练强度和比赛情况，合理调整总能量摄入。运动员在赛季期间可能需要更多的能量来满足高强度训练和比赛的需求，而在休息期则可以适度减少能量摄入。

3. 多样化的膳食

提倡多样化的膳食，确保摄入足够的维生素和矿物质。新鲜的水果、蔬菜、全谷类食物、坚果和种子等都是丰富的营养来源。根据季节和地域的不同，选择当地新鲜的食材。

4. 补充足够的水分

足球运动员在比赛和训练中会大量出汗，因此需要保持充足的水分摄入。及时补充水分有助于维持体内水电解质平衡，防止脱水和提高运动表现。

5. 避免过度饮食和限制性饮食

过度饮食和限制性饮食可能导致营养不良，影响运动表现和身体健康。运动员应根据自己的体重、身体状况和训练强度来制订适合自己的饮食计划，避免盲目跟风或过于苛刻的饮食观念。

6. 考虑个体差异

每个运动员的身体状况和需求都是独特的，因此饮食计划应考虑到个体差异。运动员可以通过与专业的营养师合作，制订个性化的饮食计划，以满足个体的特殊需求。

高校足球运动员的营养摄入直接关系到其身体机能和运动表现。科学合理的饮食安排不仅可以提高运动员的训练适应性，降低疲劳和伤病的风险，还有助于维持整体身体健康。通过合理分配三大营养素、保证足够的能量摄入、多样化的膳食、补充足够的水分、避免过度饮食和限制性饮食、考虑个体差异等方面的饮食建议，可以帮助高校足球运动员更好地面对训练和比赛的挑战，提升整体运动水平。综上所述，高校足球运动员在日常饮食中应充分重视营养摄入，将科学饮食理念融入训练和比赛的生活中，以保障身体机能和预防伤病，为更好地发挥潜力打下坚实基础。

三、足球训练与长期健康保障

足球是一项全身性、高强度的运动，对运动员的身体素质和长期健康状况有着重要影响。在进行足球训练时，既要注重提高运动员的技战术水平，也要关注长期健康保障。本部分将探讨足球训练对运动员长期健康的影响，以及如何通过科学合理的训练方法和保健措施来确保运动员在足球生涯中保持健康。

（一）足球训练对运动员身体的影响

1. 心血管健康

足球是一项有氧运动，通过频繁的奔跑、跳跃和变向动作，可以有效提高心血管系统的健康水平。长期参与足球训练有助于降低血压、改善心血管功能，减少心血管疾病的发生风险。

2. 肌肉骨骼系统

足球训练涉及大量的奔跑、踢球和身体对抗，对于骨骼系统和肌肉力量的发展有显著的促进作用。适度的负荷可以增强骨密度，预防骨折和韧带损伤，提高肌肉力量和耐力。

3. 精神健康

足球是一项团队合作的运动，通过参与团队训练和比赛，运动员可以培养团队合作意识、提高沟通能力，对精神健康产生积极影响。此外，运动还释放身体内的内啡肽等神经递质，有助于缓解压力、改善情绪。

4. 抗氧化系统

足球运动涉及大量的有氧代谢过程，会产生一定量的自由基。然而，适度的足球训练可以激活抗氧化系统，帮助清除自由基，减缓细胞老化过程，对维持长期健康有积极作用。

（二）科学合理的足球训练方法

1. 阶段性训练计划

制订合理的阶段性训练计划，包括基础训练、提高训练和竞赛期训练等不同阶段。在基础训练阶段注重基本技能和身体素质的培养，逐步增加训练强度，确保运动员在不同阶段都有充分的适应和恢复时间。

2. 合理控制训练强度和时间

避免过度训练和长时间的高强度训练，以免增加运动员的受伤风险和影响身体机能的恢复。科学控制训练强度，根据运动员的疲劳程度和生理状态进行合理的调整。

3. 个性化训练计划

考虑到每个运动员的身体状况和特点不同，制订个性化的训练计划。根据运动员的年龄、体能水平、伤病史等因素，调整训练内容和方法，确保训练的科学性和个性化。

4. 强调休息和恢复

休息和恢复是足球训练中不可忽视的部分。合理安排训练与休息的比例，提供足够的休息时间，有助于减轻运动员的疲劳，促进身体的恢复。采用各种恢复手段，如按摩、热敷、冷敷等，加速肌肉的恢复。

（三）长期健康保障措施

1. 定期体检

运动员应定期接受全面的体检，包括心血管功能、骨密度、关节稳定性等方面的检查。通过体检可以及时发现潜在的健康问题，采取相应的干预措施。

2. 营养保障

制订科学合理的饮食计划，确保运动员获得充足的营养。针对不同阶段和不同身体状况，调整膳食结构，保障运动员的能量需求和营养摄入。

3. 心理健康关怀

足球运动员在长期的训练和比赛中可能面临各种心理压力，因此需要心理健康关怀。提供心理咨询和支持，帮助运动员更好地应对挑战和压力，维持良好的心理状态。

4. 预防和处理伤病

建立完善的伤病防护体系，包括足球训练中的适当热身和拉伸，使用防护装备，以及及时处理轻微伤病，避免其发展为长期慢性问题。对于严重伤病，要及时寻求专业医生的意见和治疗，确保伤病得到正确处理。

5. 定期康复训练

对于曾经受过伤的运动员，建议进行定期的康复训练。康复训练旨在恢复受伤部位的功能，增强相关肌肉群的稳定性，减少再次受伤的风险。康复训练的个性化和科学性对于运动员的长期健康至关重要。

6. 睡眠和休息管理

良好的睡眠是身体恢复和修复的关键。足球运动员需要充足的睡眠时间，确保身体得到充分休息。合理安排训练和比赛的时间，避免夜间过度活动，有助于维护良好的睡眠质量。

（四）长期健康的监测与评估

1. 运动员生理监测

运动员的长期健康状况需要进行系统的监测与评估。通过定期的生理参数监测，包括心率、血压、血液生化指标等，可以及时发现潜在的健康问题，调整训练计划和保健措施。

2. 运动员心理评估

运动员的心理健康同样重要，因此需要进行定期的心理评估。通过心理测试、访谈等方式，评估运动员的心理状态和应对压力的能力，提供个性化的心理健康支持。

3. 运动员营养评估

饮食对于运动员的长期健康至关重要。定期进行营养评估，了解运动员的饮食习惯、营养摄入情况，针对个体差异进行调整，确保充足的能量和营养摄入。

4. 运动员生涯规划

在运动员的职业生涯中，需要进行长期的生涯规划。合理安排训练和比赛计划，考虑到运动员的年龄、身体状况和个人目标，确保运动员在职业生涯中有一个平衡的发展。

足球训练对运动员的长期健康有着深远的影响，因此应该在训练过程中兼顾技战术提高和长期健康保障。通过科学合理的训练方法、保健措施以及定期的监测与评估，可以有效降低运动员的伤病风险，提高身体素质，保障长期健康。同时，注重运动员的心理健康和生涯规划，使其在足球生涯中不仅取得好的竞技成绩，也能够在退役后过上健康、平衡的生活。

第五节　球员的形象管理与宣传

一、高校足球个人形象建设的重要性

在高校足球运动中，个人形象建设是一项至关重要的任务。足球不仅是一项竞技运动，更是一种团队合作和领导力培养的平台。运动员的个人形象不仅关系到自身的职业发展，还直接影响到球队的凝聚力和整体形象。本部分将探讨高校足球个人形象建设的重要性，以及如何通过多方面的努力塑造积极向上的运动员形象。

（一）个人形象在足球领域的重要性

1. 影响职业发展

足球作为一项职业运动，运动员的个人形象对于职业发展至关重要。一个积极向上、品行端正的形象不仅会在球场上获得教练和球队的信任，还会在职业俱乐部、赞助商和球迷中树立良好的口碑，为未来的职业生涯打下基础。

2. 影响球队凝聚力

个人形象不仅是个体的表现，也直接关系到整个球队的形象。积极向上、努力拼搏的运动员形象会激发团队的凝聚力，增强球队的合作意识和战斗力。相反，如果有球员在道德品行上出现问题，可能会对整个球队产生负面影响。

3. 影响球队形象和声誉

球队的形象是由每个球员的形象共同构成的，而球队的形象又直接关系到球队的声誉。一个团结、积极、充满正能量的球队形象可以吸引更多的关注和支持，为球队赢得更多的赞誉。

4. 影响球迷关系

足球运动是一项需要球迷支持的运动，而球迷往往更愿意支持那些拥有良好个人形象的球员。通过与球迷建立良好的关系，运动员可以为球队赢得更多的支持和尊重，为球迷树立榜样。

（二）个人形象建设的方面和方法

1. 道德品行的塑造

良好的道德品行是个人形象建设的基石。足球运动员应该始终保持良好的职业操守，尊重裁判、教练和队友，遵守比赛规则，做到公平竞争。此外，积极参与社会公益活动，为社会贡献一份力量，也是塑造正面形象的一种方式。

2. 专业素养的提升

足球运动员应该保持对足球运动的热爱和专业精神。不断提升自己的技术水平，参与队内外的培训和比赛，展现专业素养。同时，对于比赛的态度要端正，严格要求自己，勇往直前，展现出对足球事业的坚定决心。

3. 团队协作与领导力

积极参与团队活动，发挥团队协作精神，是个人形象建设的重要方面。运动员应该学会在团队中互相支持、相互激励，树立自己的领导风范。一个具备团队协作和领导力的运动员往往更受欢迎，也更容易在球队中发挥关键作用。

4. 媒体和社交媒体的管理

在媒体和社交媒体时代，运动员的形象建设也需要注重网络形象。运动员要懂得妥善处理媒体采访，表达自己的观点时要谨慎言辞，避免引起争议。在社交媒体上要注意言行举止，积极传递正能量，维护个人形象。

5. 教育背景和学业成就

在高校足球中，个人形象不仅仅局限于运动领域，还涉及学业和教育背景。运动员要重视学业，保持良好的学科成绩。在大学期间努力学习，取得好的学业成绩，不仅有助于个人的综合素质提升，也为将来的职业生涯提供备选选择。一个兼具足球才华和学业成就的运动员往往更容易受到球迷和社会的认可。

6. 外貌与仪容仪表

虽然外貌不应是评判一个运动员的唯一标准，但仍然是个人形象中的一部分。保持良好的仪容仪表，穿着整洁、得体，展现出专业形象，有助于给人留下良好印象。此外，个人的健康与形象也息息相关，注重健康管理，保持良好的体态，有助于塑造积极向上的形象。

（三）形象建设中可能面临的挑战与解决方法

1. 媒体关注的负面影响

运动员往往会面临来自媒体的高度关注，而媒体往往更愿意报道负面新闻。面对这一挑战，运动员可以通过积极参与正面活动、塑造积极形象，以及合理管理个人形象在媒体上的曝光，减少负面报道的机会。

2. 社交媒体的负面影响

社交媒体的广泛使用给运动员带来了更直接的舆论压力。运动员需要学会在社交媒体上明智表达自己的观点，避免涉及敏感话题，保持冷静，不被外界干扰。

3. 竞技压力和负面情绪

在足球运动中，竞技压力常常伴随着运动员的职业生涯。运动员要学会有效地处理竞技压力，寻求心理辅导和支持，保持良好的心态。团队中的领导和教练也可以为运动员提供必要的心理支持。

4. 形象与实力的平衡

有时候，个人形象和实力之间可能存在一定的矛盾。即便是技术出色的运动员，如果在道德品行上存在问题，也会影响整体形象。解决这一问题的方法是在实力的基础上不断努力提升个人形象，通过积极参与各类活动，展现出更全面的一面。

在高校足球领域，个人形象建设是培养学生足球运动员全面素质的重要一环。通过培养积极向上、团队合作、专业素养的个人形象，运动员能够更好地融入球队，更好地发挥自己的特长，也能够在未来职业生涯中更加成功。因此，高校足球培养体系应该注重不仅仅是技术和战术的培养，还要关注个人品质和形象的全面提升，为学生运动员的综合发展创造更加有利的条件。

二、高校足球媒体与公众关系的处理

高校足球作为大学体育的重要组成部分，其发展离不开媒体的报道和公众的关注。媒体与公众关系的处理不仅关系到高校足球团队的形象建设，还对整个学校的声誉和体育事业的推动产生深远影响。本部分将探讨高校足球媒体与公众关系的处理策略以及面临的挑战和解决方案。

（一）媒体与公众关系的重要性

1. 媒体的重要角色
媒体在现代社会扮演着信息传递、舆论引导的关键角色。高校足球团队通过媒体的报道能够提升知名度、吸引更多关注，同时，媒体也是向公众传递足球团队精神、价值观的重要渠道。

2. 公众关系的意义

公众关系是指企业或组织与外部公众之间建立和维护良好关系的活动。对于高校足球团队而言，积极主动地与媒体和公众互动，建立良好的公众关系，有助于增强团队形象，提高知名度，同时也有助于吸引更多的支持和赞助。

（二）媒体与公众关系的处理策略

1. 开展媒体合作

与媒体建立合作关系是提升高校足球团队曝光度的有效途径。团队可以主动与各类体育媒体、校内媒体等建立联系，提供团队新闻、比赛成绩、队员故事等信息，以争取更多的报道机会。

2. 提供优质内容

团队应该关注提供丰富、有深度的内容，让媒体和公众更容易产生兴趣。这可以包括队内故事、球员访谈、训练幕后等各类内容，以吸引媒体的关注和公众的参与。

3. 利用社交媒体

社交媒体是与公众直接互动的平台，足球团队可以通过建立并精心维护社交媒体账号，分享团队动态、与球迷互动，增强公众对团队的了解和认同感。

4. 建立品牌形象

高校足球团队需要有自己的独特品牌形象，这有助于媒体更好地识别和记忆团队，也更容易引起公众的共鸣。品牌形象的建立需要包括团队的核心价值观、文化特色等元素。

5. 积极参与社会活动

团队可以通过参与社会活动，关注社会热点问题，展现团队的社会责任感，提升团队在公众心目中的形象。

（三）媒体与公众关系可能面临的挑战与解决方案

1. 负面报道的处理

面对负面报道，团队需要及时做出回应，积极采取措施纠正错误信息，同时注重与媒体的沟通，阐明真相，避免舆论失控。

2. 媒体关注度不足

如果团队发现自己的新闻不够被媒体关注，可以考虑提升新闻的质量，通过推出更具有新 sworthy 特点的内容，吸引媒体的注意。

3. 社交媒体风险

社交媒体的广泛使用带来了信息传播的便捷性，但也伴随着风险。团队要规范团队成员在社交媒体上的言行，避免因为不慎言论引起公愤，同时及时处理社交媒体上的负面信息。

4. 公众关系危机

在团队面临公众关系危机时，需要制订相应的危机公关计划，采取果断而有效的措施，及时向公众公开信息，以平息危机。

媒体与公众关系的处理对于高校足球团队的发展至关重要。通过与媒体合作、提供优质内容、利用社交媒体、建立品牌形象等策略，可以增强团队的曝光度、提高知名度，更好地与公众互动，促进球队形象的塑造和传播。然而，在处理媒体与公众关系时，也需要面对一系列挑战，如负面报道、媒体关注度不足、社交媒体风险以及公众关系危机等。通过合理的策略和应对措施，团队可以更好地应对这些挑战，维护良好的媒体形象和公众关系。

三、高校足球训练对球员形象的塑造

在高校足球运动中，球员的形象不仅是外在的外貌，更是涉及球员的品德、态度、职业精神等多个方面。足球训练不仅旨在提升球员的技术水平和比赛能力，同时也对球员的整体形象进行塑造。本部分将探讨高校足球训练如何对球员形象进行塑造，以及这种形象对球员个人和球队的影响。

（一）训练对球员形象的直接影响

1. 专业素养的提升

足球训练不仅包括技术和战术的培养，还涉及对球员的专业素养的提升。在训练中，球员接受专业教练的指导，学习尊重规则、尊重对手、尊重裁判等基本道德规范。通过规范的训练，球员的职业操守和道德品质得到锻炼，形成良好的职业形象。

2. 团队协作与领导力的培养

足球是一项团队运动，训练过程中培养了球员的团队协作精神。球员需要学会与队友协调配合，共同达成训练目标。此外，在球队中，一些优秀的球员可能会被培养成领导者，通过榜样的力量影响和引导队伍。这种团队合作和领导力的培养直接影响到球员的整体形象。

3. 对抗困难的心理素质

足球训练不仅考验球员的体能和技战术水平，同时也是对球员心理素质的挑战。在训练中可能会遇到失败、受伤、竞争激烈等困难，球员需要具备积极乐观的心态，勇敢面对挑战。这种坚韧不拔、对抗困难的心理素质直接影响球员形象，展现了球员的拼搏精神。

（二）训练对球员形象的间接影响

1. 体魄与外貌的提升

足球是一项全身性的运动，训练过程中球员需要进行大量的身体锻炼，从而提升体魄。良好的体魄不仅对球员的运动表现有积极影响，同时也提高了球员的外貌形象。健康、自信的外表有助于球员在比赛场上和平时更好地展现自己。

2. 职业态度的养成

在高校足球训练中，球员需要严格遵守训练计划，按时到场，保持良好的训练纪律。这种职业态度的养成在训练之外同样重要，影响到球员在学业和生活中的表现。对学业负责、对社会负责的态度有助于球员在整体形象上的塑造。

3. 社会责任感的培养

足球作为一项受到广泛关注的体育运动，球员作为公众人物，其行为和言论往往受到社会关注。训练过程中培养的社会责任感使得球员更加注重公益事业，关心社会问题，通过公益活动参与社会建设，为球员形象的正面塑造提供了机会。

（三）高校足球训练对球队形象的整体影响

1. 形成积极向上的团队文化

高校足球训练过程中形成的团队文化对整体球队形象的塑造至关重要。积极向上、互帮互助、团结拼搏的文化将为球队树立积极向上的形象，吸引更多人关注和支持。

2. 提升球队的整体竞争力

训练是提升球员技术水平和战术能力的关键环节。球队在训练中不断提升自身实力，展现出更高水平的比赛表现，将在赛场上树立起强大的竞争力，为球队赢得荣誉，从而提升整体形象。

3. 塑造校园文化的一部分

高校足球作为校园文化的一部分，其形象直接关系到整个校园文化的体现。通过球员形象的积极建设，高校足球将成为校园中备受关注的活动，为校园增添活力和魅力。

4. 增强球队的社会影响力

高校足球训练过程中，球队在社会中的影响力也在不断增强。优秀的球员形象和出色的比赛表现能够吸引更多的关注，为球队赢得支持者和赞誉，从而在社会中建立良好的声誉。

（四）结合实际情况的建议

1. 制订综合培养计划

高校足球团队应该制订综合培养计划，包括技战术训练、体能锻炼、心理素质培养、职业道德教育等多个方面。通过系统化的培养计划，全面提升球员的各方面素质，形成全面发展的球员形象。

2. 强化团队文化建设

通过在训练中注重团队协作、鼓励队员间的互助合作，强化团队文化的建设。建立以团结、拼搏、进取为核心的价值观，使球队在整体形象上呈现积极向上的特质。

3. 加强个人形象管理

为球员提供个人形象管理的指导，包括仪容仪表、言行举止、社交礼仪等方面。建议球员在公共场合和社交媒体上注意形象的呈现，树立正面形象，以提升整体球队形象。

4. 增设公益活动

组织球队参与一些公益活动，例如慈善赛、社区义工等，通过实际行动展现球队的社会责任感。这不仅有助于球员的人文素养培养，也能够为球队形象注入更多正能量。

高校足球训练对球员形象的塑造具有重要意义。通过专业素养的提升、团队协作与领导力的培养、对抗困难的心理素质培养等直接影响，以及体魄与外貌的提升、职业态度的养成、社会责任感的培养等间接影响，球员形象得以全面塑造。球员形象的积极塑造不仅有助于个人的发展，同时也对整体球队形象、校园文化、社会影响力等方面产生积极影响。因此，高校足球团队应制订综合培养计划，强化团队文化建设，加强个人形象管理，增设公益活动，从而全面提升球员的形象，为球队和校园文化的繁荣发展作出贡献。

第六章　社会支持与高校足球训练

第一节　高校足球训练与社会体育
组织的协同

一、高校足球校际联赛与社会体育赛事合作

高校足球校际联赛和社会体育赛事是体育领域中两个重要的组成部分。校际联赛是学校内部举行的足球比赛，旨在促进学生体育锻炼、校园文化建设和团队精神培养。而社会体育赛事则更加广泛，涵盖了不同年龄、背景的球员，旨在促进社会体育发展、增进社会凝聚力。本部分将探讨高校足球校际联赛与社会体育赛事合作的意义、合作方式和可能面临的挑战，并提出一些建议。

（一）合作意义

1. 推动高校足球水平提升

高校足球校际联赛是提高学生足球水平的重要途径。通过与社会体育赛事合作，引入更广泛的参与者和更高水平的对手，可以激发高校球队的竞争力，推动足球水平的整体提升。

2. 促进社会体育的发展

社会体育赛事为各年龄层和社会群体提供了参与足球活动的机会，推动了社会体育的发展。与高校足球校际联赛合作可以将高校足球资源与社会体育需求相结合，共同推动足球在社会中的普及和发展。

3. 提升赛事影响力

合作使得足球赛事的参与者更加多样化，各界人士和机构的关注度也更高。这有助于提升足球赛事的影响力，吸引更多观众、赞助商和媒体的关注，为赛事的长期发展创造有利条件。

4. 促进校际文化交流

高校足球校际联赛与社会体育赛事的合作有助于促进校际文化交流。通过与社会各界的球队进行比赛，不仅能够增加校际赛事的多样性，也能够加深不同学校之间的友谊与合作，形成更加丰富的校际体育文化。

（二）合作方式

1. 联合举办赛事

高校足球校际联赛与社会体育赛事可以联合举办一些赛事，打破传统的赛事边界，使得不同层次和背景的球队能够在同一平台上进行比拼。这样的合作方式有助于丰富赛事层次，提升整体水平。

2. 互派代表队参赛

高校足球校际联赛可以邀请一些社会体育赛事的代表队参赛，同时高校球队也可以组织代表队参与社会体育赛事。这样的交流有助于球队间的技术交流和经验分享，提高整体水平。

3. 举办友谊赛和交流活动

除了正式比赛外，还可以通过举办友谊赛、足球交流活动等形式，促进高校球队与社会体育球队的交流。这有助于建立更加紧密的合作关系，推动足球文化在校园和社会中的传播。

4. 共建足球培训基地

高校足球校际联赛与社会体育赛事可以共同投资建设足球培训基地，为学生和社会球员提供更好的训练和比赛条件。这样的共建不仅促进了资源共享，也有助于提高足球水平。

（三）可能面临的挑战

1. 管理与组织难度增加

合作涉及不同层次和组织形式的赛事，可能增加管理和组织的难度。需要有更加完善的组织架构和协调机制，以确保赛事的顺利进行。

2. 规则和标准的统一

高校足球校际联赛和社会体育赛事可能存在不同的规则和标准，合作时需要协商和制订统一的比赛规则，以保证公平竞争和比赛质量。

3. 资金和资源投入

合作可能需要双方共同投入更多的资金和资源，包括场地租赁、设备采购、赛事宣传等方面的支出。这可能成为合作中的一项挑战，需要双方进行充分的协商和合理的资源分配，以确保合作的可持续性和稳定性。

4. 文化差异和理念碰撞

高校足球和社会体育赛事可能存在不同的文化背景和理念，包括对赛事目的、管理方式、球员培养等方面的看法。合作时可能会出现一些文化差异和理念碰撞，需要双方进行有效的沟通和协调，以达成共识。

（四）建议与对策

1. 建立合作机制与平台

双方可以建立一个合作机制和平台，明确合作的目标、内容和方式。通过定期的沟通与协调，解决合作中可能出现的问题，确保合作顺利进行。

2. 制订统一的比赛规则

为了解决规则和标准的差异，双方可以共同制订统一的比赛规则，以确保比赛的公平和正常进行。这需要各方在合作前进行充分的讨论和协商。

3. 寻求赞助与支持

为了解决资金和资源投入的问题，双方可以共同寻求赞助和支持。

可以与企业、体育品牌等合作，共同为赛事提供资金和资源支持，减轻双方的负担。

4. 加强文化交流与理念共识

为了缓解文化差异和理念碰撞带来的问题，双方可以加强文化交流，深入了解对方的文化背景和理念，并寻找共同的价值观和目标，建立起共识与理念的一致性。

高校足球校际联赛与社会体育赛事的合作是一种有益的尝试，可以为高校足球提供更广阔的发展空间，促进校园文化的繁荣，同时也有助于社会体育的发展。在合作中，双方需要充分考虑到可能面临的挑战，通过建立合作机制、制订统一规则、寻求赞助与支持以及加强文化交流等方式，解决合作中的问题，共同推动足球事业的发展。通过这样的合作，高校足球和社会体育赛事可以实现资源的共享，实现互利共赢，推动足球在更广泛范围内的普及和发展。

二、青训体系与社会足球俱乐部的关系

足球青训体系和社会足球俱乐部是足球运动发展中不可或缺的两个环节。青训体系致力于培养年轻球员，为国家和俱乐部输送优秀足球人才；而社会足球俱乐部作为专业团队，承担着职业联赛等赛事的任务。本部分将探讨青训体系与社会足球俱乐部之间的关系，分析二者互动的重要性，并提出促进二者协同发展的建议。

（一）青训体系的基本概念

1. 青训的定义

青训即青少年足球训练，是一种旨在培养年轻足球运动员，并帮助他们在足球领域取得成功的培训体系。这一体系注重对青少年球员的技术、战术、身体素质和心理素质的全面培养，致力于发现和培养足球人才。

2. 青训的重要性

青训是足球发展的基石，通过青训可以培养出更多的年轻球员，提

高球员的整体水平。同时，青训也是各大俱乐部获取优秀球员的重要途径，通过建立健全的青训体系，俱乐部可以从年轻球员中发掘和培养未来的一线队球员。

3. 青训体系的构成

青训体系通常包括青训学校、青训基地、青训教练队伍等组成部分。通过这些环节，年轻球员可以接受系统的足球训练，同时得到专业教练的指导，为他们未来的职业生涯打下坚实基础。

（二）社会足球俱乐部的基本概念

1. 俱乐部的定义

社会足球俱乐部是一支在足球赛事中代表某个地区或机构的专业团队。这些俱乐部通常参加各类职业足球联赛，其任务除了争夺比赛胜利外，还包括提升俱乐部的声誉、吸引球迷和赞助商等。

2. 俱乐部的作用

社会足球俱乐部是足球运动的重要组成部分，其作用不仅在于推动足球运动的发展，还在于为球迷提供娱乐、为球员提供职业发展机会、为城市建设增光添彩。

3. 俱乐部的运作

俱乐部的运作涉及球员转会、财务管理、赛事参与等多个方面。一支成功的俱乐部通常会在各个方面都有较好的管理和组织能力，以确保俱乐部的可持续发展。

（三）青训体系与社会足球俱乐部的关系

1. 人才输送渠道

青训体系是社会足球俱乐部获取优秀球员的主要渠道。通过建立与青训学校、基地等机构的合作关系，俱乐部可以在球员年轻的时候就进行发掘和培养，确保在球员成熟时能够顺利引入一线队。

2. 俱乐部对青训的支持

成功的俱乐部通常会在青训方面投入大量资源，包括建立青训基地、招聘专业青训教练、提供足球奖学金等。这种支持有助于提升青训体系的水平，为俱乐部提供更多潜在的一线队球员。

3. 俱乐部的社会责任

社会足球俱乐部作为城市的文化代表，同时也具有社会责任。通过支持青训体系，俱乐部能够回馈社会，为足球运动的可持续发展贡献力量。

4. 共同发展目标

青训体系和社会足球俱乐部共同追求的目标是培养出高水平的球员，使他们能够在职业联赛中取得成功。因此，二者之间的关系是协同发展的关系，共同推动足球运动的进步。

（四）促进协同发展的建议

1. 加强合作机制

青训体系和社会足球俱乐部可以建立更加紧密的合作机制，通过签署合作协议、共同设施、资源共享等方式加强双方的合作。这有助于俱乐部更早地发现和吸引优秀的年轻球员，为他们提供更好的培训和发展机会。

2. 提供更多的发展路径

俱乐部可以与青训体系合作，提供更多不同层次的发展路径。除了一线队，可以考虑发展青年队、预备队等，为不同水平的球员提供更多展示和锻炼的机会。这有助于培养更多层次的球员，为俱乐部未来的发展提供更多选择。

3. 加强教练与技术团队的交流

俱乐部的教练和技术团队可以与青训体系的教练团队加强交流与合作。这包括经验的分享、培训计划的协调等，以确保双方在足球理念、训练方法等方面的一致性，使得球员在不同阶段能够平稳过渡。

4. 联合推动足球文化建设

俱乐部与青训体系可以共同推动足球文化的建设，包括在社区中开展足球普及活动、组织足球文化节等。通过这种方式，俱乐部可以更好地融入社区，同时提高球迷对俱乐部的认同感。

青训体系和社会足球俱乐部是足球运动发展中相辅相成的两个重要环节。他们之间的关系不仅体现在人才输送上，更包括了对足球文化的共同建设与推动。通过加强合作机制、提供多样化的发展路径、加强教练与技术团队的交流以及联合推动足球文化建设，青训体系和社会足球俱乐部可以实现协同发展，为足球运动的繁荣与可持续发展做出更大的贡献。这样的合作关系不仅有助于培养更多优秀的足球人才，也为俱乐部带来更长远的发展前景。

三、足球训练与社区体育的整合

足球作为一项全球性的体育运动，不仅仅在专业俱乐部和国家队中有着辉煌的历史，同时在社区体育中也扮演着重要的角色。足球训练与社区体育的整合，既有助于提高基层足球水平，又可以促进社区居民的身体健康和社交互动。本部分将探讨足球训练与社区体育的整合意义、存在的问题以及推动整合的策略和建议。

（一）足球训练与社区体育的整合意义

1. 促进健康与身体素质

足球运动是一项全身性的有氧运动，通过足球训练，可以促进参与者的心肺功能、协调性和爆发力的提升，有助于提高身体素质，降低患病风险。

2. 塑造积极价值观

足球培训注重合作、团队精神和公平竞争，这有助于培养参与者的团队协作意识、积极向上的价值观念，使其更好地融入社区并建立正面的人际关系。

3. 丰富社区文化生活

足球是一项受欢迎的体育活动，通过将足球训练融入社区体育，可以丰富社区文化生活，增加居民的娱乐选择，提升社区凝聚力。

4. 发掘潜在足球人才

通过社区足球训练，有可能发现潜在的足球人才，为基层足球的发展输送更多优秀的球员，促进足球运动的长期发展。

（二）存在的问题与挑战

1. 资源不足

社区体育往往面临场地、设备、经费等方面的不足，这限制了足球训练在社区中的开展。俱乐部与社区体育的整合需要解决资源匮乏的问题。

2. 人才培养难度

社区足球训练往往缺乏专业的教练团队，人才培养难度较大。如何在社区中建立起科学、系统的足球培训机制成为一个挑战。

3. 参与度不高

由于一些社区居民可能对足球运动缺乏兴趣或了解，参与度不高是一个常见的问题。需要提高足球训练的吸引力，增加居民的参与度。

4. 文化差异与理念冲突

在将足球训练融入社区体育时，可能会面临不同文化和价值观念的冲突。足球训练的理念与社区文化可能存在差异，需要妥善解决。

（三）推动足球训练与社区体育的整合策略

1. 资源整合与共享

俱乐部可以与社区体育机构进行资源整合，共享场地、设备等资源，解决社区体育的资金和场地问题。

2. 建立专业教练团队

通过引入专业的足球教练团队，提高社区足球训练的专业水平，使培训更加科学、系统。

3. 制订有吸引力的培训计划

制订有吸引力的足球培训计划，包括举办足球比赛、成立业余足球联赛等，增加居民参与足球训练的积极性。

4. 加强文化融合与交流

俱乐部应充分尊重社区文化，通过与社区居民的交流，了解他们的需求与期望，调整培训计划，使其更符合社区文化背景。

　　足球训练与社区体育的整合对于促进足球运动的普及、提高社区居民的身体素质和促进社区文化建设具有重要意义。在整合的过程中，需要充分考虑社区的文化特点，解决资源不足的问题，提高足球训练的吸引力和参与度。通过资源整合与共享、建立专业教练团队、制订有吸引力的培训计划以及加强文化融合与交流，可以促进足球训练与社区体育的有机结合，取得共赢的局面。各国成功的案例也为其他地区提供了可借鉴的经验，希望通过更多地推动足球训练与社区体育的整合，为足球运动在社会各个层面的发展贡献力量。

第二节　赞助商与高校足球训练的合作

一、赞助商对高校足球训练的支持

　　高校足球作为体育的一项重要组成部分，对学生体能的培养、团队协作的锻炼以及校园文化的建设都起着积极作用。然而，由于资源有限，高校足球项目面临一些困难和挑战。赞助商的介入为高校足球提供了强大的支持，既有助于提高球队水平，也为赞助商带来了品牌曝光和社会责任的履行。本部分将探讨赞助商对高校足球训练的支持的意义、存在的问题以及提高支持效果的策略。

（一）赞助商对高校足球训练的支持意义

　　1. 资金支持

　　赞助商的资金支持是高校足球训练最直接的帮助。足球队需要购买装备、支付教练薪资、提供训练场地等，这些都需要大量的资金。赞助商的资金支持有助于确保足球队有足够的资源进行训练，提高球队整体水平。

　　2. 专业设备提供

　　赞助商通常能够提供先进的足球装备和技术设备，如高级训练场地、最新款球鞋、专业的训练器材等。这不仅提升了球队的训练条件，也有助于球员技能的提高。

3. 赞助商品牌曝光

与高校足球队合作，赞助商能够通过球队的比赛、训练等场合展示品牌，获得更广泛的曝光。这对于提升赞助商品牌知名度和影响力具有重要意义。

4. 社会责任的履行

赞助高校足球不仅是商业合作，同时也是对社会的一种回馈。赞助商通过支持体育项目，展现了企业的社会责任感，有助于树立企业良好形象。

（二）存在的问题与挑战

1. 赞助依赖度

高校足球队在长期依赖赞助商支持的情况下，可能形成一种赞助依赖度，一旦赞助商减少或停止资助，球队可能面临财政困难。

2. 赞助商影响力

一些赞助商可能对球队的运营和决策产生一定的影响，这可能导致一些管理层面的问题。因此，需要在合作协议中明确双方的权利和义务。

3. 赞助商退出风险

企业经营环境的变化或者市场竞争的压力可能导致赞助商调整战略，退出对高校足球的支持。球队需要有应对计划，减少可能的负面影响。

4. 赞助商选择与球队形象

一些赞助商可能会选择与球队的形象、价值观不符的合作，这可能引起争议。球队需要谨慎选择合作伙伴，确保双方价值观的一致性。

（三）提高赞助商支持效果的策略

1. 多元化合作方式

除了资金支持外，赞助商还可以通过提供技术支持、培训资源等多元化方式支持高校足球,以降低对资金的过度依赖。

2. 建立长期合作关系

建立长期稳定的合作关系有助于减少赞助商退出的风险。通过签订长期的合作协议,确保双方在合作期间共同发展。

3. 强化品牌合作价值

球队需要与赞助商共同强化合作的品牌价值,确保合作对双方品牌形象的提升有积极影响。

4. 加强社会责任落实

赞助商除了提供资金支持外,还可以通过参与校园活动、社会责任项目等方式,深化对社会的回馈,提高合作的社会责任感。

赞助商对高校足球训练的支持不仅体现在资金上,更包括了专业设备、品牌曝光和社会责任履行等多个方面。然而,赞助商支持也面临一些问题和挑战,如赞助依赖、影响力问题等。通过多元化合作方式、建立长期合作关系、强化品牌合作价值和加强社会责任落实,可以提高赞助商支持的效果。成功的合作案例如阿迪达斯与曼联、耐克与巴塞罗那足球俱乐部等都为其他高校足球项目提供了借鉴和参考的经验。在未来,高校足球与赞助商之间的合作还将继续深化,为足球运动的发展和高校体育的繁荣做出更大的贡献。

二、高校足球双赢合作与长期伙伴关系

高校足球作为体育项目的一部分,在大学校园中扮演着重要的角色。为了更好地支持和推动高校足球的发展,建立双赢的合作关系和长期的伙伴关系至关重要。本部分将探讨高校足球双赢合作的意义、实现方式以及长期伙伴关系的建立,旨在为高校足球的可持续发展提供思路和策略。

(一)高校足球双赢合作的意义

1. 提升足球水平

高校足球双赢合作有助于提升足球队的整体水平。通过与专业的足

球机构、教练团队或球员合作，高校足球队能够获得更专业的训练和指导，从而提高球队的竞技水平。

2. 激发学生体育兴趣

与专业足球合作可以为学生提供更好的体育体验，激发他们对足球的兴趣和参与度。这有助于推动校园体育文化的建设，提高学校的整体体育氛围。

3. 增加学校知名度

与知名足球机构或球队建立双赢合作关系，有助于提升学校的知名度。学校的足球活动通过合作伙伴的支持，更容易在媒体和社会上得到关注，从而提高学校整体形象。

4. 拓展合作领域

双赢合作不仅局限于足球训练和比赛，还可以拓展到其他领域，如学术研究、文化交流等。这有助于学校与合作伙伴建立全方位的合作，实现多领域、多层次的共赢。

（二）实现高校足球双赢合作的方式

1. 专业教练团队合作

与专业的足球教练团队建立合作关系，可以为高校足球队提供更专业的指导和训练。专业教练的经验和技术支持将对球队的整体水平有显著提升。

2. 与足球机构合作

学校可以与足球机构合作，共同举办足球训练营、比赛和其他足球活动。足球机构可以提供资源支持，为学校足球项目注入新的活力。

3. 建立校企合作

通过与足球相关企业建立合作关系，学校可以获得资金、装备、赛事支持等多方面的支持。与企业的合作不仅有助于提升球队水平，还为企业提供了品牌宣传和社会责任履行的机会。

4. 学术研究与足球结合

将学术研究与足球结合起来，与体育科学、运动医学等专业领域建立合作。通过研究与实践相结合，不仅提高了足球队的训练水平，还促进了学术研究的深入发展。

（三）建立长期伙伴关系的策略

1. 共同目标与价值观

建立长期伙伴关系的关键是双方有共同的目标和价值观。确保合作伙伴在足球发展、教育理念等方面与学校有一致的追求，有助于长期合作的稳定发展。

2. 协商合作协议

在合作初期，双方可以制订详细的合作协议，明确各自的责任和权益。协议中可以包括合作的时间周期、双方的权利义务、资金支持等方面的具体内容。

3. 灵活应对变化

在长期的伙伴关系中，双方都可能面临环境、市场等方面的变化。建立灵活的合作机制，能够及时应对变化，保持合作的稳定性。

4. 持续沟通与反馈

保持双方的持续沟通是维护伙伴关系的关键。定期召开会议、进行项目评估，及时了解对方的需求和反馈，有助于合作关系的长期发展。

高校足球双赢合作与长期伙伴关系的建立对于推动校园足球的可持续发展至关重要。通过与专业教练团队、足球机构、企业等建立合作，可以提升球队水平、激发学生兴趣、增加学校知名度。在建立长期伙伴关系时，要注意明确共同目标和价值观、制订详细的合作协议、灵活应对变化以及保持持续沟通与反馈，这些都是确保合作关系稳健发展的关键要素。通过合理规划、精心执行，高校足球与合作伙伴之间的关系可以实现更加深入、更加紧密的合作，实现双方的共同发展目标。

第三节　社会活动与高校足球训练的互动

一、足球文化活动与社会参与

足球作为一项全球性的体育活动，不仅仅是一场比赛，更是一种文化的传承和体验。足球文化活动不仅能够丰富社会文化生活，还能够促进社会参与和团结。本部分将探讨足球文化活动对社会的积极影响以及如何通过足球文化活动实现更广泛的社会参与。

（一）足球文化活动的社会影响

1. 促进文化多元融合

足球作为一项国际性的体育运动，能够促进不同文化的交流与融合。国际足球比赛、世界杯等大型赛事成为各国文化交流的平台，促使不同文化元素在足球场上相互碰撞、交流，形成文化的多元融合。

2. 塑造社会认同感

足球活动能够在社会中形成共同的认同感，不论是支持同一支球队的球迷还是在比赛中共同欢呼的观众，都能够在足球文化中找到共鸣。这种认同感有助于增强社会凝聚力，促使社区内成员更加团结和谐。

3. 传承历史与价值观

足球文化活动也成为传承历史和价值观的一种方式。球队的历史、球星的传奇故事，都成为社会共同的记忆。通过足球文化活动，社会能够传承并弘扬一些积淀深厚的价值观，如团队协作、拼搏精神等。

（二）足球文化活动的形式与特点

1. 足球比赛与赛事

足球比赛是最直接的体育活动形式，从本地联赛到国际大赛，各级别的足球比赛都能够吸引大量观众参与。世界杯、欧洲冠军联赛等国际性赛事更是成为全球关注的焦点。

2. 足球文化节

足球文化节通过各种方式展示和弘扬足球文化，包括艺术表演、文化展览、讲座等形式。这种多元化的活动形式使更多人能够以不同的方式参与和了解足球文化。

3. 足球主题艺术作品

足球作为一种艺术表达的载体，成为艺术家们创作的灵感来源。足球主题的画作、雕塑、音乐等作品通过艺术形式传递足球文化的内涵，激发人们对足球的独特体验和感悟。

4. 足球慈善活动

足球慈善活动通过足球这个平台，集结社会力量为慈善事业筹集善款。足球明星的慈善赛、慈善组织与球队的合作等形式，将足球文化与社会责任相结合，引导社会更多地参与公益事业。

（三）足球文化活动与社会参与的关系

1. 促进社区互动

足球文化活动有助于促进社区居民之间的互动。通过组织社区性的足球比赛、观看球赛等活动，人们可以更加融入社区，建立更为紧密的社交关系。

2. 培养青少年参与精神

足球作为一项受欢迎的体育运动，能够吸引大量青少年参与。通过在学校、社区组织足球活动，培养青少年的参与精神，让他们在团队协作中学到团结、拼搏等重要品质。

3. 促使社会公众更积极参与

足球文化活动的广泛开展能够激发社会公众的兴趣和参与欲望。观看比赛、参与球迷活动、购买相关周边产品等都是社会公众积极参与足球文化的方式。

4. 传递社会价值观

足球文化活动是传递社会价值观的重要途径。通过足球比赛中展现的拼搏、团队协作等价值观，社会将这些正能量内化，反哺到个体和社区层面。

（四）足球文化活动的发展与挑战

1. 发展机遇

随着足球产业的不断发展，足球文化活动在全球范围内蓬勃兴起。大型足球赛事的举办、足球产业链的拓展都为足球文化活动提供了更广阔的舞台。足球文化的数字化和网络化也使得人们更容易获取和参与足球文化活动，推动了足球文化的全球传播。

2. 挑战与应对

然而，足球文化活动也面临一些挑战。其中之一是商业化对足球文化的影响。商业化使得一些足球文化活动过度商业化，可能会失去一些纯粹的足球文化内涵。同时，不同文化的碰撞也可能引发文化冲突，需要更加敏感的处理。

另一个挑战是足球文化活动的参与不平衡。一些地区或社群可能因为各种原因无法充分参与足球文化活动，导致文化传承不均。为解决这一问题，需要在政策层面采取措施，提高社会的文化平等。

足球文化活动与社会参与相辅相成，共同构建了一个丰富多彩的文化景观。通过足球文化活动，社会各个层面的人们能够在欢笑、团结、奋斗中找到共鸣，促使社会更加和谐与稳定。足球文化的传承与发展需要全社会的共同努力，既要重视足球运动本身的竞技性和娱乐性，也要注重足球文化活动背后所蕴含的社会责任和价值观。

未来，随着社会的不断发展和足球产业的不断壮大，足球文化活动将继续成为连接人们的桥梁，激发更多人参与体育、感受文化的热情。通过足球文化活动，我们能够更好地传承足球文化的精髓，培养更多热爱足球、热爱生活的社会成员，为构建更加和谐、积极向上的社会环境做出贡献。

二、高校足球公益活动与社会服务

高校足球作为校园体育的一部分，不仅关注学生的体育健康，还积极参与公益活动与社会服务。通过开展各类公益活动，高校足球既能够服务校园内的学生，也能够拓展服务范围，关注社会的各个层面。本部分将探讨高校足球的公益活动与社会服务，分析其意义、形式以及对社会的积极影响。

（一）高校足球公益活动的意义

1. 促进学生身心健康

高校足球公益活动通过组织足球比赛、培训课程等形式，鼓励学生参与体育锻炼，促进身心健康。足球作为一项全身性运动，有助于提高学生的身体素质、增强免疫力，并培养他们积极的生活态度。

2. 培养团队协作与领导力

足球是一项团队运动，通过参与足球训练和比赛，学生能够培养团队协作精神和领导力。这对于他们未来的社会生活和职业发展都具有积极的影响。

3. 传递社会责任感

高校足球公益活动有助于向学生传递社会责任感。通过参与公益项目，学生能够深刻体验到自己的力量可以为社会带来积极的改变，培养他们的社会责任感和公民意识。

（二）高校足球公益活动的形式与内容

1. 校内足球赛事

组织校内足球赛事是高校足球公益活动的常见形式。这不仅可以激发学生参与足球运动的兴趣，还能够增强校园文化和凝聚力。

2. 社区足球培训

高校足球团队可以开展社区足球培训，为周边社区的青少年提供足球技能培训。这种形式既服务了社区，也促进了高校足球与社区的融合。

3. 公益慈善赛

举办公益慈善赛是高校足球公益活动的另一种形式。通过慈善赛筹集善款，支持社会公益事业，使足球运动成为服务社会的平台。

4. 足球公益课程

开设足球公益课程是将足球融入学校课程体系，使更多学生接触足球，提高足球运动在校园中的普及度。

（三）高校足球公益活动的社会服务作用

1. 服务校园内学生

高校足球公益活动首先服务校园内的学生。通过提供足球训练、比赛等机会，满足学生对体育锻炼和娱乐的需求，促进校园文化建设。

2. 辐射社区和公众

高校足球团队可以通过在社区组织足球培训、开展公益赛事等方式，服务社区居民和公众。这不仅能够提高足球运动的普及度，还有助于树立高校的社会形象。

3. 参与社会公益事业

通过组织公益慈善赛、参与社会公益活动，高校足球团队能够为社会公益事业筹集善款，积极参与社会责任，体现高校的社会责任感。

（四）高校足球公益活动的挑战与对策

1. 资源不足

一些高校可能面临足球场地、器材等资源不足的问题。解决这一挑战需要通过与校方、赞助商等渠道合作，争取更多资源支持。

2. 社区融合难度

将足球服务扩展到社区可能面临融合难度，需要高校足球团队深入了解社区文化和需求，制订有针对性的服务计划。

3. 公益项目的可持续性

一些公益项目可能面临资金短缺、参与热情下降等问题，需要高校足球团队规划好项目，确保其可持续发展。

高校足球公益活动与社会服务是一项有着深远影响的工作。通过服务学生、辐射社区和公众，高校足球团队既能够提升自身的社会影响力，又能够培养学生的社会责任感和团队合作精神。在面临挑战的同时，采取切实可行的对策，可以更好地发挥高校足球在公益活动和社会服务中的作用。

三、高校足球社会赛事与学校开放日的结合

高校足球社会赛事与学校开放日的结合是一种创新的活动形式，旨在通过足球比赛等体育赛事，将校园与社会更紧密地联系在一起。本部分将探讨高校足球社会赛事与学校开放日结合的意义、实施方式以及可能面临的挑战与对策。

（一）结合的意义

1. 促进校园文化与社会互动

结合足球社会赛事与学校开放日可以促进校园文化与社会的互动。足球比赛作为一项受欢迎的体育活动，吸引了来自社会各个层面的观众。通过这种形式，校园不再是封闭的空间，而是向社会开放的平台，实现了校园文化的推广和社会互动。

2. 提升学校形象与知名度

组织足球社会赛事与学校开放日的结合有助于提升学校的形象与知名度。社会赛事吸引了更多观众的关注，学校借此机会向外界展示其体育氛围和校园文化，加深对学校的了解，提升学校的声誉。

3. 拓展招生与合作渠道

结合足球社会赛事与学校开放日还可以为学校拓展招生与合作渠道。吸引社会各界的目光，有可能吸引更多优秀的学生选择该校，同时也有望吸引潜在的合作伙伴，推动学校与企业、社会组织等的深度合作。

（二）实施方式

1. 组织足球比赛

开展足球比赛是结合足球社会赛事与学校开放日的一种主要方式。

可以组织校际足球比赛，邀请社会团队参与，增加比赛的精彩度。比赛现场设置校园导览点，让观众更全面地了解学校。

2. 举办体验活动

在学校开放日的同时，设置足球体验活动，让参与者亲身感受足球运动的魅力。可以设置足球训练营、技能挑战赛等，吸引更多学生和家长积极参与。

3. 邀请知名人士或球队参与

为增加足球社会赛事与学校开放日的吸引力，可以邀请知名足球明星、足球队伍等参与活动。他们的到来不仅能够为比赛增色，同时也能够吸引更多观众，提高活动的影响力。

4. 制订精心的宣传计划

在活动前期，制订精心的宣传计划，通过社交媒体、校园宣传、线下传单等多渠道进行广泛宣传。提前营造热烈的氛围，吸引更多人参与。

（三）可能面临的挑战与对策

1. 资源不足

挑战：学校可能面临场地、设备等资源不足的问题。

对策：寻求校内外赞助商的支持，争取足够的场地和设备资源。可以与当地体育局、足球协会等建立合作关系，共享资源。

2. 活动组织难度

挑战：同时组织足球比赛和开放日可能会增加活动的组织难度。

对策：提前做好详细的活动计划，合理安排时间和场地，确保两者协调进行。可以设立专门的组织团队，分工协作，提高组织效率。

3. 公众参与度不高

挑战：可能面临公众对足球比赛和学校开放日兴趣不高的问题。

对策：通过制订有吸引力的比赛规则、设置丰富多彩的活动内容，提高公众的参与度。同时，加强宣传，让更多人了解并参与到活动中来。

高校足球社会赛事与学校开放日的结合是一种创新的活动模式，具有促进校园文化与社会互动、提升学校形象与知名度、拓展招生与合作渠道的重要意义。通过合理设计活动方式，制订精心的宣传计划，解决可能面临的挑战，可以使这种结合形式更加成功。希望通过这样的活动，学校能够与社会更好地交流互动，实现双赢局面。

第四节　大众参与与高校足球训练

一、校园足球与大众体育的关系

体育在社会中扮演着重要的角色，不仅是身体锻炼的手段，也是培养团队协作、培养个体品质的途径。校园足球作为一种在学校中推广的体育运动，与大众体育之间存在紧密的联系。本部分将探讨校园足球与大众体育的关系，分析其相互影响和共同推动的作用，同时探讨推动校园足球发展的策略，以及如何将校园足球与大众体育融合，共同促进体育事业的繁荣。

（一）校园足球的发展现状

1. 校园足球的普及程度

近年来，校园足球在全球范围内得到了广泛的重视和推动。各国纷纷制订相关政策和计划，以提高校园足球的普及程度。在一些国家，校园足球不仅是学生体育课程的一部分，还成为学校体育文化的代表，吸引了大量学生参与。

2. 校园足球的优势

校园足球有助于培养学生的体育素养、团队协作精神、纪律性等品质。通过足球运动，学生能够锻炼身体、提高运动技能，同时学会与他人合作，培养团队精神。这些优势有助于学生全面发展，使得校园足球在教育体系中占据重要地位。

（二）校园足球与大众体育的关系

1. 校园足球是大众体育的基石

校园足球作为青少年体育的重要组成部分，是大众体育的基石之一。学生时期是个体体育素养和运动兴趣形成的关键时期，校园足球为广大青少年提供了参与体育活动的机会，为他们的身体健康、情感交往、团队协作等方面的发展打下坚实基础。

2. 大众体育对校园足球的推动

大众体育在社会中具有广泛的影响力，通过各类体育赛事、俱乐部等形式，将足球运动推向更广泛的人群。大众体育的繁荣和发展为校园足球提供了更广阔的舞台，提高了社会对校园足球的关注度，推动了其发展。

3. 共同推动体育事业发展

校园足球和大众体育的相互关系不仅体现在对彼此的推动上，更体现在共同推动整个体育事业的发展上。通过培养更多的足球人才，校园足球为国家足球队和职业足球俱乐部输送了人才资源，促进了国家足球事业的繁荣。

（三）推动校园足球发展的策略

1. 加强体育基础设施建设

为了推动校园足球的发展，需要加强相关体育基础设施的建设，包括足球场地、训练设施等。这为学生提供了更好的足球锻炼环境，也为校园足球赛事的举办提供了场地支持。

2. 完善足球培训体系

建立完善的足球培训体系，包括专业的足球教练团队、科学的训练方法和系统的培训课程。通过提高足球教育的专业性，培养更多的专业足球人才。

3. 加强学校与社会资源合作

学校可以与足球俱乐部、地方政府、企业等建立合作关系，共同推动校园足球的发展。这种合作可以包括资源共享、赛事组织、人才培养等方面，形成校园足球与大众体育共同推动的良好局面。

（四）融合校园足球与大众体育的路径

1. 开展联赛与赛事

通过举办各类足球联赛和赛事，将校园足球与大众体育相结合。这既能激发学生对足球的兴趣，也能吸引更多的家长和社会人士关注和参与。

2. 拓展足球文化活动

通过足球文化活动，如足球艺术展览、足球电影节等形式，增强足球的文化内涵，让校园足球不仅仅是一项体育活动，更是一种文化传承。这有助于将足球融入大众文化，促使更多人参与其中。

3. 制订激励政策

通过制订激励政策，例如设立奖学金、提供培训机会等，鼓励更多的学生参与校园足球。同时，也可以鼓励学校和社会组织提供支持，推动校园足球与大众体育的融合。

4. 打造足球社区

建立足球社区，将校园足球与社区活动相结合。通过在社区举办足球比赛、培训班等活动，将足球融入社区文化，形成良好的体育氛围，拉近学校与社区的关系。

（五）校园足球与大众体育的共同发展作用

1. 人才培养与输送

校园足球作为青少年体育的重要途径，为国家足球人才的培养提供了重要平台。通过校园足球，可以发现并培养更多的足球人才，为国家足球队、职业足球俱乐部输送优秀球员。

2. 体育素养的提高

校园足球培养学生的体育素养，提高他们的身体素质、协作精神和纪律性。这有助于培养社会公民的全面素质，推动整个社会的体育素养提高。

3. 促进社交与文化交流

足球作为全球最受欢迎的体育运动之一，通过校园足球的推动，可以促进不同文化背景的学生之间的交流与合作。这有助于培养学生的国际视野和文化包容性。

校园足球与大众体育的关系密切，二者相辅相成，共同推动体育事业的发展。校园足球作为培养体育人才、提高学生体育素养的有效途径，与大众体育相结合，将有助于推动整个社会体育水平的提高。通过加强基础设施建设、完善培训体系、联合社会资源等策略，可以进一步促进校园足球的发展，实现校园足球与大众体育的良性互动。这种互动将不仅推动足球在学校和社区的发展，也有助于培养更多热爱体育、具有团队协作精神的优秀人才，为国家的体育事业做出更大的贡献。

二、足球培训开放日与招生宣传

足球培训开放日是足球培训机构为吸引学生、向家长展示培训质量以及传递足球文化的重要活动之一。本部分将探讨足球培训开放日的意义和作用，以及如何通过招生宣传策略有效推动开放日的成功实施。

（一）足球培训开放日的意义与作用

1. 推动招生与增加知名度

足球培训开放日是足球培训机构向社会开放的窗口，通过展示培训质量、设施、师资力量等方面的优势，吸引更多学生报名参与。同时，开放日也是提高机构知名度的有效途径，通过展示专业性和独特性，吸引更多关注和信赖。

2. 提供家长与学生更直观的了解

开放日为家长和学生提供了直接感受和了解足球培训机构的机会。他们可以亲自参观培训场地，了解培训课程设置，与教练团队互动，从而更全面地评估培训机构的教学水平和理念是否符合期望。

3. 促进家校互动与建立信任关系

足球培训开放日是学校与家长之间沟通的桥梁，通过直接面对面的交流，能够建立更加密切的家校关系。这有助于提高家长对足球培训的信任度，让他们更愿意将孩子交给培训机构进行专业的足球训练。

（二）足球培训开放日的策划与实施

1. 制订开放日计划

在开放日前，足球培训机构需要制订详细的开放日计划，包括活动安排、参观路线、互动环节等。确保开放日既有足够的吸引力，又能够充分展示培训机构的特色。

2. 提前宣传与邀请

在开放日之前，足球培训机构需要通过各种渠道提前宣传，包括社交媒体、传单、校园广播等。同时，向目标家庭发出邀请，鼓励他们踊跃参与。提前的宣传能够提高开放日的知名度，增加参与度。

3. 精心安排互动环节

开放日的吸引力在于能够提供更多的互动机会。安排足球教学示范、小型比赛、趣味互动游戏等环节，让家长和学生能够亲身感受培训的氛围，加深他们对培训机构的了解。

4. 展示师资力量与培训成果

在开放日中，足球培训机构需要重点展示师资力量，介绍教练团队的专业背景和培训经验。同时，通过展示学员在培训过程中取得的成果，如比赛获奖、技能提升等，向家长展示培训的实际效果。

（三）招生宣传策略的重要性

1. 多渠道宣传

招生宣传需要采用多渠道的方式，包括线上和线下。线上可以通过社交媒体、校园 APP、官方网站等平台进行宣传；线下可以通过海报、传单、校内广播等方式进行推广。

2. 制作宣传资料

精心制作宣传资料，包括学校介绍、课程设置、师资力量、学员风采等内容。这些资料可以在开放日当天分发给家长，也可以提前通过网络媒体进行发布。

3. 制订优惠政策

在招生宣传中，可以制订一些优惠政策，如报名费折扣、奖学金机会等，以吸引更多学生报名。这种优惠政策能够在一定程度上提高招生的竞争力。

4. 与学校合作

与学校建立良好的合作关系，可以通过学校的官方渠道进行宣传。合作可以包括在学校校报或校园电视上刊登广告，在学校活动中进行推广，甚至与学校体育课程相结合，提供一些特别的课程或活动。

5. 制作宣传视频

制作一些生动有趣的宣传视频，通过展示足球培训的课程、师资力量、学员的成绩和感言等，形成生动的画面，更容易引起潜在学生和家长的共鸣。这样的视频可以通过社交媒体、官方网站等平台进行推广。

6. 参与体育赛事

参与一些本地或区域性的体育赛事，展示培训机构的实力。在比赛现场可以设立宣传展位，向参与比赛的学生和家长宣传培训机构的特色和优势。

（四）足球培训开放日与招生宣传的整合策略

1. 统一主题与形象

足球培训开放日和招生宣传应该保持一致的主题和形象，确保传递的信息一致性。这有助于形成一个完整的品牌形象，提高家长和学生的认知度。

2. 定期组织活动

不仅要在招生季举办足球培训开放日，还可以定期组织一些足球体验活动、足球比赛等，保持机构在家长和学生中的持续关注度。

3. 制订整体宣传计划

在足球培训机构的运营中，需要制订整体宣传计划，明确不同阶段的宣传重点和策略。开放日作为一个重要节点，需要在整体计划中占有一席之地，并与其他宣传活动形成有机衔接。

4. 制作宣传材料

在整合策略中，我们需要制作一些通用的宣传材料，如宣传册、海报和宣传视频等。这些材料不仅可以在开放日中使用，还可以在其他宣传活动中发放，以提高宣传效果。

足球培训开放日与招生宣传是足球培训机构吸引学生、提高知名度的重要手段。通过精心策划和整合，可以形成有力的品牌宣传效果，吸引更多学生和家长的关注和信任。在宣传过程中，要注重真实性和专业性，让家长和学生能够更真实地了解足球培训机构的特色和优势。通过不断创新和改进，足球培训机构可以在竞争激烈的培训市场中脱颖而出，取得更好的发展。

三、大众球迷与学校足球队的互动

足球是一项极具社交性和互动性的运动，而学校足球队则是培养青少年足球人才、促进学校体育发展的重要平台。大众球迷作为足球运动的热情支持者，与学校足球队之间的互动关系至关重要。本部分将探讨大众球迷与学校足球队的互动意义、方式以及如何促进这种互动，以推动学校足球事业的繁荣。

（一）大众球迷与学校足球队互动的意义

1. 促进足球文化传承

大众球迷是足球文化的重要组成部分，他们通过激情的支持和参与，传递着足球的核心价值观和文化内涵。与学校足球队的互动可以促进足球文化在学校的传承，培养学生对足球的热爱和认同。

2. 激发学校足球队的士气

大众球迷的支持对学校足球队的士气具有积极的影响。球场上的欢呼声和支持声能够激发球队成员的斗志，提高比赛时的竞技状态。这种互动不仅对球队的表现有正面影响，同时也让球员感受到来自校外的鼓励，增强了他们的自信心。

3. 打造积极的校园体育氛围

大众球迷的积极参与有助于打造积极向上的校园体育氛围。通过在比赛现场举办校园足球迷会、球迷活动等，可以拉近球队和球迷的距离，形成良好的校园体育文化。

（二）大众球迷与学校足球队的互动方式

1. 球迷会的建立与管理

学校可以设立球迷会，组织学生和社会球迷共同参与。球迷会可以负责组织各类支持活动，包括比赛集体观看、球队庆祝活动、球迷巡游等，增强球迷团体的凝聚力。

2. 足球主题活动的策划

学校足球队可以定期策划一些足球主题的活动，邀请大众球迷参与。例如，举办足球文化展览、足球讲座、足球电影放映等，通过多样化的活动形式，拉近球迷与学校足球队之间的联系。

3. 社交媒体平台的运营

借助社交媒体平台，学校足球队可以与大众球迷进行更紧密的互动。定期发布球队动态、球员训练情况、比赛预告等信息，与球迷分享足球生活，引发球迷的关注和讨论。

4. 球迷参与球队决策

通过设立球迷代表或球迷委员会，让球迷有机会参与到一些球队决策中，如投票选举球迷最喜爱的球员、设计球队队旗、制订球迷口号等。这种参与感能够深化球迷对学校足球队的归属感和认同感。

（三）促进大众球迷与学校足球队的互动

1. 定期组织球迷活动

学校足球队可以定期组织各类球迷活动，如球迷聚会、庆功宴、球迷比赛等。这样的活动可以增进球队与球迷之间的交流，拉近彼此关系。

2. 球队形象的宣传与推广

学校足球队应注重自身形象的宣传与推广。制作团队宣传片、设计团队标志、制作球迷周边用品等，都可以提升球队的品牌形象，吸引更多球迷的关注。

3. 鼓励球员与球迷互动

球员是学校足球队的核心，鼓励球员与球迷进行互动是促进双方关系的重要途径。球员可以在比赛后与球迷亲切交流，签名赠送球迷，提高球迷的参与感。

4. 制订会员制度与激励政策

学校足球队可以制订球迷会员制度，鼓励球迷成为会员，享受一定的福利和激励政策。例如，提供球队比赛门票优惠、限量版纪念品等，以激发球迷的积极参与。

（四）结合学校实际的大众球迷与学校足球队互动策略

1. 创设学校足球迷会

学校足球队可以鼓励学生自发组织足球迷会，促进学生之间的交流与合作。足球迷会可以定期组织球迷活动，提高球迷的凝聚力，同时成为学校足球文化的宣传者。

2. 利用社交媒体平台

学校足球队可以积极利用社交媒体平台，建立官方账号，及时发布球队动态、比赛预告、球员训练情况等信息。通过引导球迷在社交媒体上互动，形成良好的球迷社区。

3. 举办校园足球主题活动

学校足球队可以定期举办校园足球主题活动，如足球文化周、球迷见面会、球队庆功宴等。这些活动可以吸引更多学生参与，同时加深学校足球队与球迷之间的联系。

4. 球队形象宣传与周边商品设计

通过设计具有学校足球队标识的周边商品，如球迷服、旗帜、队徽等，扩大学校足球队的宣传影响力。这些周边商品不仅可以售卖，还能成为学生自豪感的象征，增强对学校足球队的认同感。

5. 鼓励球员互动与服务社区

学校足球队可以鼓励球员参与社区服务和互动。例如，组织球员参与足球公益活动、学校社区巡回赛等，提升球队的社会形象，同时拉近与社区居民的关系。

大众球迷与学校足球队的互动不仅是促进足球文化传承的重要途径，更是提高学校足球队影响力、凝聚力的有效手段。通过多样化的互动方式，学校足球队可以建立更紧密的联系，形成良好的校园足球文化。这种互动关系不仅有助于提高学校足球队的比赛士气，也为球迷提供了更丰富、有趣的足球体验。通过学习成功案例和结合学校实际情况，制订合适的互动策略，可以推动大众球迷与学校足球队之间更为深入的合作。

第五节　媒体宣传与高校足球训练的关系

一、媒体报道对高校足球训练的影响

足球是一项备受瞩目的全球性体育运动，而高校足球作为培养优秀足球人才和推动体育事业发展的平台，受到了广泛的关注。媒体报道在现代社会中扮演着至关重要的角色，其对高校足球训练的影响不仅限于提供信息，更涉及塑造足球文化、推动校园足球发展以及影响社会对足球的认知。本部分将探讨媒体报道对高校足球训练的影响，并讨论其在促进足球文化传承、塑造校园足球形象和激发学生参与的方面所起到的作用。

（一）媒体报道对高校足球的宣传与推广

1. 提升足球训练的知名度

媒体报道通过对高校足球训练的专题报道、赛事直播、球队动态跟踪等方式，将高校足球训练的信息传递给更广泛的受众，提升了足球训练的知名度。这有助于吸引更多学生关注和参与足球训练，推动足球文化在校园中的传播。

2. 引导公众对足球训练的关注

媒体报道具有引导公众关注的能力，通过精彩的报道和深度的访谈，吸引了更多社会各界人士对高校足球训练的关注。这种关注不仅有助于培养学校足球队的粉丝群体，也为校园足球的发展提供了更广泛的支持。

3. 塑造足球训练的品牌形象

媒体报道对高校足球训练进行品牌化宣传，通过呈现球队的特色、教练团队的专业水平以及球员的风采，形成独特的品牌形象。这有助于提高足球训练的声望，使其在校园足球领域具有更强的竞争力。

（二）媒体报道对高校足球文化的传承

1. 弘扬足球价值观

媒体报道有助于弘扬足球的核心价值观，如团队协作、拼搏精神、公平竞争等。通过对高校足球训练中涌现的优秀球员、团队合作精神等方面的报道，媒体传递了积极向上的足球文化，对培养学生的体育精神和团队协作能力具有积极作用。

2. 传播足球历史和传统

足球作为一项拥有悠久历史的体育运动，有着丰富的文化传统。媒体报道可以通过对足球历史的追溯、名人足球故事的讲述，传递足球文化的深厚内涵，使高校足球训练更好地融入足球的传统和历史沿革中。

3. 培育足球爱好者和专业人才

媒体报道通过对高校足球训练的优秀球员、优秀教练员的专访，为培育更多的足球爱好者和专业人才提供了榜样和学习的对象。这有助于激发学生对足球的兴趣，同时为培养足球专业人才提供了更多的展示平台。

（三）媒体报道对高校足球队形象的塑造

1. 增强球队凝聚力和自信心

媒体报道有助于增强高校足球队的凝聚力和自信心。通过对球队赛事、训练状况的报道，激发球员的斗志，同时为球队树立更为鲜明的形象，使球员更有自信心地面对各类比赛。

2. 塑造积极向上的球队形象

媒体报道有助于塑造高校足球队积极向上的形象。通过关注球队在比赛中的拼搏精神、团队协作等正面素质，形成积极向上、拼搏进取的形象，为球队树立崇高的形象。

3. 引导社会对球队的认知

媒体报道在引导社会对高校足球队认知方面发挥着重要作用。通过突出球队的特色、训练成果、球员风采等方面的报道，引导社会对高校足球队的认知更加全面和正面，为球队的形象树立提供了有力支持。

（四）媒体报道对学生参与足球训练的激发作用

1. 提高学生对足球的兴趣

媒体报道通过生动有趣的方式展示高校足球训练的场景、球员的技艺，引发了学生对足球的浓厚兴趣。这种兴趣的激发有助于提高学生参与足球训练的积极性，推动更多学生融入足球文化中。

2. 传递正能量的价值观

媒体报道传递的正能量和积极向上的价值观，有助于激发学生参与足球训练的信心和勇气。学生在媒体报道中看到的成功故事、团队合作的力量等，可能激发他们参与足球训练的渴望，以追求个人成长和团队荣誉。

3. 提供榜样和学习对象

通过对足球训练中涌现的优秀球员、教练员的报道，媒体为学生提供了榜样和学习的对象。学生可以通过媒体报道了解到足球领域的专业技能、团队协作经验等，从而更好地指导自己的足球训练和提高个人水平。

（五）媒体报道对高校足球训练的挑战与反思

1. 负面报道对形象的影响

媒体报道不仅局限于正面宣传，也可能涉及负面报道。不当的报道、失实的信息可能对高校足球训练的形象造成一定的负面影响。因此，高校足球队需要关注媒体报道的真实性和客观性，及时做好舆情危机管理。

2. 媒体炒作对球员心理的影响

某些时候，媒体可能会过度炒作某位球员，给予过高的期望值。这种情况可能对球员的心理造成一定的负担，增加了比赛压力。高校足球队需要关注球员的心理健康，及时引导他们正确看待媒体报道，保持稳定的心态。

3. 媒体报道与足球训练的平衡

媒体报道通常更倾向于关注一些引人注目、具有话题性的方面，而可能忽略了足球训练的平凡但重要的部分。高校足球队需要在媒体报道中注重平衡，全面展示足球训练的方方面面，使观众更全面地了解高校足球训练的实质。

（六）未来发展方向与建议

1. 加强与媒体的合作

高校足球队应主动与媒体进行合作，建立稳固的合作关系。通过为媒体提供更多真实、有深度的训练幕后故事，吸引媒体更多地关注足球训练的方方面面，形成良性互动。

2. 提升媒体素养

高校足球队和足球管理机构应提升媒体素养，了解媒体运作规律，积极参与媒体报道的引导和策划。通过主动参与报道过程，更好地展现高校足球训练的真实情况，引导媒体更加客观地报道。

3. 建立自有媒体平台

高校足球队可以考虑建立自有媒体平台，如官方网站、社交媒体账号等，直接传递足球训练的信息。这样不仅可以更好地掌握舆论导向，还可以提供更多优质内容，引导媒体对足球训练的正面报道。

4. 增强舆情管理能力

面对媒体报道可能带来的挑战，高校足球队需要增强舆情管理能力。建立健全的危机公关预案，及时应对负面报道，通过正面宣传和舆情引导，维护足球训练的正面形象。

媒体报道作为信息传递的桥梁，对高校足球训练的影响不可忽视。通过宣传与推广、文化传承、形象塑造以及学生参与的激发，媒体报道为高校足球训练的发展提供了有力支持。然而，也需要高校足球队在与媒体的互动中保持警惕，主动引导舆论，以确保媒体报道对高校足球训练的影响更趋于正面和积极。

二、高校足球社交媒体与球队宣传

随着社交媒体的普及，越来越多的高校足球队意识到了在这个数字时代，通过社交媒体平台进行宣传是提高知名度、吸引球迷、塑造球队形象的有效途径。本部分将探讨高校足球如何运用社交媒体进行宣传，以及社交媒体对球队形象建设、球迷互动、赛事推广等方面的影响。

（一）社交媒体在高校足球宣传中的作用

1. 塑造球队品牌形象

社交媒体是高校足球宣传中不可或缺的工具之一。通过在平台上发布有关球队的新闻、训练状况、球员风采等内容，球队能够形成自己独特的品牌形象。定期更新内容，展示球队的专业性、活力和团队合作精神，为球队树立有吸引力的形象。

2. 提高球队知名度

通过社交媒体的全球传播特性，高校足球队有机会将自己的声音传播到全球范围。在不同的社交媒体平台上发布相关内容，吸引更多的关注和粉丝，从而提高球队的知名度。这有助于吸引更多潜在球员、赞助商以及球迷的关注。

3. 实时互动与球迷

社交媒体提供了与球迷直接互动的平台。球队可以通过回答问题、发布投票、举办线上活动等方式，与球迷建立更加紧密的联系。这种实时互动不仅加深了球迷对球队的了解，也增强了球迷的参与感和忠诚度。

（二）社交媒体在球队形象建设中的影响

1. 丰富的多媒体内容呈现

社交媒体平台支持各种形式的内容呈现，包括图片、视频、直播等。高校足球队可以通过上传训练照片、赛事回顾、球员访谈视频等，为球队形象注入更多元、生动的元素，使球队形象更加丰富多彩。

2. 传递正能量与价值观

通过社交媒体，高校足球队有机会传递正能量和积极的足球价值观。球队可以通过分享球员的努力、团队合作的精神、球队在社会公益活动中的参与等方式，向外界传递积极向上的形象，塑造球队为社会贡献正能量的形象。

3. 舆论引导与危机管理

在社交媒体上，负面信息传播迅速，因此高校足球队需要具备一定的舆论引导和危机管理能力。通过及时回应争议、澄清误会，球队可以在社交媒体上维护良好的形象，防止负面信息对球队声誉的影响。

（三）社交媒体在球队与球迷互动中的作用

1. 提升球队与球迷互动性

社交媒体为高校足球队提供了与球迷直接沟通的途径，打破了传统媒体的单向传播模式。通过回复评论、开展问答互动、举办线上活动等方式，球队能够与球迷建立更加密切的联系，增强球迷对球队的认同感。

2. 举办线上活动吸引关注

高校足球队可以通过社交媒体平台举办各种线上活动，如球迷见面会的直播、线上签名会等，吸引更多球迷的关注。这种线上活动不仅提升了球队的曝光度，还为球迷提供了与球队近距离互动的机会。

3. 制订球迷参与计划

通过社交媒体平台，高校足球队可以制订球迷参与计划，鼓励球迷参与球队建设。这可能包括球迷创意比赛、球迷代表选举等，通过让球迷参与决策，增强球迷的参与感，促进球队与球迷之间更加良好的互动。

（四）社交媒体在赛事宣传中的运用

1. 赛前赛后实况报道

社交媒体可以成为赛前赛后实况报道的平台。通过发布赛前训练情况、球员状态、战术准备等内容，引发球迷的期待。而在比赛结束后，及时发布赛事回顾、球员庆祝瞬间等，激发球迷的热情，增加对下一场比赛的期待。

2. 利用社交媒体进行赛事直播

社交媒体平台提供了实时直播的功能，高校足球队可以利用这一特性，在比赛进行时通过直播方式呈现比赛画面、解说分析等。这种实时性的互动让球迷能够更直接地参与到比赛中，增加他们的投入感，同时提升了赛事的曝光度。

3. 制作精彩赛事集锦

社交媒体上发布的短视频平台（如抖音、快手）成为传播足球赛事的利器。高校足球队可以将比赛中的精彩瞬间制作成短视频，进行精准推送，吸引更多用户观看。这样的集锦既能迅速传达比赛亮点，也适应了用户碎片化阅读的习惯。

（五）社交媒体宣传的挑战与解决方案

1. 负面信息的传播

社交媒体上负面信息传播迅速，一旦出现负面新闻，可能会对球队形象造成不良影响。解决方案包括建立危机管理团队，能够及时回应、澄清，以及维护球队形象；同时，加强与媒体的联系，争取更多正面报道，减轻负面信息对球队的影响。

2. 舆论引导的复杂性

社交媒体上舆论往往复杂多变，难以掌控。高校足球队需要具备较强的舆情引导能力，通过制订明确的宣传策略，增强自身品牌正能量的表达，引导舆论走向积极的方向。

3. 需要专业的运营团队

社交媒体宣传需要专业的运营团队，包括文案编辑、摄影摄像、社交媒体管理等多个方面的能力。高校足球队可以通过招募专业人才、与媒体公司合作等方式，确保社交媒体宣传的专业性和高效性。

（六）未来发展方向与建议

1. 多平台联动，全面宣传

未来，高校足球队可以进一步探索多平台联动的宣传方式。通过在不同社交媒体平台上发布不同形式的内容，实现全方位、多维度的宣传，以满足不同用户群体的需求。

2. 创新互动形式，提升用户黏性

为提升用户黏性，高校足球队可以创新互动形式。例如，推出线上足球游戏、举办球迷参与的线上活动等，增加用户参与感，让更多球迷愿意持续关注和参与球队的社交媒体。

3. 强化球队文化，传递价值观

社交媒体宣传不仅仅是吸引眼球，更是传递球队文化和价值观的有效手段。高校足球队可以通过在社交媒体上展示球队内部的日常生活、培训精神等，形成独特的球队文化，引发更多球迷的认同。

4. 拓展国际影响力，开拓市场

在社交媒体上拓展国际影响力，通过英语或其他语言发布内容，吸引更多国际球迷的关注。这有助于提升高校足球队的国际知名度，为未来拓展国际市场创造有利条件。

社交媒体已经成为高校足球宣传的重要阵地。通过巧妙利用社交媒体平台，高校足球队不仅能够提高知名度、形象建设，还能够实现与球迷更加紧密的互动。然而，在充分发挥社交媒体优势的同时，高校足球队也需要面对负面信息传播、舆论引导等挑战，需要具备一定的应对能力。未来，随着社交媒体的不断发展，高校足球队有望通过创新、专业化的社交媒体运营，实现更好的宣传效果和球队形象建设。

三、高校足球媒体关注与学校形象的提升

随着足球在全球范围内的普及，高校足球作为校园文化的一部分，其在媒体上的关注度逐渐增加。本部分将探讨高校足球如何通过媒体关注提升学校形象，以及媒体关注对学校品牌、学生招募、校园文化等方面的影响。

（一）媒体关注对高校足球的推动作用

1. 提升校园文化吸引力

高校足球通过媒体关注，能够成为校园文化的一部分，提升学校的文化吸引力。媒体报道不仅关注球队的比赛成绩，还关注球队的训练情况、球员的成长故事等，通过多维度的报道展示学校的体育文化和教育理念。

2. 塑造积极向上的学校形象

媒体关注有助于塑造学校的积极向上形象。高校足球队员在媒体上的表现，尤其是在比赛中展现的拼搏精神、团队协作等正面品质，有助于传递积极向上的学校形象，为学校赢得更多的正面评价。

3. 提高学校知名度

高校足球通过媒体关注，能够扩大学校的知名度。媒体的报道可以使学校的信息传播更广泛，吸引更多的目光。学校因足球而闻名，有可能吸引更多学生和家长的关注，增加学校的知名度和美誉度。

（二）媒体关注对学校形象的建设

1. 强化学校体育文化

媒体关注有助于强化学校的体育文化。通过报道高校足球比赛、球员的训练日常，媒体传递了学校对体育的重视程度。这有助于建设积极、健康的体育文化，为学校形象注入活力。

2. 传递学校教育理念

媒体关注不仅仅关注比赛成绩，更关注球员的学业成绩、团队协作

精神等方面。通过报道学校足球队员的学业兼顾、团队协作等正面元素，有助于传递学校教育理念，展现学校对全面素质培养的关注。

3. 彰显学校特色

高校足球的媒体关注可以帮助学校彰显自身的特色。例如，一些学校可能注重培养足球运动员的专业素养，而另一些学校可能更注重足球的社会影响力。媒体关注有助于将学校特色呈现给更多人，塑造独特的学校形象。

（三）媒体关注对学生招募的积极影响

1. 吸引优秀学生加入足球队

媒体关注提升了学校足球队的知名度，可能吸引更多优秀的学生加入足球队。优秀的球员不仅提升了球队整体实力，也为学校赢得了更多的荣誉，进一步提升了学校的形象。

2. 提高学校的吸引力

学校足球通过媒体关注，成为学校的一张亮丽名片，提高了学校的吸引力。对于喜欢足球运动的学生而言，学校足球队的强大实力和在媒体上的曝光，可能成为选择学校的一个重要因素，有助于提高学校的竞争力。

（四）媒体关注对校园文化的影响

1. 促进学校校园文化的多样性

学校足球作为一项活动，其媒体关注有助于促进学校校园文化的多样性。不同学校的足球队可能展现出不同的特色和氛围，通过媒体关注，学校足球活动的多样性得以呈现，为校园文化的多元化做出贡献。

2. 加强校园活动的凝聚力

学校足球活动的媒体关注可能加强校园文化的凝聚力。足球比赛、球迷互动等活动，通过媒体的报道能够让更多学生参与其中，加强校园活动的凝聚力，营造出更加融洽的校园氛围。

（五）面临的挑战与解决方案

1. 媒体关注下的负面报道

在媒体关注下，可能会面临负面报道的挑战。例如，球队在比赛中遇到困境、球员涉及争议事件等都有可能成为负面报道的对象。为应对这一挑战，学校需要建立危机公关团队，及时回应、澄清事实，积极引导舆论，以最小化负面影响。

2. 媒体报道的不确定性

媒体报道的不确定性也是一个挑战。媒体可能更加倾向于报道引人关注的新闻，而非关注学校的实际情况。解决这一问题的方法是加强与媒体的合作，主动向媒体提供真实、积极的信息，塑造学校积极向上的形象。

3. 媒体关注的短期效应

媒体关注往往是短期内的，长期维持媒体的关注需要学校不断创新、推出新的亮点。学校可以通过定期组织校园足球赛事、推出校园足球活动等方式，保持媒体的持续关注。

（六）未来发展方向与建议

1. 制订媒体宣传策略

学校需要制订明确的媒体宣传策略，明确目标受众、传播重点、宣传渠道等。有计划、有针对性地推动媒体关注，更好地展现学校足球的特色和文化。

2. 加强与媒体的合作

建立良好的校媒合作关系，与记者、编辑保持积极沟通。提供真实、全面的信息，主动分享学校足球队的故事，为媒体提供有价值的新闻素材，提高媒体关注的积极性。

3. 发展多元化的校园足球活动

通过发展多元化的校园足球活动，提高活动的吸引力。例如，组织校园足球联赛、举办足球文化节、邀请名人球星来校交流等，吸引更多关注和报道。

4. 强化校园足球的教育功能

强调校园足球的教育功能，使其更贴近学校教育使命。媒体关注不仅仅关注比赛成绩，更关注球员的成长、团队协作等，学校可以通过这一点突出足球在学校全面教育中的地位。

5. 提升学校足球赛事的专业水平

提升学校足球赛事的专业水平，吸引更多专业体育媒体的关注。举办高水平的足球比赛、培养出色的球员，有助于学校在体育媒体中获得更高的曝光度。

媒体关注对于高校足球来说是机遇与挑战并存的过程。通过善用媒体资源，学校可以提升校园文化的吸引力，加强学校形象的建设，对学校品牌、学生招募等方面产生积极影响。然而，需要学校在媒体关注下保持形象的稳定性，善于应对可能出现的负面情况。未来，通过制订明确的宣传策略、与媒体加强合作、发展多元化的足球活动等手段，学校足球有望实现更好的发展，为学校形象的提升做出更大的贡献。

第六节 社会支持对高校足球训练的影响

一、社会认可与支持的价值

社会认可与支持是一个组织或个体在社会中获得肯定和赞同的过程，具有深远的价值。在一个社会中，获得认可与支持不仅意味着在道德和伦理层面上得到了肯定，还能带来许多实际的好处。本部分将探讨社会认可与支持的价值，从个体、组织和社会层面分析其重要性。

（一）社会认可与支持对个体的价值

1. 心理健康与幸福感

个体在社会中获得认可与支持可以显著提升其心理健康水平和幸福

感。被他人认同和支持的感觉可以减轻孤独感，增强自尊心，培养积极向上的心态，从而促进个体的整体幸福感。

2. 自我实现与成就感

社会认可与支持是个体实现自我价值和目标的重要动力。当个体的努力和贡献得到社会的认可时，他们更有动力去追求自己的梦想，实现自我价值，从而获得成就感和满足感。

3. 发展个人能力与潜力

社会认可与支持可以为个体提供更多的发展机会和资源。在得到他人的认可后，个体更容易获得学习、工作、创业等方面的支持，有助于开发和发挥个体的潜力与能力。

（二）社会认可与支持对组织的价值

1. 品牌建设与声誉

组织在社会中获得认可与支持是品牌建设的关键。良好的品牌形象和声誉可以吸引更多客户、合作伙伴和优秀的员工，为组织的长期发展打下坚实基础。

2. 持续创新与竞争力

得到社会认可与支持的组织更容易吸引创新人才，促进持续创新。在社会中有一定地位和声望的组织更容易与其他机构建立合作伙伴关系，推动产业链的共同创新，提高组织的竞争力。

3. 引导社会舆论与政策影响

获得社会认可与支持的组织在引导社会舆论和影响政策方面具有更大的话语权。社会支持可以帮助组织更好地传递理念，引起社会的关注，推动相关政策的制订与改革。

（三）社会认可与支持对社会的价值

1. 社会凝聚力与稳定性

社会认可与支持有助于构建社会凝聚力和稳定性。当社会成员对一些共同的价值观念和目标达成认同，并且得到互相的支持时，社会将更加和谐稳定，减少社会矛盾和冲突。

2. 社会公正与包容性

得到社会认可与支持的个体和组织更容易成为社会的中坚力量，有助于维护社会的公正和包容性。社会支持可以促使各个层面的人群相互理解与关爱，共同建设一个公正、平等的社会。

3. 社会进步与可持续发展

社会认可与支持是社会进步与可持续发展的重要推动力。在一个得到社会广泛认可的环境中，更容易形成社会合力，推动科技创新、经济发展、环境保护等方面的进步。

（四）社会认可与支持的实现途径

1. 建立良好的社交网络

个体和组织可以通过建立良好的社交网络，加强与他人的联系，获得更多的认可与支持。社交网络的扩大可以帮助信息的传播和共享，提高个体和组织在社会中的可见度。

2. 强调社会责任与价值观

个体和组织需要注重社会责任感和价值观的树立。通过履行社会责任、积极参与公益事业，个体和组织能够树立良好的形象，得到社会的认可与支持。

3. 透明沟通与回应社会关切

透明的沟通对于获得社会认可与支持至关重要。及时回应社会关切，通过透明的沟通渠道向社会公众传递真实信息，有助于建立信任，赢得社会的认可。

4. 培养领导力与社会影响力

领导力和社会影响力是获得认可与支持的重要因素。个体和组织可以通过提升领导力水平、培养积极的社会影响力，更容易赢得社会的认可。领导力涉及领导者的责任感、决策能力、团队合作等方面，而社会影响力则涉及个体或组织在社会中产生的积极影响，包括社会责任的履行、参与社会公益活动等。

5. 建立良好的公共形象

个体和组织需要通过建立良好的公共形象，塑造正面的社会形象。这包括通过媒体宣传、社交媒体等渠道展示个体或组织的积极一面，向社会传递正能量，赢得更多的认可与支持。

6. 参与社会活动与公共事务

积极参与社会活动和公共事务是获得社会认可与支持的重要途径。通过参与公益事业、社区建设等活动，个体和组织能够贡献社会，树立良好的社会形象，获得更多的认可。

社会认可与支持是个体和组织在社会中获得肯定和赞同的关键因素，具有深远的价值。对于个体而言，社会认可与支持有助于提升心理健康、实现自我价值、发展个人能力。对于组织而言，社会认可与支持是品牌建设、持续创新、影响社会舆论的基础。在社会层面，认可与支持有助于构建社会凝聚力、促进社会公正与包容性、推动社会进步与可持续发展。

为了获得社会认可与支持，个体和组织需要建立良好的社交网络，强调社会责任与价值观，透明沟通并回应社会关切，培养领导力与社会影响力，建立良好的公共形象，积极参与社会活动与公共事务。通过这些努力，个体和组织能够在社会中赢得更多的认可与支持，实现更全面、可持续的发展。社会认可与支持的价值在个体、组织和社会的各个层面都得到体现，是构建和谐、稳定社会的重要动力之一。

二、支持度调查与改善措施

在社会、组织或项目运作中，获得持续的支持是取得成功和可持续发展的关键。支持度调查是一种评估群体或个体对特定事物、决策或计划的态度和意愿的方法。通过全面了解支持度，组织可以识别问题、改进策略，并采取措施提高支持度。本部分将探讨支持度调查的重要性以及如何通过调查结果实施有效的改善措施。

（一）支持度调查的重要性

1. 了解群体态度与期望

支持度调查是了解群体态度和期望的关键手段。通过调查，组织可以收集参与者的看法和意见，了解他们对于特定事物的态度，以及对组织或项目的期望是什么。这有助于建立更加符合参与者需求的计划和决策。

2. 识别问题与挑战

支持度调查有助于及早发现问题和挑战。通过定期进行调查，组织可以及时了解参与者的不满或关切点，从而能够在问题恶化之前采取纠正措施，保持积极的关系。

3. 提高透明度与信任

支持度调查可以提高组织的透明度，建立信任关系。当组织公开表达对参与者的关切，并通过调查了解他们的需求，参与者更容易相信组织是在真正倾听和尊重他们的声音。

4. 制订有效的沟通策略

了解支持度有助于制订更加有效的沟通策略。组织可以根据调查结果调整信息传递方式、内容和频率，确保与参与者的沟通更加贴近实际需求，提高信息的接受度。

（二）支持度调查的实施方法

1. 问卷调查

问卷调查是最常用的支持度调查方法之一。通过设计有针对性的问卷，包括封闭性问题、开放性问题和评分题，组织可以量化参与者的态度，系统地了解他们的看法和需求。

2. 面对面访谈

面对面访谈是一种深度了解参与者观点的方法。这种方法可以让调查者深入了解被调查者的感受、想法和期望，更容易发现潜在的问题和改进的空间。

3. 焦点小组讨论

焦点小组是一种集体讨论的形式，能够在相对轻松的氛围中收集多个人的意见。这种方法适用于探讨特定话题，获取群体动态和集体思维的特点。

4. 在线调查工具

随着技术的发展，在线调查工具变得越来越受欢迎。通过在线平台，组织可以更便捷地向大量参与者发送问卷，收集数据，并进行分析。这种方式省时高效，特别适用于大规模的支持度调查。

（三）支持度调查的改善措施

1. 分析调查结果

在进行支持度调查后，组织首先需要进行仔细的数据分析。通过分析调查结果，可以发现问题的根本原因，识别出参与者的主要关切点和期望，为制订改善措施提供指导。

2. 制订明确目标

基于调查结果，组织应该制订明确的改善目标。这些目标应该具体、可衡量，有助于组织全体成员理解改善的方向和期望的成果。

3. 制订行动计划

制订明确目标后，组织需要制订相应的行动计划。这包括确定实施改善措施的具体步骤、责任人和时间表。行动计划应该综合考虑调查结果和组织的实际情况。

4. 有效沟通

在实施改善措施的过程中，有效的沟通是关键。组织需要及时向参与者沟通改善计划和进展，保持透明度，让参与者感受到他们的声音得到了重视。

5. 及时调整

改善措施的实施可能会遇到意想不到的挑战，因此组织需要保持灵活性，及时调整计划。及时收集反馈，了解改善效果，根据实际情况进行调整，确保改善措施的可持续性。

（四）结论与展望

支持度调查与改善措施是组织管理中的重要环节，有助于建立积极的关系、提升满意度，从而取得更好的成绩。通过全面了解参与者的期望和关切，组织能够更有针对性地制订改善计划，提高参与者的满意度和忠诚度。

在未来，随着技术的不断发展，支持度调查的方法和工具将更加多样化和智能化。大数据分析、人工智能等技术的应用将为支持度调查提供更多可能性，使得组织能够更及时、精准地了解参与者的需求，并迅速作出相应的改进措施。在这个背景下，组织需要不断创新和改进调查方法，以更好地适应不断变化的社会和市场需求，提升组织的竞争力和可持续发展能力。

三、高校足球训练的社会影响与责任

高校足球训练既是校园体育的重要组成部分，也对学生个体和整个社会产生深远的影响。足球作为一项全面的运动，不仅培养了学生的体能和团队协作能力，同时也对学生的性格、领导力和社交能力产生积极影响。本部分将探讨高校足球训练对社会的影响，并探讨高校在足球培训中所承担的社会责任。

（一）高校足球训练的社会影响

1. 体育精神的培养

高校足球训练有助于培养学生的体育精神，包括团队合作、公平竞争、积极进取等。通过参与足球训练，学生能够学会尊重对手、遵守规则，培养坚韧不拔的毅力和团队协作的能力，这些品质对学生的个人发展和社会融入都具有积极作用。

2. 个体素质的全面提升

足球是一项全面的运动，要求运动员在力量、速度、耐力、灵活性等方面都有较高水平。高校足球训练不仅有助于提高学生的身体素质，还有助于培养学生的协调能力和反应能力。这种全面的身体素质提升对学生未来的职业生涯和社会生活都具有积极的影响。

3. 社交能力的培养

足球是一项需要团队合作的运动，通过与队友和对手的互动，学生能够培养出色的社交能力。在比赛和训练中，学生需要与不同背景和性格的同学相互协作，这有助于拓展学生的社交圈，增强沟通和团队建设的能力。

4. 领导力的培养

足球队通常需要一位领导者来激发团队士气、制订战术和调整策略。通过担任队长或关键球员的角色，学生可以培养领导力和责任心。这种领导力的培养不仅在足球场上有所体现，还会在学生未来的职业和社会生活中发挥作用。

5. 促进身心健康

足球训练作为一种有氧运动，有助于提高学生的心肺功能、加强骨骼肌肉，同时也能缓解学生在学业压力下的心理压力。身心健康的提升对于学生的全面发展至关重要，也对社会形成积极向上的影响。

（二）高校足球训练中的社会责任

1. 健康教育

高校足球训练不仅仅是培养运动员，更是为学生提供健康教育的平台。通过足球训练，学生能够了解运动对身体健康的重要性，学习保持良好的生活习惯，避免不良的行为和习惯。

2. 人格培养

足球训练应该注重学生人格的培养。教练员在训练中应该注重培养学生的团队合作精神、公平竞争意识和尊重对手的道德品质。通过足球训练，学生应该建立正确的胜负观，学会面对失败和成功，培养坚韧不拔的人生态度。

3. 社会责任感

高校足球训练应该激发学生的社会责任感。足球队作为学校的代表，学生在比赛中不仅仅是为了自己，还代表着整个学校。教练员应该引导学生关注社会问题，通过团队的力量参与公益活动，为社会做出积极的贡献。

4. 个性发展

足球训练不应该成为对学生个性发展的限制，而是应该激发学生的个性潜能。教练员应该了解每位学生的特点和潜能，为其提供个性化的培训和引导，帮助他们在足球领域和其他领域都能够取得更好的成绩。

5. 职业规划

足球训练过程中，教练员可以帮助学生规划自己的职业生涯。对于那些有足球天赋的学生，可以提供专业的培训和引导，帮助他们走上专业足球运动员的道路。而对于那些未来不从事职业足球运动的学生，足球训练也可以成为他们发展职业规划和领导力技能的一个途径。教练员可以提供职业建议、帮助学生规划未来的职业道路，并鼓励他们在学业和职业生涯中取得成功。

6. 多元文化理解

足球是一个国际性的体育项目，参与足球训练的学生有机会接触和了解不同文化背景的同学。这有助于培养学生的国际视野和跨文化沟通能力，使他们更加开放、包容，更好地适应全球化的社会。

7. 消除歧视与促进平等

足球训练是一个平等的平台，不论性别、种族、宗教等差异，所有学生都有机会参与。通过强调平等原则，足球训练有助于消除歧视，促进学校内部的和谐与共融。

（三）高校足球训练的挑战与解决方案

1. 招生与选拔问题

挑战：高校足球队面临着选拔和招生的问题，可能导致一些有潜力但未经发掘的学生错失足球训练的机会。

解决方案：建立更加包容的选拔机制，注重挖掘学生的潜力而非过于依赖过去的成绩。提供足球训练的机会，不仅仅局限于选拔出来的优秀学生，也要为普通学生提供参与的机会，通过培训提高整体水平。

2. 足球训练与学业平衡

挑战：学生需要平衡足球训练和学业，可能面临时间压力和学业成绩下降的问题。

解决方案：确立合理的训练计划，使其与学业相互配合而非冲突。教练员和学校应该共同关注学生的学业情况，提供必要的支持和辅导，确保学生在足球训练和学业上都能有所成就。

3. 社会责任与压力

挑战：高校足球队在代表学校参与比赛时，可能面临来自社会、学校和家庭的期望和压力。

解决方案：强调足球训练的本质是培养学生全面发展，而非只注重比赛成绩。通过宣传和沟通，向社会明确高校足球训练的目标和价值，减轻不必要的社会压力，让学生在更轻松的环境中成长。

4. 资金和设施不足

挑战：一些高校可能由于资金和设施不足而无法提供良好的足球训练条件。

解决方案：寻求外部赞助和合作，争取更多的资源投入到足球训练中。同时，高校可以共享体育设施，与当地社区和其他学校合作，提高资源的利用效率。

高校足球训练不仅是一项体育活动，更是对学生个体和整个社会产生深远影响的重要途径。通过培养体育精神、提升个体素质、培养社交能力和领导力，足球训练为学生的全面发展奠定了基础。同时，高校在足球训练中所承担的社会责任，包括健康教育、人格培养、社会责任感的培养等，有助于培养更有担当、更有责任心的社会成员。

然而，在享受足球训练带来的益处的同时，也需要高校和社会共同努力解决一些挑战，包括选拔问题、学业平衡、社会压力和资源不足等。通过建立更加包容的选拔机制、平衡足球训练和学业的关系、减轻社会压力、争取更多的资源投入，可以更好地发挥高校足球训练在社会中的积极作用，为学生的全面发展和社会的进步贡献力量。

参考文献

［1］陈恒兴. 高校足球教学设计与训练研究［M］. 长春：吉林大学出版社，2021.

［2］文玉超，蔡正杰，沈寅豪. 高校足球理论教学与实践训练［M］. 北京：研究出版社，2020.

［3］朱永振. 高校足球教学与科学训练研究［M］. 北京：北京工业大学出版社，2020.

［4］闫强. 高校足球教学与训练创新设计研究［M］. 北京：北京工业大学出版社，2019.

［5］蔡春娣. 高校足球运动教学与系统训练研究［M］. 北京：北京工业大学出版社，2019.

［6］岳抑波，杨喻程. 高校足球运动的教学设计与训练研究［M］. 北京：北京工业大学出版社，2018.

［7］高源. 高校校园足球系统训练与可持续发展研究［M］. 沈阳：辽宁大学出版社，2019.

［8］董守滨. 详论中国高校校园足球的系统训练与可持续发展［M］. 成都：电子科技大学出版社，2017.

［9］徐叶彤. 高校足球运动教学与训练［M］. 长春：吉林大学出版社，2012.

［10］刘涛. 高校足球训练理论与实践［M］. 哈尔滨：哈尔滨地图出版社，2019.

［11］梁伟杰. 高校足球训练与教学研究［M］. 长春：吉林人民出版社，2018.

［12］龙腾. 高校足球训练体系构建与可持续发展研究［M］. 长春：吉

林出版集团股份有限公司，2021.

［13］魏斌. 新时期高校足球训练与技术教学剖析［M］. 北京：世界图书出版公司，2019.

［14］孙华敏，陈星全，孙世祥. 中外高校足球训练理念研究与应用［M］. 北京：中国时代经济出版社，2012.

［15］李勇. 高校足球运动训练研究［M］. 长春：吉林出版集团股份有限公司，2020.

［16］闫涛. 高校足球系统训练研究［M］. 北京：中国大地出版社，2020.

［17］李云飞，张帅，张威伟. 高校足球教学与训练实践研究［M］. 长春：东北师范大学出版社，2021.

［18］刘云东. 高校足球运动教学与训练［M］. 延吉：延边大学出版社，2019.